A arte de criar leitores

REFLEXÕES E DICAS PARA UMA MEDIAÇÃO EFICAZ

Dados Internacionais de Catalogação na Publicação (CIP)
(Simone M. P. Vieira – CRB 8ª/4771)

Dantas, Goimar

A arte de criar leitores: reflexões e dicas para uma mediação eficaz – 2. ed. / Goimar Dantas. – São Paulo : Editora Senac São Paulo, 2021.

Bibliografia.
ISBN 978-65-5536-911-3 (impresso/2021)
e-ISBN 978-65-5536-912-0 (ePub/2021)
e-ISBN 978-65-5536-913-7 (PDF/2021)

1. Livros e leitura 2. Formação de leitores 3. Mediadores de leitura 4. Incentivo à leitura : Oralidade na literatura I. Título.

21-1404t   CDD – 808.54
                                                028
                             BISAC LAN012000
                                     LAN015000

Índices para catálogo sistemático:
1. Literatura: Arte de contar histórias   808.54
2. Livros e leitura   028
3. Formação de leitores   028
4. Mediadores de leitura   028

A arte de criar leitores

REFLEXÕES E DICAS PARA UMA MEDIAÇÃO EFICAZ

2ª edição

Goimar Dantas

Editora Senac São Paulo – São Paulo – 2021

ADMINISTRAÇÃO REGIONAL DO SENAC NO ESTADO DE SÃO PAULO
Presidente do Conselho Regional: Abram Szajman
Diretor do Departamento Regional: Luiz Francisco de A. Salgado
Superintendente Universitário e de Desenvolvimento: Luiz Carlos Dourado

EDITORA SENAC SÃO PAULO
Conselho Editorial: Luiz Francisco de A. Salgado
Luiz Carlos Dourado
Darcio Sayad Maia
Lucila Mara Sbrana Sciotti
Luís Américo Tousi Botelho

Gerente/Publisher: Luís Américo Tousi Botelho
Coordenação Editorial: Verônica Pirani de Oliveira
Prospecção: Dolores Crisci Manzano
Administrativo: Marina P. Alves
Comercial: Aldair Novais Pereira

Edição e Preparação de Texto: Adalberto Luís de Oliveira
Coordenação de Revisão de Texto: Marcelo Nardeli
Revisão de Texto: Silvana Gouvea
Coordenação de Arte: Antonio Carlos De Angelis
Projeto Gráfico e Editoração Eletrônica e Capa: Veridiana Freitas
Coordenação de E-books: Rodolfo Santana
Impressão e Acabamento: Gráfica Visão

Proibida a reprodução sem autorização expressa.
Todos os direitos desta edição reservados à
EDITORA SENAC SÃO PAULO
Av. Engenheiro Eusébio Stevaux, 823 – Prédio Editora
Jurubatuba – CEP 04696-000 – São Paulo – SP
Tel. (11) 2187-4450
editora@sp.senac.br
https://www.editorasenacsp.com.br

© Editora Senac São Paulo, 2021

SUMÁRIO

NOTA DO EDITOR, 9

DEDICATÓRIA, 11

AGRADECIMENTOS, 13

CONTADORES DE HISTÓRIAS, 16
Nossos contadores: uma influência para a vida, 22
A Bíblia e As mil e uma noites, 26
De onde vêm as histórias, 35
Literatura informativa, 39
Dos papiros às HQs: o que importa é o conteúdo, 42

**PONTE PARA O POTE DE OURO:
QUEM SÃO OS MEDIADORES DE LEITURA E QUAL SUA MISSÃO, 46**
Mediação profissional, 50
Mediação profissional na escola, 52
Mediação espontânea, 56
A criança pequena e o contato com os livros, 58
O arco-íris e o pote de ouro, 59
A figura do arauto, 61
Como se forma um mediador de leitura, 62
Qual o objetivo do mediador de leitura?, 66

TODO DIA É DIA DE POESIA, 72
A poesia e a infância, 79
Por que é raro ler e ouvir poesia?, 84
Poesia nas ruas, saraus e *slams*, 87
Por onde começar?, 90
Onde encontrar poesia?, 91

CONTOS DE FADAS E FÁBULAS: PASSAPORTES PARA O MUNDO REAL, 94

Por que os contos de fadas são tão importantes para as crianças?, 100
Contradições, trapaças e tramoias marcam os contos de fadas, 103
Violência e machismo nos contos de fadas, 107
Beleza e sofrimento nas obras de Andersen, 112
Releituras dos contos de fadas, 116
Fábula e moral da história, 121

ERA UMA VEZ, 127

A Sherazade que usava jeans, 128
Ana Maria e *O caso da borboleta Atíria*, 134
O primeiro poema a gente nunca esquece, 136
Gramática da fantasia, 140
A lenda da vitória-régia, 144
Seu Elsio e o Bruxo do Cosme Velho, 148
Os discos de terror de Edgar Allan Poe, 154
Augusto dos Anjos antes do lanche, 156
Os heterônimos de Fernando Pessoa, 158
O operário que venceu os engenheiros, 162

A LITERATURA INFANTOJUVENIL NA SUA IDADE DE OURO, 164

João Felpudo, Juca e Chico, 166
LIJ ganha impulso no Brasil e no mundo, 171
Autores pré-Lobato: intenção pedagógica, 178
Anos 1960-1980: o *boom* da LIJ no mercado editorial brasileiro, 181
Editoras e escolas: uma parceria de longa data, 186

UM PASSEIO PELA PRODUÇÃO DE LIJ NO BRASIL, 190

Ilustração e genialidade, 192
A magia do livro-imagem, 199
Filosofia, poesia e temas polêmicos, 201
Alguns números, 207
Falta de diálogo entre os países da América Latina, 214

O CINEMA E SEUS MEDIADORES EXEMPLARES, 216

Harry Potter e A culpa é das estrelas, 219
O bruxinho que revolucionou a LIJ, 220
A culpa é das estrelas (ou seria de Shakespeare?), 223
O milagre da multiplicação da mediação, 231
Contos de fadas no cinema: as mudanças nos perfis das heroínas, 233
   Branca de Neve e os sete anões (1937), 235
   Cinderela (1950), 235
   A Bela Adormecida (1959), 236
   A Pequena Sereia (1989), 236
   A Bela e a Fera (1991), 237
   Mulan (1998), 238

A CONTRIBUIÇÃO DOS BOOKTUBERS, 240

Sites sobre literatura infantojuvenil, 248

COMO PROMOVER A MEDIAÇÃO, 250

Um tempo para a poesia, 253
Poesia na biblioteca, 254
Mediação na escola, 255
Mediação na biblioteca, 256
Hora do conto, 260
Tudo começa em casa, 261
Mediações diversificadas, 264

DESEJO, 268

BIBLIOGRAFIA, 272

SUMÁRIO

NOTA DO EDITOR

A educação pelos livros é libertadora, na medida em que conduz a pessoa a um mundo novo, um mundo feito de fatos que nem sempre fazem parte do seu cotidiano. Ao entrarmos em contato com diferentes modos de descrever a realidade, como fazem as histórias dos livros – sejam os contos de fadas, a poesia, os romances, sejam as novelas ou as peças de teatro –, nosso horizonte e nossa percepção também se alargam. E essa educação é a base da cidadania, da consciência crítica, e também de algo muito preciso: nossa imaginação e amor pela leitura.

E quem pode favorecer essa "construção", ou melhor, essa "autoconstrução" de um ser mais integrado consigo e o meio social? Pode ser, sim, o professor, mas pode ser também o pai, a mãe, os avós... E por que não o bibliotecário, o poeta ou o crítico literário? E tão imprescindíveis quantos esses, os agentes de leitura que atuam em instituições de ensino, em igrejas, em presídios, com populações desfavorecidas ou em situação de risco, e, para essa era digital na qual vivemos, também os booktubers!

Lançamento do Senac São Paulo, *A arte de criar leitores: reflexões e dicas para uma mediação eficaz*, fazendo um passeio que vai das escrituras sagradas aos contos de fadas e fábulas, passando pela poesia e escritos da literatura infantojuvenil, trata exatamente dessa construção do amor pelos livros, constituindo-se em ferramenta mais que necessária a todo interessado na propagação da leitura.

DEDICATÓRIA

*Para Thaís Caravieri Pedreira Ribeiro,
a primeira a me apontar o caminho.*

AGRADECIMENTOS

Este livro só existe porque meu amor, Maurício Pedro, passou dois anos me dizendo que eu precisava escrevê-lo. Fiquei gestando a ideia por 24 meses até que, no começo de 2018, entrei em trabalho de parto, sentei e escrevi de maneira febril. Um ano depois, finalmente, nasceu! Está aí mais um filho pronto para ganhar o mundo. Obrigada, meu amor, pelo incentivo – e por segurar minha mão durante todo o processo.

Impossível não agradecer, também, aos meus filhos: Yuri Dantas Pedro e Tailane Morena Dantas Pedro, que me ensinam a ler o mundo de uma maneira muito mais amorosa e abrangente.

Agradeço, também, ao meu querido editor, Adalberto Luís de Oliveira, que, com experiência, dedicação e cuidado soube me conduzir com a firmeza e a delicadeza necessárias à conclusão bem-sucedida dessa travessia. Suas sugestões e orientações precisas foram essenciais ao resultado final deste livro: obrigada!

Quero registrar meu carinho e meu eterno agradecimento à amiga Adriana Engrácia Oliveira Costa, jornalista que me ofereceu a ajuda definitiva na verdadeira saga que foi encontrar minha professora Thaís Ribeiro, após mais de 30 anos de buscas.

Este e todos os livros que assinei ao longo da minha trajetória profissional devem muito ao meu grande amigo, mestre e mentor de todas as horas, professor Leo Ricino. Ele, que desde 2001, é sempre meu primeiro leitor.

Meu obrigada e minha admiração à querida amiga e educadora Danielle Salomão, pelos depoimentos lindos e repletos de emoção.

Por fim, agradeço à Editora Senac São Paulo, bem como a todos os seus profissionais, por mais essa parceria fascinante.

O verbo ler não suporta o imperativo.
Aversão que partilha com alguns outros: o verbo
"amar"... o verbo "sonhar"... Bem, é sempre possível
tentar, é claro. Vamos lá: "Me ame!" "Sonhe!" "Leia!"
"Leia logo, que diabo, eu estou mandando você ler!"
– Vá para o seu quarto e leia!
Resultado?
Nulo.
Ele dormiu em cima do livro.
[...]
(*Daniel Pennac*, Como um romance)

Contadores de histórias

Em uma conversa informal com amigos, muitas vezes descobrimos que vários de nossos avós e bisavós não tiveram oportunidade de frequentar escolas. Fossem eles migrantes, imigrantes ou nativos que passaram a vida sem sair de suas cidades ou regiões, viviam nos campos, da agricultura de subsistência ou como trabalhadores rurais mal remunerados pelos proprietários de terra; já nas cidades, ocupavam postos como trabalhadores braçais. O fato é que compunham a maior parcela da população brasileira. E como nos lembra João Luís Ceccantini em seu artigo *Leitores iniciantes e comportamento perene de leitura*, quando olhamos em retrospecto, verificamos que há menos de um século 80% da população era analfabeta (CECCANTINI, 2009, p. 207). Imperava a tradição oral, as histórias e os ensinamentos transmitidos dos pais para os filhos.

Esse caldeirão oral fervilhava com rezas, lendas, costumes, tradições, plantas medicinais, receitas culinárias, brincadeiras, provérbios, adivinhações, contos de assombração, histórias de feitos heroicos, batalhas e conflitos, informações sobre métodos de plantios e colheitas e todo o rol de conhecimentos que convencionamos chamar de "sabedoria popular". Nesse cenário, desprovido do acúmulo de informações transmitidas e fixadas pela escrita, reinava, soberana, a memória. Assim, quanto mais idosa a pessoa, maior o número de informações de que dispunha, graças à sucessão de experiências de vida que tivera.

> Todo esse acervo mítico da humanidade, agora perpetuado pela escrita e outros recursos, foi transmitido pelo contador de histórias – que recebeu nomes diferentes nos diferentes locais por onde passou: rapsodo para os gregos, bardo para os celtas, griot para os africanos, que narrava de aldeia em aldeia os ensinamentos ouvidos por seus ancestrais, ou por seus mestres, como fizeram os tantos discípulos de Cristo e Buda. (BUSATTO, 2008, p. 26)

Nas tribos africanas, por exemplo, costuma-se dizer que quando um ancião morre é como uma biblioteca que se queima. Nessas culturas, distantes dos grandes centros, dos interesses econômicos e, por consequência, apartadas dos avanços tecnológicos e da globalização, ainda vigora o respeito aos que têm mais idade e ao poder que detêm: o conhecimento sobre suas comunidades, seus antepassados, os aspectos geográficos de suas regiões, suas culturas, as guerras e os conflitos que marcaram a história do lugar, seus pontos fracos e fortes, etc.

O impactante livro *A mulher de pés descalços* (2017), da escritora Scholastique Mukasonga, de etnia tutsi, resgata a memória de sua mãe, Stefania, morta no genocídio promovido pela etnia hutu, em 1994. Na obra é possível ter acesso a incontáveis exemplos da tradição oral em sua cultura, principalmente no que diz respeito ao cultivo de alimentos, aos chás e medicamentos utilizados pela população na cura de todos os tipos de males. Impressiona, ainda, a força das crenças populares – basta ler sobre como algumas pessoas eram isoladas da comunidade, porque, por algum motivo, suas presenças eram associadas a espíritos malignos e à má sorte.

No capítulo "O país das histórias", temos a descrição comovente das narrativas no seio familiar:

> Mamãe coloca um pouco mais de lenha no fogo que está queimando. A chama reanimada enche de uma luz âmbar o *inzu* arredondado. Mamãe se senta na esteira encostada no biombo que esconde a cama maior. Ela estica as pernas e tira da cabeça o lenço improvisado, feito com um pedaço de tecido que ela aproveitou de um pano antigo. Ela o dobra com cuidado e o coloca na borda de um cesto cheio de feijão. Estamos as três sentadas na frente dela. Pouco a pouco vamos sentindo o calor do fogo tão próximo, uma sensação agradável de torpor nos invade, o fogo é apenas uma luz leve. Está na hora de contar histórias... [...] O rumor das histórias penetrava meu corpo adormecido e impregnava a deriva lenta dos meus sonhos... De vez em quando, meu pensamento sonolento ainda me leva para o país das histórias. (MUKASONGA, 2017, pp. 117-119)

Ensinamentos passados de geração para geração compõem a memória da escritora e contribuem para o rol das histórias que, décadas depois, ela utiliza para narrar a trajetória de sua mãe e, ao mesmo tempo, a de tantas mulheres que, por meio da tradição oral, cultivaram plantações e cuidaram das enfermidades dos filhos sem nenhum auxílio da medicina moderna:

> Também era normal, principalmente para as meninas, se machucar trabalhando nas plantações. Em pouco tempo de trabalho, alguém batia a enxada nos pés ou na perna. Segundo minha mãe era preciso, na mesma hora, colocar terra dentro da ferida. Não a terra seca e poeirenta onde pisávamos, mas a terra escura e úmida que dá origem aos grãos; depois, se necessário, colocávamos sobre o machucado a *umutumba*, um tipo de tutano que tem no interior do tronco das bananeiras. Se a ferida não tivesse fechado, havia outro tratamento: secar algumas folhas de *nkuyimwonga*, uma planta com flo-

res malvas, transformá-las em pó na pedra de moer e espalhar sobre a ferida. (*Ibid.*, p. 62)

Hoje são mais raras as tribos primitivas e comunidades onde a escrita, em pleno século XXI, chega com dificuldade. No entanto, houve um tempo em que a humanidade só conseguia propagar as histórias pela tradição oral ou por recursos artísticos como o desenho.

As plaquetas de barro do templo da cidade de Uruk, feitas aproximadamente seis mil anos atrás, com listas de cereais e cabeças de gado, são as formas de escrita mais antigas encontradas. Naquela época, existiam outras escritas simultaneamente, em geral pictográficas, com imagens figurativas simbolizando palavras. (HORCADES, 2004, p. 16)

A essência de muitas das tradições, histórias e memórias que se transmitiam de pai para filho se repetiu na vida de muitos de nossos antepassados, que viveram nos interiores do Brasil, desprovidos, em sua maioria, de acesso à educação formal e de cuidados médicos. Em cada família, pai, mãe, avô, avó ou tio ocupava o posto de contador de histórias, de sujeito dotado de boa memória, vocação, gosto por narrativas. Em muitas casas, esse posto poderia, claro, ser compartilhado, uma vez que a arte de contar histórias não precisa estar restrita a somente uma pessoa do núcleo familiar.

Em outros casos, no entanto, por motivos diversos – distância dos avós, falta de tempo e de ânimo dos parentes próximos, repletos de preocupações com a sobrevivência e o trabalho –, muitas crianças vivem sua infância desprovidas dessa figura tão importante que é o contador de histórias. Algumas a encontram fora de casa, em professores; outras podem encontrar tal figura em locais e situações inusitados.

No meu caso, tive a sorte de poder contar com a minha professora Thaís Caravieri Pedreira Ribeiro, a quem eu dedico este livro, e sobre a qual falarei de modo mais detalhado no capítulo "Era uma vez". Thaís contava para todos nós, seus alunos, histórias de segunda a sexta-feira durante as aulas, pela manhã. Mais tarde, já em casa, após fazer a lição de casa, ligava a televisão e, por volta das 17h, eu tinha, no programa *Sítio do Picapau Amarelo*, a participação de outra contadora de histórias que influenciou, com a cadência de sua voz e o conteúdo sensacional de seus relatos, minha trajetória pessoal e profissional. Trata-se da personagem Dona Benta, vivida de modo inesquecível pela atriz Zilka Salaberry.

Foi por meio de suas histórias que, pela primeira vez, ouvi falar de mitologia grega, precisamente com os episódios de *O minotauro*. Com ela, viajei pelo universo criado de forma magistral por Monteiro Lobato, incluindo o Reino das Águas Claras, o pó de pirlimpimpim e a caverna da Cuca. Aprendi um pouco sobre folclore e contos de fadas; fui ao espaço sideral e à Grécia. Adquiri meu passaporte ilimitado para a fantasia. Demorei, no entanto, para compreender de maneira consciente o poder de Dona Benta sobre mim. Durante anos pensei que a boneca Emília havia sido a personagem que mais me marcara e com a qual eu mais me parecia.

Na verdade, o que eu nutria por Emília era pura admiração. Por sua inteligência, ousadia, coragem, capacidade de argumentação, persuasão e estratégia. Emília não tinha papas na língua. Não media esforços para conseguir o que queria, não devia satisfações a ninguém. Como bem sintetiza a famosa frase com a qual ela se define em *Memórias da Emília*: "Sou a Independência ou Morte".

Emília, Pedrinho e Narizinho enfrentavam o mundo, os monstros, as autoridades. Saíam, se aventuravam, se emocionavam, viviam. Era o extremo aposto do que se esperava de uma mulher nos anos 1920, 1930 ou 1940 do século XX, quando Lobato criou suas histórias. Já Dona Benta, matriarca do Sítio do Picapau Amarelo, também experimentava mil peripécias, mas o fazia mais por meio dos livros, cujas histórias contava aos netos, à boneca Emília, ao Visconde de Sabugosa e à tia Nastácia. Dona Benta simbolizava a cultura erudita, e tia Nastácia completava o repertório das crianças por meio das narrativas folclóricas, dos contos populares.

Conforme transcorriam os anos, fui me dando conta de que, assim como Dona Benta, passava muito mais tempo lendo, escrevendo, refletindo e compartilhando conhecimentos sobre histórias, livros, autores e personagens do que propriamente vivendo uma vida de aventuras, como o fez Emília e a turma do Sítio. Quanto à coragem da boneca, eu não tinha nem um pingo: fugia de baratas, tinha pavor de sapos, de espécies variadas de insetos, de viajar à noite. Imagine se eu enfrentaria monstros!? Se tramaria estratégias e planos contra vilões? Mais fácil escrever sobre tudo isso. Outra coisa que me diferenciava de Emília era a falta de paciência absoluta da boneca em ficar parada, escrevendo. Sabemos que o "autor" das *Memórias da Emília* é o Visconde, que redigiu a maior parte do texto pressionado pela boneca, que, o tempo todo, provocadora e tirana, ironizava a resignação, a paciência e a submissão do pobre sabugo cientista:

> – E se eu me recusar a escrever? Se eu deixar as Memórias neste ponto, que é que acontece?
>
> Emília deu uma grande risada.
>
> – Bobo! Se fizer isso, pensa que me aperto? Corro lá com o Quindim e ele me acaba o livro. Bem sabe que Quindim me obedece em tudo, cegamente.
>
> [...]
>
> O pobre Visconde deu um suspiro. Era assim mesmo...
>
> – E agora? – indagou. – Que mais quer que eu conte?
>
> – O resto da história do anjinho. Conte como foi a fuga do anjinho para o céu. Vá escrevendo que eu já volto. Estou brincando de pegador com o Quindim.
>
> Disse e saiu correndo.
>
> O Visconde tomou da pena e com toda a resignação continuou. (LOBATO, 1960, p. 98)

Nossos contadores:
uma influência para a vida

Como vimos, a figura do contador de histórias de nossa infância costuma seguir conosco, contagiando nossa trajetória com suas influências positivas, com a lembrança, ainda que vaga, das tantas tramas, fatos e aventuras que nos narrou. Mesmo que a maioria das pessoas não perceba, os contadores de histórias presentes nos primeiros anos de nossas vidas contribuíram com o desenvolvimento de nossa criatividade, da expansão de nossa imaginação, de nossa capacidade de criar, inventar, fabular, contar, recontar. A eles devemos nosso amor pelas histórias, pelo maravilhoso, pelos mundos encantados que elas trazem, pelo próprio desenvolvimento do nosso caráter.

Os contadores colaboram para que seus ouvintes se tornem, desde a infância, mediadores de leitura: mães, pais, tios, avós, padrinhos, professores. Pessoas que se importam em levar livros, leitura e o prazer que eles propiciam aos que têm a sorte de conviver com eles.

No que se refere aos escritores, sabemos que muitas personalidades importantes do mundo das letras tiveram sua vida marcada, de forma indelével, pela figura dos seus contadores de história.

> Luís da Câmara Cascudo soube ouvir todas as vozes que estavam ao seu redor. Dentro de casa, ele teve uma grande contadora de histórias, uma valiosa fonte desta literatura, Luiza Freire, ou simplesmente Bibi, sua ama, com quem conviveu por 38 anos, até a morte daquela que seria a Xerazade de Cascudo.
> Humilde descendente de lavradores, ela não sabia ler nem escrever, porém era uma autêntica representante da manutenção desta tradição oral [...]. (BUSATTO, 2008, p. 27)

Já Lygia Fagundes Telles afirma, em muitas entrevistas, que as babás de sua infância foram essenciais para sua formação como criadora de histórias.

> Nascida em 1923, paulistana do bairro de Santa Cecília, a escritora desconhece a vida sem histórias. Quando pequena, morou em várias cidades do interior paulista, seguindo as nomeações do pai, que era promotor e delegado. Nesses municípios, recebia o cuidado de babás dotadas de um farto repertório de lendas. Foram aquelas mulheres que deram à menina imaginativa um sem-fim de histórias povoadas por mulas sem cabeça que ela recontava e reinventava para outras crianças. Lygia gosta de dizer que começou a escrever antes mesmo de saber escrever.

> Sua predileção, na infância e na primeira juventude, era pelas histórias de terror.[1]

No projeto Memórias da Literatura Infantil e Juvenil, criado pelo Museu da Pessoa e disponibilizado no YouTube, vários autores nacionais dão ricos depoimentos sobre sua trajetória, leitura, processos de criação, mercado editorial, entre outros temas. No vídeo que traz a entrevista com Ana Maria Machado, ela descreve de modo encantador sua experiência com a avó, a contadora de histórias de sua infância. Ana explica que, quando criança, passava todas as férias na casa de praia da avó, feita de taipa, telhado de palha e desprovida de luz elétrica. Ali, todos os primos dormiam em redes, esteiras e colchões espalhados pelos quartos. Quando era noite de lua, as crianças atravessavam o quintal e iam todos para a areia da praia. Uma vez lá, faziam uma fogueira que, segundo Ana, tinha grande utilidade, uma vez que espantava os mosquitos. Ali, sob aquela atmosfera de magia, a avó contava histórias.

> Nas férias de julho, quando não ia quase ninguém, iam só alguns netos – eu ia sempre, pois adorava e fazia questão –, aí ela contava história deitada na rede com a gente junto dela, no colo, balançando a rede com uma corda que rangia... Nhém, nhém, nhém... E ela contando histórias.[2]

Assim como para a escritora Ana Maria Machado, os avós também são campeões no quesito contadores de histórias para boa parte do público das minhas oficinas de mediação de leitura, realizadas no interior de São Paulo. A maioria dos educadores revela que as histórias de terror eram as estrelas dessas contações. Diferentemente das palestras, nas oficinas temos mais tempo para a aplicação de dinâmicas e exercícios que nos permitem conhecer o

---

[1] "No tempo da delicadeza", em *Revista Pesquisa Fapesp*, São Paulo, outubro de 2016. Seção Cultura. Disponível em http://revistapesquisa.fapesp.br/2016/10/25/no-tempo-da-delicadeza/. Acesso em 19/2/2018.

[2] Depoimento de Ana Maria Machado, *Memórias da literatura infantil e juvenil*. São Paulo, Museu da Pessoa, 7/5/2009. Disponível em https://www.youtube.com/watch?v=zuofCcFUIro. Acesso em 20/2/2018.

público um pouco melhor. Foi o que aconteceu de 19 a 21 de julho de 2017, quando ministrei quatro oficinas de Mediação de Leitura no 4º Congresso Internacional de Educação do Noroeste Paulista, em Votuporanga. As aulas aconteceram no prédio do Centro Universitário de Votuporanga (Unifev). Nos três dias do evento, minhas oficinas receberam um público de cerca de 120 educadores da rede pública de ensino, especialmente educação infantil e ensino fundamental, vindos de diversas cidades da região. Foi uma semana repleta de aprendizado e troca de experiências.

Muitos desses professores eram de cidades próximas a Votuporanga, como Jales, Valentim Gentil, Monte Aprazível e Fernandópolis. Em um dos exercícios da oficina, pedi que a classe se dividisse em grupos para que os integrantes conversassem uns com os outros, expondo quem foram seus contadores de histórias durante a infância. Para o caso de não terem tido essa figura quando pequenos, pedi que relatassem, então, qual o caminho que os levou até o mundo das histórias: foram livros? Foi algum personagem de programa de televisão? Um professor do ensino médio ou da faculdade? Ao final do exercício, passei em cada um dos grupos e questionei se as histórias eram muito diversas ou semelhantes, se tinham alguma peculiaridade que gostariam de relatar, etc.

Nos três dias de evento, um deles com oficinas de manhã e à tarde, todos os grupos, sem exceção, tinham dois ou mais professores que relatavam infâncias repletas de histórias de fantasmas e assombrações narradas pelos avós que haviam passado toda a vida – ou boa parte dela – vivendo no campo. E as lembranças dos educadores eram sempre revividas com enorme alegria e carinho. A despeito do medo que tais contos provocavam, todos demonstraram que aqueles momentos vividos junto dos avós entraram para a categoria das memórias mais queridas e inesquecíveis. A maioria desses educadores era mulheres entre 30 e 40 anos. Não raro, durante os relatos que elas me faziam, os olhos se enchiam de lágrimas e as vozes embargavam. Mais uma prova de que a contação de histórias ou a leitura delas para nossas crianças reforça os vínculos de afeto e de cultura e transforma-se em algumas de suas melhores recordações.

A *Bíblia* e As mil e uma noites

A Bíblia é o livro mais vendido do mundo. Mas por quê? Será apenas por seu caráter religioso? Ora, ninguém pode negar a importância desse fato. Livros religiosos têm público garantido, uma vez que as religiões seguem sendo uma força motriz na vida de boa parte da população mundial. Mas a verdade é que a Bíblia se tornou um *best-seller* de vendas não apenas por isso. Em paralelo, o livro é um fenômeno editorial porque traz em sua composição uma reunião eficiente de histórias de gêneros literários os mais variados, agradando, assim, a uma gama imensa de leitores.

> A Bíblia e outros textos sagrados, que uma grande quantidade de adultos da comunidade conhece muito melhor do que os estudantes universitários, servem como rica introdução às obras literárias. (HIRSCHMAN, *apud* ANDRUETTO, 2017, p. 118)

Não à toa, muitos costumam dizer a seguinte frase: "Todas as histórias já estão na Bíblia". Realmente, se lermos os textos bíblicos com atenção, veremos que a frase se aproxima muito da verdade, pois, se o livro não traz "todas" as histórias, é certo que oferece motes e ideias para incontáveis narrativas que vieram depois dele. Muitas vezes, há pessoas que, por desconhecer muitas das histórias do Livro Sagrado, nem sequer desconfiam que uma quantidade enorme de filmes, séries, programas de TV ou mesmo livros e quadrinhos que leram são claramente inspirados nos textos das escrituras. Assim, atribuem total originalidade a autores que, na realidade, executaram trabalhos que, em sua essência, são releituras de histórias bíblicas.

Um exemplo pessoal e curioso a respeito disso ocorreu há muitos anos quando meu filho Yuri – jornalista de formação que optou por trabalhar no setor de audiovisual, como editor de filmes e séries – cursava, aos seis anos, o primeiro ano do ensino fundamental. Certo dia, chegou da escola revoltado, batendo a porta, e veio correndo desabafar comigo:

– Mamãe, você não vai acreditar no que aconteceu!

– Nossa! O que houve, filho? Por que você está tão nervoso?

– É que hoje teve aula de religião e a irmã Roseli colocou um desenho pra gente assistir. O nome era *Jonas e a baleia*.

– É mesmo, filho? Ué... Mas você ficou nervoso por causa do desenho? Não estou entendendo...

– Mamãe, você já viu esse desenho?! O homem que fez ele foi muito malvado! Copiou tudo do *Pinóquio*! A história era igualzinha! Fala de um homem que foi engolido pela baleia e morava lá dentro.

Não consegui conter a felicidade, apesar do nervosismo do meu filho que, entre 4 e 6 anos, havia assistido ao vídeo de *Pinóquio*, clássico da Disney adaptado da obra de Carlo Collodi, umas cinquenta vezes, no mínimo. Era uma de suas histórias preferidas, ao lado do filme *Toy Story*. Por isso mesmo, estava tão familiarizado com a trama, a ponto de achar, em sua ingenuidade, que a obra-prima de Collodi era virgem de qualquer tipo de influência ou inspiração. Seu nervosismo derivava de um sentimento de injustiça. Ele achava que a história de Collodi havia sido roubada pelo "homem" que fez o desenho de *Jonas e a baleia*. Sem que suspeitasse disso, meu filho estava se mostrando um árduo defensor dos direitos autorais.

Naquele tempo, Yuri já era um menino totalmente apaixonado por histórias, mas ainda nada sabia sobre intertextualidade. Foi então que eu lhe expliquei – de um jeito possível de ele entender naquela idade – o significado desse termo comprido (intertextualidade) e o modo como a Bíblia e outros livros têm histórias tão fascinantes que, o tempo todo, inspiram autores de todo o planeta a recontar essas tramas, ou parte delas, a seu modo. Muitos, aliás, preferem não recontar e, sim, inventar histórias novas que têm pontos de partida ou alguns de seus temas, subtemas ou trechos inspirados nesses textos pelos quais são apaixonados. "– Foi assim com *Pinóquio*", expliquei.

Tentei fazer com que Yuri entendesse que o autor havia criado uma história nova, que não estava na Bíblia. O tema principal dessa história era um boneco de madeira que sonhava em ser um menino de verdade. Porém, no meio da trama, Carlo Collodi fez uma homenagem ao texto bíblico que narra a história de Jonas, engolido por um grande peixe – provavelmente uma baleia. Ou seja: não foi o autor de *Jonas e a baleia* que copiou *Pinóquio* e, sim, uma parte da história de Pinóquio é que foi inspirada na história de Jonas. Yuri seguiu com cara de desconfiado, mas acho que entendeu.

Muitos leitores, entretanto, consideram os textos bíblicos dificílimos e, em uma primeira tentativa de leitura, não conseguem passar sequer do livro do Gênesis. Mas quem disse que, a princípio, a Bíblia exige uma leitura linear? Por que não começar pelo gênero literário pelo qual o leitor já tem alguma simpatia ou familiaridade?

Vejamos alguns exemplos dos gêneros presentes no texto bíblico e dos caminhos que podem levar os leitores a eles:

✳ **POESIA** – Para os que têm nos textos poéticos os seus preferidos, o ideal, então, é começar a leitura por aqueles tidos como os mais poéticos da Bíblia. São eles: Salmos, Jó, Provérbios, Eclesiastes e Cântico dos Cânticos. No caso dos Salmos, coleção de 150 orações que trazem situações da vida do povo de Israel – seja do ponto de vista individual, seja coletivo –, o fato de serem tão poéticos quanto musicais, originou o verbo *salmodiar*, que significa: cantar ou recitar salmos sem alterar a inflexão de voz, com pausas marcadas. No Cântico dos Cânticos, temos um poema-símbolo do amor humano, do ponto de vista carnal, inclusive – o que resulta em um texto de beleza ímpar, esbarrando, aqui e ali, em um discurso erótico altamente refinado. Como todo o texto bíblico, o Cântico dos Cânticos é bastante metafórico, o que dá margem a diversas interpretações. Há quem diga que simboliza o amor do homem pela Igreja ou o amor de Deus pelo povo de Israel. A decisão é do leitor. Só lendo para tirar suas próprias conclusões. Já Provérbios traz frases concisas que contribuem para que o leitor encontre respostas ou ensinamentos para as mais variadas situações da vida. Os livros de Jó e Eclesiastes reúnem reflexões sobre temáticas de natureza mais complexa, como o sentido da vida, a morte, a dor, a justiça, as perdas.

✺ **TEATRO** – Para quem tem na linguagem teatral sua preferência, o livro de Jó continua sendo uma ótima pedida, uma vez que remete, em muitos momentos, à linguagem teatral, com trama e monólogos extremamente dramáticos. *Grosso modo*, podemos encará-lo como uma peça em três atos:

  1. O diabo desafia Deus e pede para que Ele teste o amor de Jó.
  2. Deus aceita o desafio e submete Jó às mais terríveis provações.
  3. Jó prova seu amor a Deus e recebe em dobro tudo o que perdeu.

✺ **LITERATURA COMPARADA** – Caso a preferência do leitor recaia sobre literatura comparada, sugerimos a leitura dos evangelhos, que trazem a história de Jesus Cristo contada sob o ponto de vista de quatro autores diferentes: Marcos, Mateus, Lucas e João.

✺ **TERROR E SUSPENSE** – Para os que se interessam pelos gêneros de terror e suspense, o texto do Apocalipse, repleto de metáforas simbolizadas por feras, dragão (força do mal), visões proféticas e falsos profetas, é, com certeza, o mais indicado.

✺ **CARTAS** – Se a predileção do leitor é pela leitura de cartas, a Bíblia traz diversas delas. Atribuídas a São Paulo, estão as chamadas *cartas paulinas*. Entre as mais conhecidas estão as cartas de São Paulo aos romanos e aos coríntios. Há também as *cartas católicas*, que se distinguem das cartas de Paulo, escritas (normalmente) para uma igreja em particular. São elas: a Carta de Tiago (Tg), as duas cartas com o nome de

Pedro (1-2 Pd), as três cartas de João (1-3 Jo) e a Carta de Judas (Jd) (BÍBLIA SAGRADA, 2002, p. 1.146).

✳ **NOVELA/ADAPTAÇÕES** – Caso os leitores sejam fãs incondicionais de novelas, séries, minisséries e estejam se aventurando na leitura da Bíblia pela primeira vez, podem recorrer às histórias recentemente adaptadas para televisão e conferir suas versões originais. Assim, se você gostou das tramas televisivas, corra para ler sobre Rei Davi (Livros 1-2 Samuel e 1 Reis), Sansão e Dalila (Juízes), Os dez mandamentos (Êxodo) e O rico e Lázaro (Evangelho de Lucas).

✳ **CONTOS** – Muitas histórias e personagens presentes na Bíblia servem de inspiração a contos, lendas e narrativas com o foco na jornada do herói. Exemplo clássico é o tema do menino pequeno e franzino que sonha em ser grande e forte para vencer seus inimigos (os valentões da turma) ou para conquistar independência, estando de igual para igual com os adultos. Está aí um tema presente em uma infinidade de filmes, quadrinhos, minisséries, jogos de *videogame* voltados ao universo infantil.

> [...] a criança se identifica com o pequeno na eterna temática em que a inteligência e a astúcia triunfam sobre o poder físico. É Davi e Golias, esquema que encontramos nos grandes contos populares de todos os países. (HELD, 1980, p. 137)

Depois da Bíblia, *As mil e uma noites*, cujo título original é *Alf Lailah oua Lailah* (Mil noites e uma noite) é, provavelmente, a reunião de textos mais famosa de todos os tempos. O título, aliás, não representa um apanhado literal de mil e um textos. Na verdade, trata-se de uma espécie de licença poética indicando que a obra reúne um número enorme de histórias. Tenho a edição do livro em dois volumes. O primeiro traz 226 noites. O segundo traz da noite 227 a 236 e, na sequência, vêm outras dezessete histórias, todas mais longas, se comparadas às do primeiro volume. Dentre essas histórias do segundo volume estão "A história de Aladim, ou a lâmpada maravilhosa" e "A história de Ali Babá e dos Quarenta ladrões exterminados por uma escrava" (AS MIL E UMA NOITES, 2004).

Os relatos de *As mil e uma noites* foram mundialmente divulgados graças à tradução feita pelo orientalista francês Antoine Galland, que, em uma viagem a Constantinopla, foi apresentado aos contos. A tradução de Galland entrou para o rol de obras clássicas da literatura francesa. Mas qual será o motivo de tanto sucesso? Tudo indica que se deva ao fato de que, assim como na Bíblia, o texto de *As mil e uma noites* reúne histórias com contextos e gêneros variados, agradando a todos os públicos; já o segundo motivo possivelmente tenha a ver com o exímio trabalho de edição de Galland, que aproveitou apenas uma quarta parte dos contos originais, escolhendo, claro, os textos cujos enredos eram, em tudo, mais atraentes; também cortou as cenas e os trechos que pudessem bater de frente com os princípios morais cristãos; retirou, ainda, termos de baixo calão, expressões comprometedoras, etc. O resultado da empreitada todos conhecemos: um estrondoso sucesso editorial.

Mas esse sucesso jamais teria ocorrido não fosse o interesse milenar dos povos do Oriente pelas narrativas e contações de histórias. Hoje, infelizmente, ao ouvir falar sobre muitos países do Oriente, as novas gerações comumente os associam a conflitos de ordens variadas. A mídia encarrega-se de fazer extensas cobertura das guerras religiosas e políticas e da atuação terrorista de alguns grupos fundamentalistas. São raros os jovens que se dão conta da beleza dessas regiões e da extrema riqueza cultural dos seus povos. Em fases anteriores a esses confrontos, que devastaram populações e cidades, a figura dos contadores de histórias era presença marcante.

> Em um de seus livros sobre o Oriente, o escritor italiano Edmundo De Amicis (1846-1908) descreve-nos a curiosa figura de um contador de histórias sobre o céu do Islã:
>
> "[...] Falava com a voz alta e vagarosa, ereto no meio de seu círculo de ouvintes, acompanhado submissamente por um

tocador de alaúde e um de tambor. Narrava, talvez, uma história de amor, as aventuras de um bandido famoso, as vicissitudes da vida de um sultão. Não lhe percebi nem palavra. Mas o seu gesto era tão arrebatado, sua voz tão expressiva, seu rosto tão eloquente, que eu às vezes entrevia, num rápido momento, alguns lampejos de sentido. Pareceu-me que contava uma longa viagem; imitava o passo de um cavalo fatigado; apontava para horizontes imensos, procurava em torno de si uma gota d'água, deixava cair os braços e a cabeça como um homem prostrado.

Árabes, armênios, egípcios, persas e nômades do Hed-jaz, imóveis, sem respirar, refletiam na expressão dos rostos todas as palavras do orador. Naquele momento, com a alma toda nos olhos, deixavam ver, claramente, a ingenuidade e a frescura dos sentimentos que ocultavam sob a aparência de uma dureza selvagem. O contador de histórias andava para a direita e para a esquerda, parava, retrocedia, cobria o rosto com as mãos, erguia os braços para o céu, e, à medida que se ia afervorando, e levantando a voz, os músicos tocavam e batiam com mais fúria.

A narrativa empolgava os beduínos, e quando terminada, os aplausos estrugiram no ar". (AS MIL E UMA NOITES, 2004, pp. 16-17)

A passagem que acabamos de citar dá a dimensão do quanto o contador de histórias se entregava de corpo e alma às contações que levava ao público. Muitos se empenhavam como verdadeiros pesquisadores: tinham o trabalho de buscar novidades, recolhendo histórias dos viajantes que chegavam de outros povos, e também de lugares distantes que haviam visitado, trazendo consigo um repertório sempre renovado. E, como em todo o mundo, "quem conta um conto aumenta um ponto", cabia aos contadores – uma vez que estivessem de posse dessas novas narrativas – fazer as alterações que julgassem pertinentes para agradar seu público.

E a grande sensação entre os árabes sempre foram as chamadas histórias em série, que emendam um conto no outro, terminando em um gancho cujo clímax era capaz de instigar o ouvinte a voltar em outro momento e, assim, finalmente, ter acesso ao término da contação. Está aí o método usado pela contadora Sherazade para seguir fascinando o sultão Shahriar noite após noite, quando lhe narrava as histórias que, juntas, culminaram na reunião de textos mundialmente conhecida como *As mil e uma noites*.

Era mesmo difícil resistir aos contos que continham em seus enredos um verdadeiro apanhado da riqueza cultural, social, literária e poética presente nas lendas dos povos do Oriente. Os temas eram os mais diversos:

> Contos maravilhosos e de aventuras; contos de amor e intrigas de namorados; romances de viagens; aventuras de cavalaria e de guerra; lendas fantásticas e cheias de crueldades; cenas de zombarias contra judeus e cristãos; contos do gênero policial; anedotas brejeiras e pornográficas; episódios fantásticos e obscenos; lutas religiosas; parábolas e apólogos; fábulas e histórias de erudição (até com problemas de matemática). (*Ibid.*, pp. 18-19)

Costumo dizer que educadores, escritores e mediadores de leitura são descendentes diretos de Sherazade, que, todas as noites, articulada e criativa, encantava o sultão Shahriar com histórias tão maravilhosas que o soberano se via obrigado a adiar a execução da moça e, por sua vez, a das mulheres que viriam depois dela.

Isso porque de acordo com texto introdutório do volume 1, intitulado, justamente, "As mil e uma noites", a primeira esposa de Shahriar o traiu com um escravo. Pouco tempo antes disso, Chahzenã, o irmão do sultão Shahriar, também passara pela mesmíssima situação, tendo matado a esposa e seu amante. Assim, Shahriar passou a ter raiva de todas as mulheres, considerando-as infiéis, enganosas, merecedoras dos piores castigos. Tão logo se viu traído, jurou que, dali em diante, teria uma primeira e única noite de amor com todas as donzelas com as quais se casasse e, na manhã seguinte, mandaria seu grão-vizir estrangulá-las. Dessa forma, elas jamais teriam a chance de ser infiéis.

Ao saber disso, a filha do grão-vizir, uma linda moça de nome Sherazade, corajosa e destemida, ofereceu-se em sacrifício para desposar o sultão. O vizir desesperou-se, implorando à filha que desistisse daquela loucura. Mas ela se manteve irredutível. Garantiu que tinha um plano infalível para terminar de vez com a matança das jovens do reino, que, noite após noite, desposavam Shahriar e, na manhã seguinte, eram mortas pelo pai de Sherazade, que devia obediência cega ao sultão.

Sem conseguir dissuadi-la, o grão-vizir teve de aceitar a proposta da filha. Foi então que Sherazade convocou a irmã, Dinazade, para fazer parte do plano. Explicou-lhe que iria pedir ao sultão que permitisse a presença de Dinazade no quarto, de modo que as irmãs passassem a última noite da vida de Sherazade juntas. Porém, continuou Sherazade, pouco antes do sol nascer, Dinazade deveria acordá-la e pedir que lhe contasse uma última história, uma vez que iria perdê-la para sempre. A ideia era que o sultão, ao escutar a trama, se encantasse a ponto de adiar a morte da esposa para ouvir o final da história na noite seguinte. E assim foi.

Sherazade era uma moça muito culta, inteligente, astuta, bonita, sedutora, detentora de muitos saberes. Conhecia de cor as melhores histórias da tradição oral e sabia contá-las como ninguém. Então, uma vez executado seu plano, tudo correu como o planejado. O sultão permitiu que ela contasse a história à irmã e, como estava ali, sem fazer nada, prestou atenção também. No ápice da narrativa, já de dia, Sherazade interrompeu a contação, pois sabia que era hora de o sultão fazer sua prece e reunir o conselho, primeiros afazeres de seus dias.

Foi então que o sultão percebeu que, se quisesse saber o final do enredo, teria de deixar sua esposa viver mais um dia. A cada amanhecer, Sherazade interrompia um conto para continuá-lo depois. E assim se passaram as mil e uma noites que dão título à famosa coletânea. Após tanto tempo, o sultão se deu por vencido, desistiu de matar quem quer que fosse e se declarou à Sherazade, que curou o coração do soberano graças à arte da palavra.

Entre as histórias mais conhecidas de *As mil e uma noites* estão: "Aladim e a lâmpada maravilhosa", "Simbad, o marujo" e "Ali Babá e os quarenta ladrões". Se Sherazade existiu de fato, ninguém consegue provar. De minha parte, prefiro acreditar que sim.

De onde vêm as histórias

Filmes, novelas, minisséries, quadrinhos, desenhos animados, games. As histórias bebem na fonte da literatura, que, por sua vez, se vale de mitos e arquétipos ancestrais. Entre as muitas definições de mitos, temos esta, que me parece tão concisa quanto completa:

> [...] representação da vida passada dos povos, sua história, com seus heróis e suas façanhas, sendo de alguma maneira reapresentada simbolicamente ao nível dos deuses e de suas aventuras: o mito seria uma dramaturgia da vida social ou da história poetizada. (CHEVALIER & GHEERBRANT, 2002, p. 611)

Já os arquétipos podem ser entendidos como

> [...] dinamismos inconscientes. Correspondem a modelos de pensamentos e de ação existentes na alma humana, que se manifestam como estruturas psíquicas quase universais – uma espécie de consciência coletiva – e se expressam por uma linguagem simbólica de grande força energética. (MACHADO, 2004, p. 217)

Durante a leitura, entretanto, esses conceitos passam longe – longíssimo – do interesse da maioria dos leitores. A eles importa, primeiramente, o poder da história em captar-lhes a atenção, tomando-os de assalto, abarcando por completo a imaginação de quem está ali, imerso em mundos, não raro, diferentes dos seus. Uma vez tendo acesso a uma boa obra/história, ela nos puxa para si vezes sem conta, sem que possamos nos cansar. É por esse motivo que as crianças que têm acesso a elas com frequência pedem: "Conta de novo! Só mais uma vez!".

Pelo mesmo motivo, os jovens entregam-se à leitura de quadrinhos ou mesmo de romances que compõem sagas ou trilogias. Quando apreciamos a leitura, aquilo nos arrebata. Trata-se de uma entrega tão forte que, em muitas ocasiões, pode causar tanto prazer quanto desconfortos físicos.

Guardo com carinho a sensação febril que me acometeu quando da leitura do romance *Os Malaquias*, de Andréa del Fuego, vencedor do Prêmio Literário José Saramago 2011. Ao concluí-lo, fui tomada por um desejo irrefreável de escrever sobre o livro com o objetivo de compartilhar, com meus amigos e leitores, a beleza e a sensibilidade daquela obra. E assim o fiz:

> Há livros que nos tiram da rota. São como naves que abduzem, absorvem, puxam para si. Ímãs em forma de texto, título, capa, contracapa, lombada, textura, cheiro. Então a gente se deixa levar por essas máquinas de sonhos que nos conduzem a outros mundos, fronteiras, tempos, dimensões. Passamos a viver a vida de outro. E mais outro. E quantos mais existirem nas histórias. Transitamos na curva das páginas, no horizonte das linhas, no vão das entrelinhas. Caminhos que nos apresentam diferentes cenários, ambientes, atmosferas. E uma vez lá, nossa própria vida vira quimera. Buraco de Alice. Tornado de Dorothy. Estamos no "para além". Não há mais aqui nem agora (tampouco o mundo lá fora).
>
> Foi assim que me senti ao entrar de corpo e alma no tempo e no vento de *Os Malaquias*, primeiro romance de Andréa del Fuego (em edição caprichada da Editora Língua Geral, 2010). Um texto maduro. Fruta carnuda colhida na hora certa. Narrativa de versos lindamente disfarçados de prosa.
>
> E no exercício de um paradoxo delicioso, a moça do fogo contradiz seu pseudônimo e nos presenteia com águas de rio. De mar. De uma hidrelétrica que se instalará em local de desvario. Lugar de falas pausadas. Longos silêncios varrendo uma terra fértil de dramas e de planícies poéticas. Espaço sob medida para adventos misteriosos capazes de inundar a vida dos habitantes de Serra Morena, onde se passa boa parte da trama.
>
> Nesse solo encharcado de enigmas, um raio lançado pela flecha da tempestade é o divisor das águas que separam as crianças Nico, Júlia e Antônio Malaquias, irmãos que, do tal raio em diante, viverão experiências inundadas do real e do surreal. Trindade de solidões entranhadas. Tríade de memórias dispersas que, um dia, talvez, poderão se unir como peças de um quebra-cabeças.

> Andréa burilou o texto. Teceu. Tramou. E deu à luz dizeres prenhes de símbolos, códigos e nuances. E munida de seu *fuego*, a moça aqueceu, cozinhou e nos serviu um relato polvilhado de episódios fantásticos dispostos em capítulos que lembram notas em sobressalto: *staccato*. Suspensão de tempos e espaços.
>
> Na noite em que comecei a ler, fiquei tão impressionada que, por vezes, pensei ter tido febre. Calafrios. Espécie de desmaio em beira de rio. Sensação de frio na barriga – como quando a gente desliza pelo arco-íris. Mas o que foi aquilo, afinal? Ouso dizer que foi misto de delírio e de vício. Dependência de virar a página. Vontade de saber tudo sobre os personagens. Muitos deles duplos irmanados e recorrentes, como o casal de crianças gêmeas e as velhas também gêmeas que, assim como vêm, se vão na poeira do chão; as freiras que, por assim dizer, eram gêmeas de hábito e de coração; o empregado e o patrão; a apatia e a tentação e, vertigem suprema(!), os ectoplamas se enlaçando em danças fluidas, geracionais.
>
> Um livro escrito sob o signo das águas que insistem em fazer de Serra Morena e de seus moradores um campo fecundo para a literatura da maior qualidade. Obra-prima. Puro deleite e, verdade seja dita, também lamento: posto que nunca mais poderei lê-la com o coração banhado pelo líquido pleno de expectativas que abarca todas as primeiras vezes em que fazemos ou sentimos algo importante ou definitivo. Verdadeiramente definitivo: como navegar em meio a Fuego.[3]

Mas, voltando ao que dizia antes da reprodução desse texto acerca do livro *Os Malaquias*, da mesma forma que os livros podem nos tomar de maneira arrebatadora, também as histórias narradas nas mais variadas plataformas, como quadrinhos, televisão, cinema, internet e e-readers (aparelhos que permitem a leitura de livros digitais), podem nos seduzir a ponto de entranharem-se na nossa vida, transformando-as de modo significativo.

Não há idade para se render a uma boa história, independentemente do veículo no qual ela está disponibilizada, até porque os mitos

---
[3] Goimar Dantas, "Nas águas del fuego", publicado em 6/12/2010. Disponível em http://www.goimardantas.com.br/nas-aguas-del-fuego/. Acesso em 20/2/2018.

e arquétipos estão onde quer que as histórias estejam. Mas é sabido que quanto mais jovem é a pessoa, mais ela está propensa às novidades tecnológicas. Por essa característica, observamos que os jovens, cada vez mais, ampliam seu repertório de leitura do mundo graças à diversidade de opções nas quais, hoje, podem conseguir informações.

Porém, a despeito de a maioria deles ter por característica essa abertura ao que é novo, é preciso ter em mente que estão inseridos em contextos sociais variados, o que pode facilitar ou dificultar o acesso às histórias. Há jovens que vivem em cidades, jovens que vivem no campo e jovens que vivem à margem (nas ruas ou em fronteiras de guerras e outros conflitos).

Os que vivem em ambientes urbanos, pela facilidade de acesso, são, geralmente, os que consomem mais tecnologia, quadrinhos, filmes e minisséries; podem ter acesso a canais por assinatura e serviços similares. A verdade é que o modo como chegam até as histórias não é o mais importante e, sim, o amor e a dedicação que devotam a elas.

Muito antes da existência de tantas plataformas voltadas à reprodução de histórias, os públicos infantil e juvenil passaram a ter mais opções literárias destinadas à sua faixa etária apenas a partir do século XIX, quando ganhou força a produção literária destinada a essas faixas etárias, com livros concebidos, produzidos, pensados, enfim, para esses públicos – mercado que se consolidou no século XX. Antes disso, porém, nos séculos XVII e XVIII, tanto crianças quanto jovens muitas vezes se apropriavam de alguns livros que, embora voltados, a princípio, para leitores mais maduros, possuíam temáticas, enredos e personagens que, de alguma forma, ganharam o coração de crianças e jovens. Cecília Meireles (2002, p. 38) apontou algumas dessas obras:

- **ROBINSON CRUSOÉ** (1719), de Daniel Defoe;
- **AS VIAGENS DE GULLIVER** (1726), de Jonathan Swift; e
- **AS AVENTURAS DO BARÃO DE MÜNCHAUSEN** (1786), de Rudolf Erich Raspe.

> Evidentemente, tudo é uma literatura só. A dificuldade está em delimitar o que se considera como especialmente do âmbito infantil.
>
> São as crianças, na verdade, que o delimitam, com sua preferência. Costuma-se classificar como literatura infantil o que para elas se escreve. Seria mais acertado, talvez, assim classificar o que elas leem com utilidade e prazer. Não haveria, pois, uma literatura infantil *a priori*, mas *a posteriori*. (MEIRELES, 1984, p. 20)

Em um livro como este, cujo tema principal é incentivar o hábito da leitura, a começar pelo amor pelas histórias (não importando o meio onde estão veiculadas), é essencial refletirmos sobre o quão fundamental é esse acesso, sabermos quando as histórias começaram a ser pensadas/criadas para públicos mais jovens e, finalmente, entendermos que o conceito de literatura infantil e juvenil vem-se modificando. Até onde vai a fronteira que delimita os livros voltados para crianças, jovens e adultos? Difícil responder, mas uma coisa é certa e é isso que nós, mediadores de leitura, precisamos ter em mente: quando uma trama é bem contada, observamos que essa fronteira se dilui, originando uma obra que agrada aos públicos de idades, contextos e condições sociais os mais diversos. Está aí uma das mágicas propiciadas pelo vasto mundo dos livros.

Literatura informativa

Há algumas décadas, a busca por oferecer o máximo de opções possíveis aos leitores vem consolidando a chamada literatura por encomenda, em que, quase sempre, um editor convida um escritor para produzir um livro informativo (paradidático) sobre determinado tema que, na sua opinião – em geral baseada nas leis do mercado e nas compras governamentais, que, até pouco tempo, ditavam boa parte dos temas dos catálogos das editoras –, precisa estar disponível para o público jovem. A necessidade dessa obra pode decorrer de uma efeméride histórica, por exemplo. Foi o caso das muitas publicações surgidas à época da comemoração dos 500 anos do descobrimento do Brasil, em 2000; do centenário da imigração japonesa; dos 100 anos da morte de Machado de Assis; e dos 200 anos da vinda da família real para o Brasil, os três últimos todos comemorados em 2008.

Muitos especialistas torcem o nariz para os chamados livros sob encomenda/informativos. No entanto, no mundo todo, essas publicações existem e se estabelecem com títulos e autores de primeira linha. No Brasil, a própria Fundação Nacional do Livro Infantil e Juvenil (FNLIJ) criou uma categoria para premiar, a cada ano, os livros informativos. O próprio Monteiro Lobato costumava mesclar literatura da mais alta qualidade com quantidades generosas de informações em suas obras sobre a turma do Sítio do Picapau Amarelo, elencando uma série de ensinamentos em meio às aventuras vividas por Emília, Visconde, Pedrinho e Narizinho.

Temas como mitologia, folclore, matemática, geografia e história marcavam presença em boa parte das obras do autor, como *Geografia de Dona Benta*, *Emília no país da gramática* e *Aritmética da Emília*. Em *O poço do Visconde*, por exemplo, publicado por Lobato, em 1937, e cuja primeira edição trazia o subtítulo *Geologia para crianças*, temos um texto que se aproxima muito do que entendemos, atualmente, por livro informativo. Nele, o leigo pode encontrar explicações detalhadas sobre o petróleo (O que é? Onde pode ser encontrado? Do que é composto? Para que serve? Por que é importante?). Ainda assim, o fato é que Lobato jamais abriu mão da fantasia, da aventura, das peripécias e de tudo quanto seduzia as crianças de seu tempo, fosse qual fosse o tema do livro ao qual se dedicava. Mesmo naqueles trechos de didática evidente, o autor conseguia manter acesa a chama do interesse infantil em relação à história contada.

Seja um livro mais informativo, seja mais lúdico, há que se respeitar o desejo dos leitores mirins e jovens, valorizando os textos escolhidos por eles, apontando qualidades, fazendo pontes com outros livros semelhantes, mostrando, enfim, que existe uma infinita quantidade de obras que podem dialogar com aquelas escolhidas por eles.

Hoje, muitos autores seguem dedicados à mescla de informação e literatura. Um exemplo editorialmente bem-sucedido é o best-seller *Malala: a menina que queria ir para a escola* (2015), da jornalista Adriana Carranca. O livro, ganhador do Prêmio FNLIJ 2016 Informativo, narra a trajetória heroica da menina paquistanesa baleada aos quinze anos por membros do grupo extremista Talibã, que proibia as jovens da região de ter acesso à escola. Mas a menina não se conformou e não só brigou por continuar recebendo educação como criou um blogue de sucesso mundial em que relatava a situação do lugar onde vivia. Em represália, foi baleada na cabeça. Comovida com a história de Malala Yousafzai, a jornalista Adriana Carranca – acostumada a realizar coberturas em zonas de conflito –, foi até a cidade da menina e coletou dados para contar essa história essencial às novas gerações.

No livro, os pequenos leitores têm acesso ao contexto histórico sobre o vale do Swat, local de nascimento de Malala, aluna exemplar que adorava passar os dias na escola cujo proprietário era seu pai. A obra traz, ainda, um glossário com a definição dos termos fundamentais para a compreensão mais abrangente da vida dessa personagem-símbolo, do seu amor pela educação, pelos livros e pela crença de que as mulheres têm de seguir lutando para ter os mesmos direitos concedidos aos homens.

Malala conseguiu recuperar-se do atentado, transformou-se em uma das personalidades mais influentes do planeta e recebeu o Prêmio Nobel da Paz aos 17 anos. Algumas das frases mais impactantes ditas por Malala, disponíveis em entrevistas e reportagens, dão bem a ideia do quanto a jovem considera a educação importante: "Como o Talibã se atreve a tirar meu direito à educação?" e "Minha honra não está na espada, está na caneta".[4]

....

[4] Bia Reis, "Livro conta a saga de Malala, a garota paquistanesa que desafiou o Talibã", em *O Estado de S.Paulo*, 15/5/2015. Disponível em http://cultura.estadao.com.br/noticias/literatura, livro-conta-a-saga-de-malala-a-garota-paquistanesa-que-desafiou-o-taliba,1688568. Acesso em 27/4/2018.

Dos papiros às HQs:
o que importa é o conteúdo[5]

Embora o mercado esteja cada vez mais receptivo às histórias em quadrinhos – incluindo não apenas as já tradicionais histórias infantis e de super-heróis, mas também à adaptação de clássicos da literatura –, o preconceito em relação ao gênero segue existindo. Há quem pense que as chamadas HQs nada trazem de positivo além de um passatempo descompromissado. Ledo engano. Há que se considerar o apelo visual e a riqueza da linguagem instigante, repleta de diálogos, onomatopeias, ritmos, mudança de padrões nas tipologias, cores indicando o estado de espírito dos personagens (vermelho: raiva; amarelo: medo; etc.). A leitura dos quadrinhos exige do leitor atenção redobrada para captar as nuances altamente complexas de seus enredos.

> Para uma criança de seis ou sete anos me parece um trabalho suficientemente rico, cheio de operações lógicas e fantásticas, independentemente do valor e do conteúdo do quadrinho, que aqui não estão em discussão. A imaginação da criança não assiste passiva, mas é solicitada a tomar posição, a analisar e sintetizar, classificar e decidir. (RODARI, 1982, p. 120)

---

[5] O texto deste livro já havia sido entregue à editora quando o quadrinista Marcelo D'Salete, de São Paulo, venceu, com a obra *Cumbe*, o maior prêmio de quadrinhos do mundo, o Eisner. Criado em homenagem ao cartunista e ilustrador americano Will Eisner, o prêmio é anual e premia quadrinistas em diversas categorias. O resultado foi divulgado em 20 de julho de 2018. Disponível em https://www1.folha.uol.com.br/ilustrada/2018/07/quadrinista-marcelo-dsalete--vence-o-eisner-maior-premio-de-quadrinhos-do-mundo.shtml. Acesso em 18/12/2018.
A obra foi lançada em 2014 pela editora Veneta e aborda o período colonial e a resistência negra contra a escravidão no Brasil. D'Salete é autor, ainda, de *Angola Janga* (2017), cujo tema são os antigos mocambos da Serra da Barriga, mais conhecidos como Quilombo dos Palmares. Sobre a premiação de *Cumbe*, o site do autor traz o seguinte texto: "A obra *Cumbe* é parte do momento singular do quadrinho nacional, representado por inúmeros autores com uma excelente produção. Já houve outros brasileiros premiados com o Eisner e, nessa toada, certamente ainda teremos mais obras reconhecidas nacional e internacionalmente". Disponível em https://www.dsalete.art.br/. Acesso em 18/12/2018.

No Brasil, temos a *Turma da Mônica*, clássico brasileiro que já conquistou seu lugar na história desse gênero. Temos, ainda, como ocorre em todo o mundo, um público fiel de leitores de quadrinhos cujos protagonistas são super-heróis. Mas por que fazem tanto sucesso? Talvez pela capacidade desses heróis em vencerem desafios e obstáculos, superar limitações e fraquezas, salvar indivíduos ou mesmo toda a humanidade de catástrofes. Quem nunca desejou um superpoder, afinal? Super-heróis podem nos ensinar muito! Não à toa, bebem na fonte da mitologia, repleta, por si só, de deuses e semideuses com fartos poderes.

Há, até mesmo, os super-heróis que não dispõem de superpoderes, como o *Batman*, criado em 1937 pelo desenhista Bob Kane e pelo escritor Bill Finger – herói que, diferentemente de seus companheiros mais conhecidos, como Super-Homem, Mulher Maravilha, Aquaman, Lanterna Verde e Flash, é um simples mortal. Na narrativa, o herói é uma invenção do milionário Bruce Wayne para combater o crime em Gotham City. Mas o que Batman tem de, digamos, superior é a inteligência, a coragem e, claro, os milhões no banco, que o diferem da maioria das pessoas que, embora bem-intencionadas, jamais poderiam mandar construir um batmóvel, uma batlancha, uma batmoto e ainda equipar uma caverna com instrumentos de alta tecnologia. Tudo para o ajudar a combater criminosos de alta periculosidade.

Desde sua criação, Batman é sucesso nos quadrinhos, em séries televisivas e no cinema, no qual, nos últimos anos, vem arrecadando milhões com sequências de filmes que, a cada lançamento, comprovam seu sucesso.

Entre as crianças, é um fenômeno. Volta e meia, vou ao supermercado e, na seção de verduras, lá está uma mãe com o filho, vestido com a máscara e o uniforme do Batman. A cena rapidamente me remete à infância do meu filho, que amava ir não só ao supermercado, mas também à farmácia, às festas infantis e às festividades escolares trajando o uniforme do homem-morcego. Até hoje, aliás, segue como grande admirador do personagem e, vez ou outra, revê os filmes desse que é seu herói preferido.

É possível que a humanidade de Batman, de alguma forma, cale fundo na alma de seus admiradores, que se comovem com a tragédia vivida pelo personagem na infância. Batman ficou órfão cedo, ao perder os pais em um assalto, no qual estava presente. Como a família tinha muito dinheiro, o menino recebeu educação esmerada, herdou milhões e cresceu sob os cuidados do mordomo Alfred. Além de estudar nos melhores colégios, o jovem Bruce Wayne especializou-se em artes marciais e investigou diversos ramos do conhecimento humano. Preparou-se, enfim, para contribuir na luta contra o crime.

É provável que, no íntimo, tenha feito tudo isso para que nenhuma outra criança perdesse os pais para a criminalidade e viesse a sofrer como ele. Um drama que se assemelha à essência dos contos de fadas, cujas histórias estão cheias de crianças órfãs, sempre sozinhas – ou mal acompanhadas –, tendo de se defender de vilões e situações de todo tipo.

Batman nos ensina sobre superação, determinação, honestidade, lealdade, solidariedade. O mundo mágico dos heróis (com ou sem superpoderes), da mitologia e da magia compõe desde o início dos tempos um arsenal de boas histórias transmitidas, a princípio, oralmente, como as que ajudaram Homero a compor a *Ilíada* e a *Odisseia* e, depois, textualmente, transformando-se em clássicos da literatura. Pesquisas dão conta de que o conto mais antigo já descoberto trata da história dos dois irmãos *Anpu e Bata*, escrita no Egito. A autoria é atribuída ao escriba Anena, que produziu o conto há mais de 3 mil anos para o filho do faraó, em um manuscrito em papiro.

> Uma das coisas mais interessantes sobre esse conto é que elementos encontrados em histórias de todo o mundo desde essa época estão contidos nele. A primeira parte tem um paralelo na história bíblica de José e a mulher de Putifar. O centro da história ocorre em mais ou menos oitocentas versões apenas na Europa [...].
>
> Sobre esse conto, diz Luís da Câmara Cascudo: 'Os elementos do conto dos Dois irmãos, escrito há trinta e dois séculos,

estão vivendo nas histórias tradicionais do Brasil'. (SHAH *apud* MACHADO, 2004, p. 173)

Estudiosos, arqueólogos, pesquisadores: devemos a eles a descoberta de muitas narrativas às quais não teríamos acesso não fosse o trabalho árduo em bibliotecas antigas e ruínas. Entre as descobertas mais impressionantes feitas por esses profissionais está o poema épico considerado o mais antigo da humanidade: o *Gilgamesh*. A epopeia do rei cujo nome dá título ao poema foi encontrada no século XIX, no Iraque e na Síria, por arqueólogos franceses e ingleses, em pequenas tábuas de argila com escrita cuneiforme. A escrita só foi decifrada no final de 1800, revelando a história do rei, contada em versos pelos sumérios, depois os babilônios e assírios da Mesopotâmia. Elementos dessa lenda foram identificados, ainda, em mitos dos povos gregos, egípcios e persas (PEINADO *apud* MACHADO, 2004, p. 172).

Ponte para o pote de ouro: quem são os mediadores de leitura e qual sua missão

Eles estão por toda parte. Engana-se quem pensa que para ser mediador de leitura é preciso ser um educador propriamente dito, ou um bibliotecário, ou um contador de histórias. Mediadores são, sim, educadores, bibliotecários, contadores de histórias. Mas também editores, escritores, livreiros, booktubers – sobre os quais falaremos de forma mais abrangente no capítulo "A contribuição dos booktubers" –, agentes de leitura que atuam em instituições de ensino, organizações não governamentais, fábricas, hospitais, clubes, associações, igrejas, presídios, entidades de auxílios a populações desfavorecidas ou em situação de risco. Mediadores atuam, ainda, em suas próprias casas. São pais, avós, irmãos, tios, padrinhos, madrinhas, cuidadores e todos aqueles que têm acesso a leitores em potencial.

É possível ser mediador até mesmo em uma festa, numa roda de conversa entre amigos, basta que, em um evento qualquer, alguém comece a discorrer sobre um livro que está lendo, seus autores preferidos, sugira obras que considera essenciais para essa ou aquela pessoa. Para ser um mediador de leitura, é bom frisar, basta falar de livros com paixão, entusiasmo, amor.

Onde quer que esteja o mediador, cabe a ele lembrar que na essência da mediação reside, sobretudo, o desejo de compartilhar. E é possível compartilhar emoções e saberes com crianças, jovens e adultos de qualquer faixa etária, seja qual for a condição de saúde física e psicológica dessas pessoas para as quais faremos mediação de leitura.

Grosso modo, para fazer a mediação de leitura é preciso uma pessoa interessada em fazê-la, alguém que esteja disposta a ouvi-la e um livro. Nada além disso. Mas se formos nos ater aos detalhes que contribuem para tornar uma mediação bem-sucedida, podemos listar algumas sugestões:

- escolha um livro ou texto de que você goste;
- demonstre entusiasmo ao apresentá-lo à pessoa ou ao grupo de pessoas;
- comece mostrando a capa, contracapa, dizendo o nome do autor, do ilustrador, da editora (com isso, você desperta o interesse do leitor para os responsáveis pela feitura daquela obra);
- pratique para ter uma boa entonação durante a leitura; aliás, você pode alterar seu tom de voz, dependendo dos personagens do livro e das situações que ele apresenta (tragédia, comédia, medo, suspense, alegria);
- abra o livro e apresente as ilustrações, caso a obra as possua;
- leia o texto em voz alta e, vez ou outra, faça algumas pausas para olhar nos olhos dos seus interlocutores;
- sempre que possível, faça uma associação da história com outras linguagens artísticas. Pode ser uma música, um filme, uma pintura, uma peça de teatro, uma escultura;

- se a história faz você, mediador, se lembrar de algo especial, fale sobre isso durante a mediação. Pode ser alguma passagem da sua vida, de alguém de sua família, de um amigo;

- ajude a pessoa a entrar de cabeça no universo da obra; não precisa parar para explicar as palavras difíceis do texto, mas se alguém perguntar o significado delas e você souber, responda;

- ao final, sugira outros títulos do mesmo autor, ou ainda títulos de outros autores que têm temática semelhante ao que você acabou de ler;

- pergunte o que as pessoas acharam da história, o que sentiram durante a leitura, se já passaram por alguma situação semelhante ou se gostariam de viver em sua vida algo que a trama apresentou;

- pergunte o que as pessoas mais gostaram. Se houve algum personagem ou situação que lhes chamou mais atenção e por quê;

- deixe que as pessoas se expressem, troquem ideias, se sintam à vontade para falar ao final; isso é importante;

- guarde essa dica: é preciso ler "com" a pessoa e não "para" a pessoa. Mediar leitura é um tipo de entrega, de dança, de ritual. Contar com a participação, a alegria e a integração do outro torna tudo mais mágico e bonito.

É possível que a mediação seja feita por um profissional. Alguém que estudou, participou de cursos e capacitações específicas sobre temas como leitura, mediação, contação de histórias, literatura, uso de linguagem corporal e outros recursos capazes de aprimorar suas habilidades. Podemos chamar essas pessoas de mediadores profissionais, mas há também os mediadores não profissionais, que se exercitam, no entanto, em uma mediação espontânea. Na sequência, falaremos um pouco mais sobre os tipos de mediadores e mediações.

Mediação profissional

O mediador profissional precisa refletir constantemente sobre leitura, estudar o tema, buscar formas de se aprimorar nesse trabalho tão importante. Tem de pensar no que é literatura para ele, por que faz mediação, onde se situa nesse processo, quais suas metas. Esses são os objetivos que devem nortear seu trabalho – mesmo que não seja possível alcançá-los completamente. É preciso seguir tentando. Até pouco tempo, o mediador de leitura era visto como o alfabetizador, o professor; depois, passou-se a associar o mediador de leitura, também, com a figura do bibliotecário. O próprio entendimento do que é leitura e informação também foi se transformando com o passar do tempo.

Acervo, por exemplo, não é tudo. Há quem acredite que uma boa biblioteca, uma estante recheada de livros, por si só, significa aquisição de conhecimento por parte de seus frequentadores/proprietários. Mesmo que as pessoas leiam uma quantidade gigantesca de livros, será que isso indica que adquiriram conhecimento? Sabemos que não é bem assim que a banda toca. É preciso relacionar informação com visão de mundo, com o contexto social de cada leitor. Sem a figura de um bom mediador, isso pode ser impossível ou – sendo bem otimista – muito mais difícil. Mediação é, principalmente, a relação entre as pessoas.

O mediador profissional conhece – ou pelo menos deveria se esforçar para conhecer – muito do que diz respeito às nuances implícitas na leitura e na sua divulgação. Ele planeja sua atuação, pesquisa acervos antigos e novos, busca estar informado sobre lançamentos de livros, por exemplo. É alguém que cria espaços de acolhimento e troca, onde compartilhar livros, histórias, informações, personagens, tramas e cenários acontece de forma agradável para todos os que participam desses momentos. Alguém capaz de fazer a intermediação entre o *texto*, a *memória* e a *cultura*.

Em comunidades de cidades pequenas, por exemplo, nas quais as famílias se conhecem e, em geral, partilham histórias de vida semelhantes, a leitura de textos dos poetas e escritores da região

– ou mesmo de livros que tragam repertórios que dialogam com contextos semelhantes aos dessas pessoas – proporciona aos leitores (ouvintes) a oportunidade de refletir sobre suas origens; entrar em contato com os personagens do folclore e com suas tradições; conhecer o passado dessas regiões e adquirir conhecimentos sobre os relatos das histórias, dificuldades, alegrias e mudanças que essas comunidades vêm atravessando ao longo do tempo.

O acesso a esses conteúdos fortalece e preserva a cultura desses locais, criando pontes entre o passado e o presente e colaborando, inclusive, para reflexões e tomada de ações que possibilitam um futuro mais condizente com os anseios dos leitores.

Em outra ponta, a mediação feita em um círculo de pessoas que não se conhecem e que vivem em cidades grandes também serve para aproximá-las, na medida em que, após as leituras, instigadas pelo mediador, podem trocar ideias, trazer à tona suas diferentes memórias e experiências de vida, as possíveis relações que têm com as histórias e personagens dos livros escolhidos para a mediação e, assim, contribuir para ampliar o repertório das que estão à sua volta com as mais diversas informações.

Como em qualquer outra atividade, faz-se necessário que os profissionais que exercitam a mediação tenham ampla consciência em relação ao seu trabalho e se apropriem dele a ponto de, com a experiência, desenvolver formas de aplicação muito próprias. Métodos singulares. Características que os distingam de seus pares. Um jeito todo pessoal de conduzir e indicar leituras. Aquilo que os tornará únicos.

Cabe aos mediadores buscar a compreensão de que a literatura pertence à vertente da arte e, como tal, deve ser vista/assimilada/apreendida pelos leitores por meio de uma entrega apreciativa, que envolva desejo, deleite, vontade, descobertas, expansão de consciência. Palavras que, infelizmente, costumam passar longe de como a literatura tem sido vivenciada na escola. No ambiente educacional, a ideia é que todos os aprendizes cheguem a um patamar comum quando, na arte, isso não é nem de longe o ideal.

Na arte, quanto mais divergências em torno da recepção de uma obra, mais se torna rico o debate e as reflexões sobre ela.

Em um encontro promovido pelo Itaú Cultural, intitulado *A literatura infantil e seus passos de gigante: a quantas anda o gênero no Brasil*, a premiada escritora e ilustradora brasileira Eva Furnari, uma das autoras de literatura infantil e juvenil (LIJ) mais criativas e renomadas do Brasil, nos ajuda a arrematar essa reflexão sobre a arte: "O artista tira as coisas do lugar certo. O fruidor é que precisa buscar o novo sentido".

A capacidade de encontrar esses novos sentidos, entretanto, passa pela educação, pela leitura, pelo acesso à informação e pelo desenvolvimento intelectual que advém de debates, discussões, experiências e conhecimentos, enfim, que esses fruidores devem possuir. Quanto mais acesso tiverem a livros, museus, bibliotecas, filmes, obras de arte, mais aumentam as possibilidades de estabelecerem conexões entre tudo que lhes é apresentado, incluindo as manifestações artísticas.

E para que o mediador consiga instigar seus leitores, é preciso que ele, por sua vez, seja uma antena apta a captar o máximo de informações possíveis sobre livros, autores, gêneros literários, lançamentos, diferentes recursos para prender a atenção dos leitores. Nesse contexto, o ideal é que leia cadernos de cultura dos jornais e revistas, navegue por sites e redes sociais dedicados à literatura, assista a programas televisivos de entrevistas com escritores, faça cursos de contação de histórias, frequente feiras de livros e bienais – caso resida em uma cidade que receba esses eventos. Tudo isso poderá oferecer aos mediadores novas dinâmicas de leitura e sugestões de autores, livros e exercícios que podem ajudar a aprimorar seu trabalho.

Mediação profissional na escola

Na escola, a literatura é muitas vezes tratada e avaliada como a matemática: todos têm de chegar a um denominador comum. A arte deriva da expressão e demanda apreciação. Está vinculada às ideias de valor, ideal, paixão. Não há como se estabelecer um controle no que se refere à sua recepção. Dito de outra forma: não há como ter certeza do que vai acontecer na cabeça dos leitores após lerem um livro.

No caso das escolas públicas, a maior dificuldade é fazer com que o professor, geralmente cansado dos numerosos turnos que precisa enfrentar ao longo do dia, desestimulado pelos baixos salários e condições de trabalho, carente ele mesmo de leituras, muitas vezes de base, consiga transmitir aos seus alunos o entusiasmo e o amor pelos livros.

A pesquisa do professor Ezequiel Theodoro da Silva, da Universidade Estadual de Campinas (Unicamp), realizada em 2006 com 385 educadores da rede estadual de ensino de São Paulo, trouxe dados alarmantes sobre a história e os hábitos de leitura desses docentes. Infelizmente, o fato de termos contato frequente – devido ao trabalho que desenvolvemos – com educadores e gestores de escolas públicas das mais variadas localidades nos mostra que a pesquisa do professor ainda reflete, em 2018 (12 anos depois!), a mesma realidade. Vejamos o que diz a pesquisa sobre as histórias desses docentes com a leitura na obra *Mediação de leitura: discussões alternativas para a formação de leitores* (SANTOS; MARQUES NETO; RÖSING, 2009):

> Diferentemente do que se costuma pensar, a idade de maior frequência de leitura não foi a infância nem a adolescência, mas sim o período que vai dos 18 aos 40 anos, inclusive sofrendo forte influência de professores de cursos de especialização, extensão, mercado etc. (40,26%). Pelo quadro de respostas, tudo leva a crer que os professores começam a ler com mais frequência depois que entram para a faculdade, podendo apresentar, por isso mesmo, vazios nas etapas anteriores de desenvolvimento como leitores. (SILVA, 2009, p. 31)

Já sobre os hábitos de leitura dos professores, tudo fica ainda mais dramático:

> A leitura no espaço das bibliotecas é quase nula, e apenas 9,6% leem no trabalho. [...] apenas 10% dos professores frequentam ambientes mais apropriados de leitura (um percentual extremamente baixo, diga-se). A grande maioria (92%) afirma ler em casa e em casa existem, em média, 50 títulos. Some-se a isso que

24,3%, ou seja, ¼ do total dos respondentes possuem 10 títulos apenas. (*Ibidem*)

A pesquisa do professor Ezequiel escancara o que muitos de nós já supúnhamos por mera observação ou ainda pelas informações que nos chegam pela mídia: a falta de preparo dos educadores das escolas públicas é um problema gravíssimo, mas que poderia ser amenizado com um plano nacional de educação sério, de longo prazo, que não ficasse à mercê das mudanças de gestão que ocorrem a cada nova eleição.

É notório que, a cada troca de governantes, as boas práticas da administração anterior vão por água abaixo, tudo recomeça do zero, projetos são descontinuados, etc. Seria preciso ter como prioridade não só um salário digno mas também capacitações frequentes, que poderiam formar mediadores mais preparados, conscientes de sua importância.

Uma vez que essas medidas ainda estão na esfera do sonho, o que nos resta é adotar soluções simples, mas certeiras, como as que serão detalhadas no capítulo "Era uma vez", no qual citarei, entre outras ações, aquela adotada por minha professora Thaís, do quarto ano primário, que selecionava um texto por dia para ler aos alunos, 15 minutos antes do fim da aula. É como diz o professor José Castilho Marques Neto, quando afirma que não é vergonha ou subordinação intelectual repetir práticas simples e óbvias:

> O mestre Bartolomeu Campos de Queirós lembrou-nos no recente seminário do PNLL sobre "Formação de Mediadores de Leitura" que "perdeu-se a simplicidade do que pode ser feito" e de que "estamos envergonhados de falar o óbvio". Considero essa reflexão de uma agudeza ímpar porque explica muitos dos "não fazeres", do olhar complacente e reprovador, geralmente revestido de tenacidade rasa, quando se propõe, por exemplo, a leitura em voz alta na sala de aula, ou o incentivo dos programas de avós contadoras de histórias, a exemplo do que se faz com grande sucesso na Argentina. (*Ibid.*, p. 67)

Sabemos, no entanto, que até para isso os professores têm de estar minimamente preparados, a ponto de ter um repertório de leitura e um modo todo especial de se dirigir aos alunos. Um momento de troca, desprovido de cobranças e pressões, desvinculado de avalições ou tarefas.

Quando o contato com a literatura se dá nessas condições, sem que alguém nos obrigue a ler, sem que tenhamos de produzir um relatório depois, o que fica é a experiência grandiosa de saborear uma boa história sem a necessidade de associá-la a trabalhos escolares de qualquer espécie. Temos, nessas situações, o envolvimento do leitor com a trama, com os personagens e contextos apresentados pelo livro que, por si só, podem acrescentar muito à sua vida, à medida que lhe mostram realidades, cenários, sentimentos com os quais o leitor tem pouco ou nenhum contato prévio. É uma pena que essa vivência literária transformadora, que deveria ser a regra, seja uma raridade nas instituições de ensino.

Ao ser tocado por esse tipo de experiência, o leitor transporta-se para outro tempo, espaço, dimensão. Passa a viver, mesmo que sutilmente, uma vida que não é a sua, ampliando sua perspectiva e visão de mundo. Experimenta situações, valores e dramas diversos dos seus. Em outras palavras: a literatura dialoga de forma direta com nossa sensibilidade, permitindo que, a cada leitura, possamos nos mostrar um pouco mais aptos a ver o novo com tolerância e empatia. Um resultado que deriva das novas concepções, pontos de vista e frequentes reavaliações de valores propiciadas pela leitura, aumentando de forma exponencial nossa compressão da realidade.

Era de se esperar que as escolas oferecessem espaços onde fosse possível vivenciar essas experiências de fruição, aprendizado, deslumbramento. O que vemos, no entanto, é o descaso total em criar, dentro do ambiente educacional, esses locais de aconchego, onde o diferente não seja uma ameaça.

Há anos trabalhei na Secretaria de Estado da Educação de São Paulo e descobri que, durante as últimas décadas do século XX, era prática comum destinar às bibliotecas ou salas de leitura das escolas as professoras que tinham problemas em lidar com a sala de aula, que viviam afastadas, apresentando uma licença médica após a outra. Como eram concursadas e a demissão não era uma opção, o jeito era retirá-las da classe e do contato com os alunos. Para isso, a "solução" mais comum era, então, transferi-las para bibliotecas ou salas de leitura, locais muito pouco frequentados. Infelizmente, o que observo hoje visitando escolas públicas e conversando com educadores em minhas palestras é que essa prática ainda é bastante comum.

É possível, ainda, trazer a biblioteca para um local mais próximo do aluno. No artigo "Literatura infantil? Muito prazer!", a professora Luciana Gomes Cunha Centine apresenta algumas alternativas que ajudam a compor uma biblioteca de classe, muito comum nas salas de aula de Ensino Infantil e Fundamental de escolas particulares:

> Uma forma de ampliar o acervo da biblioteca de classe é propor parcerias com editoras e órgãos ligados ao incentivo à leitura. Além disso, cada classe pode contribuir com a compra de um título que, após a leitura, entra em um sistema de rodízio com os demais grupos. Com isso, além de ampliarmos significativamente o repertório de leitura dos alunos, possibilitamos a vivência dos cuidados necessários com o empréstimo de materiais.[1]

Mediação espontânea

Familiares que investem em livros na hora de presentear as crianças, jovens e adultos da família estão contribuindo para um aspecto importante da mediação de leitura que é, claro, promover, de alguma forma, o acesso aos livros e às histórias. Na mesma toada, pais, avós, tios e padrinhos que apresentam às crianças e jovens o mundo mágico das livrarias e das bibliotecas estão, sim, sendo mediadores de leitura. Seja para ouvir contações de histórias, seja para escolher um

---

[1] Luciana Gomes Cunha Centini, "Literatura infantil? Muito prazer!", em *Revista E*, n. 4, ano 19, Sesc SP, São Paulo, outubro de 2012, p. 42.

livro ou apenas para conhecer o local, a ida à livraria e à biblioteca simboliza um passo gigantesco rumo à formação dos leitores.

Em um país tão repleto de desigualdade social, com um sistema educacional cravejado de problemas e equívocos, a mediação de leitura espontânea é sempre bem-vinda e muito válida.

Aliás, como bem salientou a escritora Ruth Rocha em um bate-papo ocorrido em 27 de maio de 2014, na Pontifícia Universidade Católica de São Paulo (PUC-SP), em evento promovido pela instituição Primeira Página, a formação de leitores é uma construção social. Quanto antes a criança tiver acesso ao universo dos livros e das histórias, melhor.

Naquela ocasião, ela nos lembrou, com a graça e a ternura que lhe são peculiares, sobre o amor que seus pais devotavam aos livros. Muitas vezes, Ruth e os irmãos se sentiam preteridos, tamanho o tempo que seus pais dedicavam à leitura. A escritora contou que, de tanto observarem o pai e a mãe com a cara enfiada nos livros, ela e os irmãos deduziram o inevitável: "Puxa vida, mas esse negócio de ler deve ser bom mesmo!".

Ruth, que à época desse evento já tinha vendido mais de 12 milhões de exemplares e publicado mais de duzentos livros, detalhou como tudo começou:

> Tive na infância um avô que era contador de histórias. Sabia todo tipo de história: Hans Christian Andersen, *As mil e uma noites*, fábulas, histórias de bichos. Era ferroviário e adorava contar histórias. Era muito engraçado. Meu pai também contava histórias, mas só sabia três: *Aladim, O homem da perna amarrada* e outra que não me lembro. E minha mãe lia tudo de Monteiro Lobato pra gente. Tive uma infância cheia de histórias. Virei sócia de uma biblioteca enorme na Avenida São Luís. Olhei aquilo e disse: "Puxa, como tem livros. Preciso ler todos". Daí escolhia uma prateleira e ia lendo um em seguida do outro.

Contar histórias é uma prática que lida com uma arte muito fugidia, que é a literatura. Para a criança pequena, que é muito sensorial, muitas vezes o que fica como registro é o som, o olhar da mãe, da avó, do pai. Enfim, da pessoa que conta a história. O calor do colo, o cheiro do ambiente, a voz de uma pessoa querida, um carinho recebido durante a narrativa... Experiências marcantes que são anteriores ao processo cognitivo, mas que, sem dúvida, podem contribuir para que ele ocorra de maneira mais afetuosa. Hoje, no entanto, é muito difícil que os pais ou demais familiares disponham de tempo para contar histórias e realizar sessões de leitura com as crianças. Essa é uma prática que, cada vez mais, vem sendo delegada à escola.

A criança pequena e o contato com os livros

Ainda sobre a formação de leitores como uma construção social, vale compartilhar o relato da colombiana Yolanda Reyes – especialista em fomento à leitura e em formação de leitores, fundadora e diretora do Instituto Espantapájaros, em Bogotá, que atende desde bebês até seus pais e demais adultos interessados em leitura. Em evento intitulado *Conversas ao pé da página*, série de encontros sobre literatura e leitura, realizado no Sesc Pinheiros, em 2 de maio de 2012, Yolanda presenteou o público com uma série de reflexões, além de revelar o trabalho que desenvolve no Instituto.

Yolanda contou que o Espantapájaros mantém um acervo muito diversificado de livros constituídos de formatos, materiais e temáticas bastante variados. Há, inclusive, uma "bebeteca", onde os bebês, acompanhados de um adulto da família, têm a liberdade de "ler", brincar e manipular os livros. Enquanto alguém lhes conta histórias, os pequenos tentam pegar o livro, manipulá-lo e até mordê-lo. Em avaliações posteriores feitas pela equipe do instituto, esses livros mais mordidos entram numa lista que indica aos profissionais do local quais os livros mais queridos pelos pequenos.

Muito se discute sobre como é fundamental ler para as crianças desde a mais tenra idade e até mesmo durante a gestação. Vejamos os motivos que fazem dessa prática algo essencial:

> Desde a gestação, a leitura é um dos principais estímulos que se pode oferecer à criança. A partir da 25ª semana de gestação, os bebês já reagem a diferentes sons, como a voz da mãe, e já se beneficiam da exposição a estímulos linguísticos. Mesmo que até certa idade os bebês não consigam entender o significado das palavras, o ritmo de leitura e o tom de voz são perceptíveis aos seus ouvidos.[2]

Trata-se de uma realidade muito diferente da maioria das famílias que, ainda hoje, teme entregar um livro nas mãos de crianças muito pequenas, com receio de que elas interajam, à sua maneira, com eles. Há que se admitir que, com esse tipo de postura, dificilmente essas crianças vão entender o livro como algo que faz parte de sua vida, acessível, disponível, feito e concebido para elas.

A bibliotecária francesa Geneviève Patte, em seu indispensável livro *Deixem que leiam*, fundamentado em seus anos de experiência à frente de projetos que fizeram das bibliotecas onde atuou verdadeiros oásis de incentivo à leitura, discorre sobre o passo a passo do processo de interação entre as crianças e os livros:

> A criança lê e se exprime com todo o corpo. Pode-se notar como ela recebe espontaneamente o livro, como o vive. Observa-se também como ela percorre o livro, como para diante de uma imagem, de um detalhe, uma palavra, depois volta. Como ela acaricia a página ou, então, cheia de autoridade, fecha o livro porque a história não lhe agrada. (PATTE, 2012, p. 26)

O arco-íris e o pote de ouro

Reza a lenda que, ao final do arco-íris, é possível encontrar um pote de ouro. Fato ou boato, a figura do mediador de leitura pode ser comparada ao arco multicolorido, uma vez que apontar o caminho rumo aos livros contribui para a pura diversão, prazer, alegria e,

---

[2] Cláudia Sintoni, "Páginas de afeto", em *Quatro Cinco Um: a Revista dos Livros*, n. 6, ano 1, São Paulo, outubro de 2017, p. 19.

de quebra, consciência crítica, criatividade, ganho de vocabulário, capacidade de argumentação, empatia, cidadania e outras tantas benesses que advêm com o hábito de ler e que simbolizam verdadeiros tesouros na vida de quem se aventura por páginas repletas de histórias.

Não foram poucas as vezes em que escutei uma frase que resume com maestria o parágrafo acima: "Podem tirar tudo de você, menos o conhecimento". Nesse sentido, a riqueza oferecida pela leitura é superior a qualquer espécie de tesouro material, porque, como sabemos, esse último pode ser perdido, roubado, extraviado ou extinto pela falta de habilidade de seu detentor. Algo impossível de acontecer com o conhecimento, uma vez que, mesmo que a pessoa decida utilizá-lo à exaustão, todos os dias, e nas situações mais diversas, ele nunca se esgota. Ao contrário, quanto mais dele se utilize, permanece disponível para ser usado de novo e o mais provável é que só aumente.

O mediador de leitura propicia, por meio das vivências que experimentamos com os personagens dos livros, as ferramentas para que nos conheçamos cada vez mais. Conseguimos desenvolver mecanismos para compreender, também, o outro, seja ele diverso, seja semelhante a nós. Viajamos – sem sair do lugar – para nos deparar com diferentes cenários, outros sistemas políticos, classes sociais, alegrias imensas, mas também problemas e situações que nos preparam para o enfrentamento dos conflitos e das adversidades que possam surgir em nossa vida.

Esse pote de ouro nos oferece respostas a muitos questionamentos, da mesma maneira que nos enche de dúvidas fundamentais ao nosso desenvolvimento pessoal. É preciso salientar, entretanto, que livros não costumam trazer receitas prontas – a não ser que estejamos falando de publicações voltadas à gastronomia –, mas nos apontam caminhos, ajudam a pensar, instigam nossa imaginação, nos fazem rir e chorar, nos apresentam heróis e vilões, o que pode ser o certo e o errado, nos tornam, por fim, pessoas com maiores possibilidades de reflexão e ação.

A *figura do arauto*

Além do arco-íris que conduz ao pote de ouro, o mediador de leitura pode ser associado à figura do arauto, aquele cavaleiro medieval que levava a mensagem dos reis e das rainhas e autoridades em geral até o povo, ou mesmo recados de uma autoridade para outra. Cabia a ele anunciar nascimentos, casamentos, mortes, guerras, acordos de paz. É o que chegava primeiro tanto em reinos ou castelos quanto em ruas, praças ou demais locais onde se reunia um grupo de pessoas/comunidade. Era aquele que retirava da algibeira os comunicados que poderiam modificar destinos, trazer júbilo, tristeza, preocupação, festa.

Assim como o arauto, o mediador é aquele que leva a mensagem, propaga novidades, anuncia conflitos ou suas resoluções. E lembremos que o arauto era um personagem essencial para a sociedade. Em uma época em que pouquíssimas pessoas dominavam a escrita e a leitura, ele era uma figura de destaque, alguém que detinha um conhecimento raro.

A séculos de distância da Idade Média, vivemos em uma época na qual as informações estão disponíveis de um modo nunca visto na história. A leitura é, hoje, acessível à maioria das pessoas. Temos a internet, as redes sociais, as notícias sendo veiculadas em tempo real e os celulares – com uma capacidade de armazenamento e disponibilização de dados e funções surpreendente. Para que, então, a figura do mediador/arauto seria necessária? A resposta é simples: para, com o seu conhecimento e repertório privilegiados, filtrar do arsenal infinito de informações que nos chegam todos os dias o que é pertinente e necessário para determinado fim.

Não à toa, os clubes de assinatura de livros estão voltando com força total. No Brasil, temos alguns exemplos que já entraram para a categoria *casos de sucesso* no mercado editorial. Citaremos dois deles: *A Taba*, clube de assinaturas direcionado ao público infantil, e a *TAG – experiências literárias*, voltado ao público adulto. E o que faz um clube de assinaturas de livros senão escolher, entre os inúmeros lançamentos que, dia após dia, chegam às prateleiras, algo realmente imperdível para o leitor?

Para isso, ambos os clubes têm curadores qualificados, profissionais experientes no mercado editorial, grandes autores, editores, professores, pedagogos cujo conhecimento de causa é inquestionável. Então, mês a mês, o assinante recebe em sua casa um pacote impecável e charmoso, contendo não apenas o livro do mês, mas, no caso da *TAG*, uma revista com textos de apoio e brindes sempre muito caprichados, capazes de dar água na boca aos fãs de literatura. Já *A Taba* oferece aos seus pequenos leitores, além do livro do mês, jogos, passaportes de leitura e outros brindes pertinentes à faixa etária de cada criança.

Mas para os que preferem seguir escolhendo os livros que vão ler, têm-se à disposição inúmeras revistas, sites, blogues e booktubers especializados em determinado tipo/gênero de leitura. Aqui e ali, há programas de televisão, notadamente em canais por assinatura, cujo foco são entrevistas realizadas com escritores, tradutores, editores. Há jornais como *O Rascunho* e revistas como a *Quatro cinco um*, dentre outros veículos, dedicados aos livros e a seu universo. Porém, sabemos que a internet é a ferramenta que mais disponibiliza informações sobre livros ao enorme contingente de interessados. Todas essas plataformas de comunicação são conduzidas por ninguém menos do que eles, os mediadores de leitura, arautos que levam as boas-novas dos livros a quem quiser ouvir.

Como se forma um mediador de leitura

A formação do mediador de leitura vai muito além do seu repertório de textos. Para tornar-se um mediador de leitura competente, há que exercitar, todos os dias, a sensibilidade. Ler o mundo. Cultivar interesse ininterrupto pelas pessoas e pelas coisas. Preservar, ao máximo, uma das maiores qualidades das crianças: a capacidade de se espantar e de se admirar com tudo. Aliás, para ser um bom mediador de leitura, é preciso manter-se vinculado à infância em várias esferas. Além de olhar cada coisa com a atenção redobrada, faz-se necessário, ainda, ser um perguntador nato, como as crianças na famosa fase dos porquês.

O que é isso? Para que serve? Como funciona? O que tem por dentro? Onde liga? Ao tomar como base essas questões tão comuns ao cotidiano infantil, o mediador deve manter em dia sua curiosidade, principalmente, no que se refere ao universo dos livros, como: Quem escreveu? Quem traduziu? Quem fez a capa? Quem editou? Quanto tempo o autor demorou para escrever? Como teve a ideia para esse texto? Como conseguiu ser tão criativo? Qual era o contexto histórico? Quantos anos tinha quando produziu o texto? O autor está vivo? Já morreu? Ganhou prêmios? Foi reconhecido em vida ou morreu sem obter o reconhecimento merecido?

São muitas as perguntas que um texto pode gerar. Nem sempre teremos respostas para todas elas, mas o simples fato de nos mantermos curiosos em relação ao universo dos livros e suas histórias já nos fará ser mediadores de leitura muito melhores. Mais preparados. Mais apaixonados. Mas o que o mediador pode fazer, de forma concreta, para exercitar sua sensibilidade? Pode frequentar bienais, feiras de livros, bate-papo com escritores, cursos e palestras sobre literatura.

Mas será que visitar espaços e eventos literários é suficiente para a formação de um bom mediador de leitura? Bem, já é um começo, claro, mas o ideal é também ter acesso a museus, cinema e exposições, além de observar a arquitetura à sua volta. "Ahhhh, mas eu moro numa cidade minúscula! Não acontece nenhuma atividade cultural interessante aqui". Pode até ser que sua cidade tenha uma agenda cultural pífia, mas toda cidade tem, acredite, cultura para dar e vender. Senão, vejamos: as cidades pequenas têm sua história, seus costumes, seus personagens, suas casas ou fazendas históricas, seus casarões antigos, seus prédios públicos, sua geografia, sua culinária, seus contadores de histórias, seus idosos e sua imensa sabedoria popular, sua memória, suas canções, rezas, lendas... Toda cidade, independentemente do tamanho, tem também seus poetas, cantadores, músicos. As cidades estão impregnadas de história e de literatura – que, vale ressaltar, não é apenas aquilo que está escrito.

Como nos ensina a poeta e educadora Cecília Meireles em seu livro *Problemas da literatura infantil,* literatura é toda e qualquer atividade intelectual cuja expressão se dá pela palavra, seja oral, seja escrita. Cecília nos mostra que mesmo os povos primitivos têm sua literatura representada em lendas, cânticos, ritos e histórias. O registro de suas experiências e ensinamentos ocorre por meio da tradição oral. É contando e encantando que se perpetuam provérbios, adivinhações e representações dramáticas.

E mesmo nessas cidades pequenas é possível fazer visitas virtuais a museus de todo o mundo. Podemos, por exemplo, visitar o Louvre – e tantos outros – ao toque de um clique, pela internet. Da mesma forma, é possível conhecer vitualmente bibliotecas, pontos turísticos históricos, outras cidades e países. Tudo está mais acessível graças à rede mundial de computadores e à impressionante teia formada por ela.

Aliás, a internet pode fazer muito mais do que nos apresentar museus e espaços ligados à cultura. Pode, ainda, ser um caminho para a formação profissional. Cada vez mais são frequentes os cursos oferecidos pela chamada educação a distância (EAD), usualmente disponibilizados por universidades e que, como o próprio nome já diz, não exigem a presença física dos alunos na maioria absoluta das aulas. São cursos de graduação, especialização, mestrado e até doutorado nos quais os estudantes podem acompanhar as aulas nos seguintes formatos:

- videoaulas e teleaulas;
- leituras complementares;
- chats, fóruns e e-mails;
- ambientes virtuais de aprendizagem;
- tutores e grupos de estudo.

Graças a essas formações ligadas às universidades, há, na internet, um sem-número de palestras gratuitas sobre milhares de temas, em sites como YouTube, no qual, entre tantas outras coisas, é possível encontrar as conferências Technology, Entertainment and Design (TED) (em português: Tecnologia, Entretenimento e Planejamento), uma organização americana sem fins lucrativos, dedicada às "ideias que merecem ser compartilhadas". Em uma conferência TED, pensadores e realizadores de todo o mundo são convidados a dar a melhor palestra de suas vidas em 18 minutos ou menos.

As conferências são comandadas por cientistas, escritores, educadores, ganhadores do Prêmio Nobel, presidentes de diversas nações, influenciadores culturais e, como as áreas de atuação dos conferencistas são variadas, essas palestras constituem uma ótima oportunidade para quem busca informação e inspiração. É, principalmente, uma ótima opção de pesquisa e aprendizado para quem vive distante dos grandes centros urbanos e, por isso mesmo, tem mais dificuldade para frequentar eventos presenciais semelhantes.

Uma sugestão de como aplicar cursos de agentes/mediadores de leitura é o projeto intitulado Agente de leitura:

> [...] criado em 2005 pela Secretaria de Cultura do Estado do Ceará, financiado pelo Fundo Estadual de Combate à pobreza (FECOP), com atuação em municípios do interior cearense, em bairros da cidade de Fortaleza com baixos índices de Desenvolvimento Municipal (IDM) e Desenvolvimento Humano (IDH), em parcerias com as secretarias de Educação e de Trabalho e Desenvolvimento Social do Estado, associações comunitárias, organizações não governamentais, instituições da sociedade civil e com as prefeituras municipais por meio de suas secretarias de cultura e de educação. O projeto teve início com 175 agentes de leitura em 15 municípios e 5 bairros de Fortaleza. Hoje são mais de 500 agentes atuando em 30 municípios e em 10 bairros da capital. O projeto se tornou referência nacional em política pública na área do livro e da leitura, transformando-se em uma ação do programa Mais Cultura do Ministério da Cultura. (SANTOS, 2009, p. 40)

O mediador de leitura é um cidadão e, como tal, precisa conhecer seus direitos e exigi-los. Para os que vivem nas capitais ou nas grandes cidades, a sugestão é ficar de olho não só nas capacitações oferecidas por secretarias estaduais e municipais de educação mas também por instituições ligadas ao comércio e à indústria, como Sesc, Senac e Sesi, que oferecem inúmeros modelos de cursos, palestras e eventos ligados à educação e à cultura, alguns deles gratuitos ou a preços bem acessíveis.

Isso sem falar nas bibliotecas, repletas de títulos não só de literatura infantil e juvenil mas também de livros sobre mediação e temas correlatos. Atente para as bibliografias expostas ao final de cada livro que você consulta, anote o que for de seu interesse, tenha um caderno ou uma agenda em que você poderá registrar suas metas de leitura; isso ajuda muito na organização de seu tempo e de suas pesquisas.

Se a biblioteca de sua cidade não tiver um bom acervo ou mesmo se você mora em grandes cidades e sua casa fica a quilômetros de distância da biblioteca mais próxima, aconselho a fazer uma busca em sebos, onde é possível encontrar livros fantásticos por preços bem acessíveis. Outra opção é consultar o mais famoso sebo virtual do país, o Estante Virtual, que integra sebos de todo o Brasil em um mesmo site. Isso quer dizer que você digita o nome de determinado título e, de imediato – caso não seja um livro raro –, surgem dezenas de opções desse título a preços os mais variados, com informações sobre o projeto editorial, o ano de edição e o estado em que o livro se encontra. Isso quer dizer que o vendedor informa se a obra tem capa dura ou se é brochura, se está conservado ou tem avarias, se está praticamente novo ou seminovo, etc. Você escolhe o quanto quer pagar. Já comprei, por lá, livros de literatura, com capa dura, por três reais.

Qual o objetivo do mediador de leitura?

O objetivo do mediador de leitura é, sobretudo, contagiar filhos, sobrinhos, afilhados, alunos, amigos ou o público para o qual faz mediação com o vírus da leitura que, por sua vez, propaga no corpo e na mente um vício incurável: o amor pelos livros e pelas histórias.

Para isso, cabe ao mediador guiar o leitor rumo à descoberta dos personagens, seu contexto histórico, sua trama, os questionamentos que suscita, o universo, enfim, do livro. O bom mediador contribui para que o leitor se apaixone pela obra a ponto de estabelecer com ela um relacionamento que pode vir a ser definitivo.

É o caso da minha relação perene com *Dom Casmurro*, de Machado de Assis, e com *O amor nos tempos do cólera*, de Gabriel García Márquez. Ambos os títulos peguei emprestados, na adolescência, na Biblioteca Municipal de Cubatão, sendo que *Dom Casmurro* foi uma feliz indicação de seu Elsio Pinto da Rocha, mediador de leitura sobre o qual falarei mais no capítulo "Era uma vez". Por ora, revelo apenas que seu Elsio não possuía formação em biblioteconomia. Aliás, sabemos, graças ao trabalho que desenvolvemos –, que inclui visitas a bibliotecas de instituições públicas e particulares –, que o número de profissionais desses estabelecimentos com formação em biblioteconomia ou até mesmo letras é escasso.

Mas, voltando à relação definitiva com livros, o que quero dizer é que algumas obras, por força do encanto que nos provocam, tornam-se parte de nossa vida, não apenas em função das releituras que fazemos delas ao longo da existência mas também de como personagens, tramas e reflexões nelas contidos se impregnam em nossas rotinas, fantasias, discursos, modos de ser, pensar, agir, imaginar. É como se as histórias criadas pelos autores fossem, de fato, reais, uma vez que o mundo imaginado por eles permanece conosco.

No que diz respeito aos dois livros citados, posso afirmar que são raros os dias em que não penso em seus personagens ou tramas. Lembro-me de determinadas passagens, frases, situações, sensações e pensamentos que me ocorreram não apenas durante as leituras mas também depois. Tudo isso me vem à mente mais amiúde quando discorro sobre esses textos em cursos ou palestras ou quando alguém me pergunta quais foram os livros mais marcantes da minha vida.

É curiosa a relação de amor e ódio que construí ao longo dos anos, por exemplo, com os personagens e as situações presentes em *O amor nos tempos do cólera*. Quando o li pela primeira vez, tinha 17 anos. À época, já namorava com o Maurício Pedro, com o qual, anos depois, me casaria. Porém, mesmo vivenciando um relacionamento real, confesso que mantive uma paixonite por Florentino Ariza, protagonista da história do grande Gabo – apelido pelo qual García Márquez era mundialmente conhecido.

Ariza estava às voltas com desafios, dificuldades, alegrias e arrebatamentos causados pelo primeiro amor. Estava perdidamente apaixonado, obcecado pela também adolescente Fermina Daza. O enredo se passa em uma cidade inspirada em Cartagena de las Índias, na Colômbia. Foi lá que Gabo escreveu o romance em 1984, quando decidiu que tiraria um ano sabático, após ter recebido o Prêmio Nobel por *Cem anos de solidão*. Foi justamente de Cartagena de las Índias que o autor recolheu informações e fatos que iriam compor o romance, como a terrível epidemia de cólera que a cidade enfrentou no fim do século XIX, a mesma que dá título ao livro.

Florentino Ariza era pobre, telegrafista, violinista e poeta, assim como o pai de García Márquez, Gabriel Elígio, cuja história de amor com a mãe do autor, Luiza Santiago Márquez, serviu de ponto de partida para o romance. O pai de Luiza, coronel Nicolas, tentou impedir o casamento enviando a filha para o interior, viagem essa que durou um ano. Para continuar se comunicando com a amada, Gabriel Elígio, com o auxílio precioso dos amigos telegrafistas, criou uma rede de comunicação que alcançava Luiza onde a moça estivesse.

Tal qual o coronel Nicolas, o pai da personagem Fermina Daza não concordava com o namoro dela com Florentino. Mais do que isso: buscava para a filha um marido influente, alguém capaz de catapultar Fermina para um patamar social superior ao que a jovem possuía.

Ariza sofria por amor e, como era proibido de ver a amada, seguia Fermina e sua dama de companhia pelas ruas, enviando-lhe cartas perfumadas com pétalas de rosas prensadas, poemas, bilhetes, mensagens, recados. O amor que dedicava à moça era visceral – como costumam ser os amores da juventude. Era tudo o que eu, leitora juvenil, desejava de um homem: um amor que sobrevivesse a despeito de todas as dificuldades. Um amor que escorresse pelas pontas dos dedos em forma de cartas. Um amor que encontrasse um jeito de chegar até mim, mesmo que por meio de recados enviados por outrem. Ariza era, naqueles tempos, meu ideal masculino.

O romance de Florentino e Fermina durou pouquíssimo, sendo interrompido pelo casamento da moça com o renomado médico Juvenal Urbino de la Calle, que conseguiu um feito memorável: exterminar a epidemia de cólera da cidade. Quando li a história, aos 17, detestei Juvenal Urbino com todas as minhas forças. Por causa dele, meu herói perdeu sua amada e teve seus sonhos destruídos. Mas não sem antes prometer à Fermina Daza que iria esperá-la por toda a vida, caso fosse preciso. E assim foi. Depois de construir fortuna e ter muitas mulheres – nenhuma das quais o fez esquecer Fermina, de quem se lembrou todos os dias de sua vida –, Ariza cumpriu o prometido e, 51 anos depois, no velório de Juvenal Urbino, ele encontra Fermina e diz algo como: "Eu não disse que iria te esperar?". Definitivamente, ele era o máximo.

Ocorre que, aos 34 anos, atuando como jornalista e escritora, casada com meu namorado de escola e mãe de dois filhos, fui reler o *Amor nos tempos do cólera* mesmo tendo medo de não gostar do livro tanto quanto gostei na adolescência. Medo de encontrar uma história que não me seduzisse mais. Medo, portanto, de ver minha lua de mel eterna com aquele livro terminar. Por isso esperei que se passassem exatamente 17 anos, a idade que tinha quando o li pela primeira vez, para lê-lo de novo.

E foi uma das experiências mais arrebatadoras. Mulher feita, com o dobro da idade que tinha quando li o romance, compreendi que, diferentemente da história, que continuava a mesma, eu me transformara por completo, e encarava a trama de Gabo com uma perspectiva tão nova que me causava espanto. A principal mudança era o modo como passei a enxergar Florentino Ariza, que havia sido um dos meus grandes amores literários de adolescência.

Eu o considerei um típico "mala sem alça". Um cara chato, grudento, desses que sufocam a mulher amada. Minha nova paixão – pasmem! – era o célebre médico Juvenal Urbino de la Calle. Ele mesmo, aquele que eu odiara aos 17 anos. O causador da separação de Florentino Ariza e Fermina Daza. Depois dos 30, me dei conta de que, dessa vez, era ele quem simbolizava tudo o que eu mais admirava em um homem. Juvenal era "o cara". O salvador. Um homem charmoso, bem-sucedido e culto que exterminara a epidemia de cólera da cidade. Repetindo: *ex-ter-mi-na-ra* uma epidemia, salvando milhares de pessoas da morte com sua inteligência, competência e dedicação. Impossível seria não se apaixonar.

Com isso apresento uma das formas com as quais um livro pode, muitas vezes, nos trazer diferentes visões e perspectivas de mundo, dependendo da fase e do contexto de nossa vida quando o lemos. Essa experiência, no entanto, não é regra. Prova disso é que ela não se repetiu com *Dom Casmurro*. Há trinta anos releio esse livro a cada cinco anos e continuo mantendo as mesmas relações com os personagens, sigo acreditando que a protagonista Capitolina/Capitu, que roubou o coração do menino Bento Santiago a ponto de fazê-lo ceder, "capitular", se entregar de forma total e irrestrita ao amor, jamais o traiu.

A cada releitura do texto, mantenho a expectativa de descobrir pistas que tanto culpam quanto absolvem a personagem mais famosa do Bruxo do Cosme Velho, estrategista de primeira linha, que deixou nas mãos do leitor a decisão de culpá-la ou absolvê-la. Teria Capitu traído ou não Bentinho? E Escobar? O melhor amigo de Bentinho teria tido realmente a coragem de apunhalá-lo pelas costas? Prossigo achando que Bentinho amou tanto sua Capitu que desenvolveu por ela uma relação obsessiva e paranoica. Mas neuroses de Bento Santiago à parte, continuo apaixonada por ele e pelos demais personagens, com suas dores e delícias.

Prossigo admirada com a inteligência e a capacidade de persuasão de Capitu, a submissão de Bentinho, a autoconfiança de Escobar, os superlativos de José Dias. Admiro, sobretudo, o texto arrebatador de Machado, que, nesse livro, em especial, me faz voltar aos parágrafos já lidos dezenas de vezes, apenas para sentir o êxtase de deparar com trechos tão belamente redigidos. Também os releio, claro, na esperança de absorver nem que seja um décimo do talento do escritor.

Sabemos que criar uma relação eterna com determinados livros vai depender de uma série de fatores: personalidade do leitor, contexto histórico em que está inserido, o modo – muito particular – como a história irá tocá-lo, etc. É claro que nenhum mediador faz milagres a ponto de, pela maneira como indica um livro ou lê uma história para alguém, conseguir transformar aquele texto numa obra referencial para a vida do leitor. Mas o pulo do gato é trabalhar como se estivesse realmente a seu alcance conseguir isso. Como em tudo o que fizermos na vida, precisamos acreditar que, por força de nossa atuação, podemos transformar nossa realidade.

No caso de *Dom Casmurro*, por exemplo, coube a seu Elsio acreditar piamente que uma adolescente de 15 anos, vinda de leituras da Série Vaga-Lume, pudesse se apaixonar pelo texto e pelas tramas criadas pelo Bruxo do Cosme Velho. Às vezes, só precisamos mesmo de um incentivo. De alguém que acredite em nossa capacidade, que nos instigue com meia dúzia de frases. Que nos desafie.

Quanto ao *Amor nos tempos do cólera*, não foi uma indicação de seu Elsio. Pelo que me recordo, olhava um fichário qualquer à procura de algo que chamasse minha atenção. De repente, me deparei com o título do livro e, súbito, não consegui me imaginar saindo daquela biblioteca sem ter essa obra embaixo do braço. Afinal, como alguém poderia amar em meio ao cólera? Como era isso? Será que alguém iria contrair a doença e morrer sem conseguir concretizar seu amor? Eu não sabia nada do enredo. Fui fisgada pelo título. Não é mágico isso?

Todo dia é dia de poesia

Na escola, na biblioteca, em casa, na rua, nos saraus, nas apresentações performáticas as mais diversas, a poesia bem declamada, com ritmo, sonoridade, musicalidade é sempre sucesso garantido entre leitores de todas as idades. Mesmo os versos ditos modernos, que abrem mão do ritmo e da métrica, podem ser igualmente potentes, graças ao teor de sua mensagem e à entrega apaixonada de quem declama.

Experimente oferecer doses diárias de poesia às crianças, jovens e adultos que partilham de sua convivência e observe. Em casa, na escola, na biblioteca, nas rodas de leitura. Pode até ser que existam pessoas que não gostem de poesia. Mas eu nunca conheci ninguém com essa característica. Talvez, o que exista são pessoas que não gostaram de determinadas poesias para as quais foram apresentadas. Se esse for o caso, tente outra. E mais outra. E ainda outra.

A memória mais antiga que trago de alguém declamando versos vem da minha mãe, que certa vez me contou uma história engraçada sobre uma reunião familiar ocorrida na casa da minha tia. Ela conta que uma prima minha foi declamar uns versos no tal evento e, no meio da *performance*, a emoção foi tanta que a menina fez xixi nas calças. Minha mãe relata que os tais versos declamados eram os mesmos que ela e seus irmãos aprenderam na infância:

Nessa mãozinha direita
E na esquerda também,
Tenho um segredo lindo
Que não conto pra ninguém.

Se alguém quiser saber,
Me perdoe, por favor,
Pois segredo é segredo,
Assim diz o meu avô.

Penso que devia ter uns 7 anos quando ouvi essa história.

Recordo que, imediatamente, me imaginei no lugar da minha prima – mas sem o xixi nas calças, claro. Queria ter tido a oportunidade de, ainda criança, declamar versos para a família. De preferência em um evento desses bem disputados, com muita gente presente. Até porque – conforme comento com pormenores no capítulo "Era uma vez" – timidez é uma palavra que não compõe meu dicionário pessoal.

Depois do relato poético de minha mãe, meu contato com poesia se deu na escola. Na terceira série, recebi das mãos de uma colega de classe um caderno repleto de versos que ela coletava de carteira em carteira, com as meninas da turma. Isto é, qualquer aluna que soubesse um poema de cor – de preferência de amor – poderia registrar ali. Aquilo foi um divisor de águas na minha vida, pois, na ocasião, não tinha decorado nenhum poema de amor, então, não me fiz de rogada. Peguei a caneta, pensei por alguns segundos e, de repente, possuída por algum espírito de dona de casa apaixonada e metida a poeta, escrevi:

> *Comprei um quilo de amor,*
> *Meio quilo de paixão,*
> *Uma dúzia de paquera*
> *E de muita emoção.*
> *Se quiseres tudo isso,*
> *Te darei de coração.*

Morro de rir ao relembrar esse "rompante" poético, mas no dia achei tão genial que, como vocês percebem, ainda guardo os tais versos na lembrança. Estou convicta de que, na época, só não me comparei a Camões, Fernando Pessoa, Drummond e Bandeira, porque, aos 9 anos, nunca tinha ouvido falar de nenhum desses senhores. A partir dali, soube que todo mundo pode, sim, se aventurar pela poesia. Se é boa ou ruim, não vem ao caso. É uma forma importante de expressão e isso basta. Desde essa época fiquei viciada nos tais cadernos de versos. Li o da minha amiga e também os de outras alunas que mantinham o mesmo hábito de colecionar poesias. Ao mesmo tempo me perguntava por que nunca tinha pensado naquilo antes.

Depois dessa experiência, tive meus próprios cadernos de versos. Quando estava apaixonada por algum coleguinha, a coisa se multiplicava: enchia páginas e páginas de rimas arrebatadoras. A bem da verdade, a partir de então, durante toda minha vida escolar, passei a escrever versos onde me dava na telha: nas capas e contracapas dos cadernos de disciplinas as mais variadas, na folha de rosto dos livros (hábito que, para o horror de muitos, ainda mantenho), no papel de pão e no que mais estivesse à mão. A poesia é, portanto, um exercício constante na minha vida. Mesmo que eu passe meses, até anos, sem escrever um poema, estou sempre lendo, relendo os poetas de minha preferência, declamando entre amigos, em saraus que coordeno, refletindo sobre esse processo de criação e propagação da poesia.

Até os 30 anos, tive uma mente privilegiada para guardar poemas de memória. O primeiro de tamanho considerável foi *Hebreia*, de Castro Alves. Eu tinha 13 anos e, não sei como, me caiu um livro desse poeta nas mãos. Achei o poema lindíssimo, muito musical. O problema é que eu não sabia o significado do termo *hebreia*, tampouco o de mais meia dúzia de palavras contidas no poema. Não bastassem os vocábulos desconhecidos, havia muitas passagens complexas, de significado inacessível para mim: trechos que faziam menção à Bíblia e seus personagens, à geografia do Oriente, à história do povo judeu. Mas não dei a menor bola. O que me interessava era a potência do texto que, mesmo incompreensível em muitos trechos, me seduziu por completo e me pareceu indispensável.

Ou seja, eu precisava ter aquilo de cor, do mesmo jeito que os adolescentes "precisam ir naquela festa", como se fosse a última chance de eles se divertirem na vida. Pois era essa a sensação que eu tinha com aquele poema: eu pre-ci-sa-va dele! E com urgência. Assim, em uma única tarde, li o texto umas duzentas vezes até conseguir declamá-lo sem precisar ler. E *Hebreia* é justamente o primeiro poema que eu declamo no *Sarau Veias em versos*, que ministro para jovens e adultos.

E já que falei tanto no tal poema, presenteio vocês com a sua transcrição. Vejam como é bonito:

Hebreia

Flos campi et lilium convallium
(Cântico dos Cânticos)

Pomba d'esp'rança sobre um mar d'escolhos!
Lírio do vale oriental, brilhante!
Estrela vésper do pastor errante!
Ramo de murta a recender cheirosa!...

Tu és, ó filha de Israel, formosa...
Tu és, ó linda, sedutora hebreia...
Pálida rosa da infeliz Judeia
Sem ter o orvalho, que do céu deriva!

Por que descoras, quando a tarde esquiva
Mira-se triste sobre o azul das vagas?
Serão saudades das infindas plagas,
Onde a oliveira no Jordão se inclina?

Sonhas acaso, quando o sol declina,
A terra santa do Oriente imenso?
E as caravanas no deserto extenso?
E os pegureiros da palmeira à sombra?!

Sim, fora belo na relvosa alfombra,
Junto da fonte, onde Raquel gemera,
Viver contigo qual Jacó vivera
Guiando escravo teu feliz rebanho...

Depois nas águas de cheiroso banho
— Como Susana a estremecer de frio —
Fitar-te, ó flor do babilônio rio,
Fitar-te a medo no salgueiro oculto...

Vem pois!... Contigo no deserto inculto,
Fugindo às iras de Saul embora,
Davi eu fora, — se Micol tu foras,
Vibrando na harpa do profeta o canto...

Não vês?... Do seio me goteja o pranto
Qual da torrente do Cédron deserto!...
Como lutara o patriarca incerto
Lutei, meu anjo, mas caí vencido.

Eu sou o lótus para o chão pendido.
Vem ser o orvalho oriental, brilhante!...
Ai! guia o passo ao viajor perdido,
Estrela vésper do pastor errante!...
(ALVES, 1966, pp. 9-10)

Lindo, não é? Mas precisei chegar à idade adulta para entendê-lo. A primeira vez que me apresentei em um congresso de letras, foram os versos de *Hebreia* que escolhi analisar. Se conversarmos com pessoas ligadas à poesia (escritores, editores, professores de letras), veremos que essa paixão pelo poema, mesmo quando desconhecemos seu significado, é bastante comum, da mesma forma que acontece com as músicas cujas letras são de idiomas que desconhecemos em parte ou totalmente.

Sobre esse tema, gosto muito do relato do poeta e professor Affonso Romano de Sant'Anna:

> O poeta esloveno Kajetan Kovic lê seus poemas em esloveno. Não entendo uma só palavra de esloveno. Mas ele lê seus poemas com tal intensidade, que sem entender nada, pela sonoridade emitida, pelo ritmo, entonação, julgo perceber algo e sem entender nada me emociono com a emoção dele e com o que a sonoridade de suas palavras magicamente me comunicou.
>
> Outros leem.
>
> Por exemplo, John Ashberry, poeta de renome nos Estados Unidos e do qual Harold Bloom tanto gosta. Pois bem. Não sou exatamente o que se pode chamar um analfabeto em inglês. No entanto, não entendo nada do que ele está dizendo. Quer dizer: entendo palavras que saem de sua má dicção, mas essas palavras distanciam-se, e muito, da poesia.
>
> Fico intrigado.
>
> Um poeta falando um poema numa língua que ignoro me comunica mais do que um poeta falando numa língua que conheço. (SANT'ANNA, 2009, pp. 168-169)

Nos anos seguintes ao meu contato com *Hebreia*, decorar poemas tornou-se uma espécie de *hobby* que consegui manter até pouco depois dos 30 anos, quando minha memória já não era mais a mesma dos anos de adolescência e juventude. Sem dúvida, vivi meu auge nesse período e costumo dizer que, aos 15, conquistei meu marido declamando para ele meus poetas preferidos: Augusto dos Anjos, Carlos Drummond de Andrade e Manuel Bandeira. Depois, comecei a declamar um ou outro poema de minha autoria. Bem, pelo menos na minha experiência, a fórmula da sedução poética deu certo, pois seguimos juntos até hoje.

A poesia e a infância

No Brasil, a primeira poeta a publicar poesia ao alcance das crianças foi a escritora mineira Henriqueta Lisboa (1901-1985) com sua obra *O menino poeta*, lançada em 1943. A obra foi decisiva na carreira da autora, que se tornou a primeira mulher a eleger-se membro da Academia Mineira de Letras, tendo destaque como uma representante do movimento modernista, assinando, ainda, trabalhos como ensaísta e tradutora. Amiga do modernista Mário de Andrade, Henriqueta trocou cartas com o escritor, as quais já foram publicadas no livro *Correspondência: Mário de Andrade & Henriqueta Lisboa*, com organização de Eneida Maria de Souza (Peirópolis, 2010), vencedor do prêmio Jabuti 2010 na categoria *Biografias*.

Para Mário de Andrade, embora os poemas de *O menino poeta* não tenham sido feitos para crianças, o ritmo, a melodia e o encantamento coincidem com a imagem da infância, "cheia de pureza, cristalinidade, alegria, melancolia leve, graça, leveza e sonho acordado".[1] Em 2008, o livro teve reedição pela editora paulista Peirópolis, com ilustrações de Nelson Cruz. Há, ainda, uma edição que se intitula *O reencontro do menino poeta*, com ilustrações de Marilda Castanha, da Global Editora. É dessa edição que transcrevemos os seguintes versos:

> *Certo peregrino*
> *– passou por aqui –*
> *conta que um menino*
> *das bandas de lá*
> *furtou uma estrela.*
>
> *Tra-la-li-la-lá.*
>
> (LISBOA, 2009, p. 9)

Henriqueta não caminhou sozinha muito tempo. Outros poetas brasileiros renomados por obras voltadas ao público adulto também escreveram poesias que dialogaram com o coração das crianças. Entre eles está Manuel Bandeira (1886-1968), modernista que estendeu seu amor pelos livros atuando, ainda, como crítico literário, tradutor e professor.

Em uma edição caprichada da editora carioca Nova Fronteira, temos *As meninas e o poeta* (teria o título sido uma homenagem à

....
[1] Disponível em https://www.editorapeiropolis.com.br/produto/o-menino-poeta/.

obra de Henriqueta?), organizada pelo também poeta Elias José (1936-2008) e trazendo ilustrações delicadas de Graça Lima. A obra reúne poemas, em versos ou não, que Bandeira escreveu e com os quais presenteava as filhas recém-nascidas de seus amigos. Da obra também constam poemas que ele escreveu para jovens senhoras de seu círculo de amizades. Os poemas direcionados às crianças eram repletos de um tom afetivo, carinhoso, brincalhão e que, como afirma Elias José na apresentação da obra, remetiam à "cantiga de ninar".

Vejamos um trecho do poema que o poeta dedicou à então menina Susana de Melo Moraes, filha do poeta Vinicius de Moraes:

> *Susana nasceu*
> *Na segunda-feira.*
> *[...]*
> *Do senhor do céu.*
> *É a glória primeira:*
> > *Sus, Ana!*
> (BANDEIRA, 2008, p. 18)

Poesia é delicadeza, jogo de palavras, metáforas, lirismo. Mas também é humor. E como é bom rir com um livro nas mãos. Como é bom termos profissionais que, além de escreverem suas próprias poesias e prosas, se preocupam em trabalhar no difícil ofício de traduzir/adaptar poemas. No Brasil, tivemos a sorte de contar com poetas de mão-cheia que, entre seus tantos afazeres, se dedicaram também à arte de transformar a poesia de outros cantos do mundo em algo acessível para nós, leitores de língua portuguesa.

Uma das autoras que executou essa tarefa com maestria foi Tatiana Belinky (1919-2013). Nascida em Petrogrado, hoje Leningrado, Rússia, a autora de mais de 120 títulos chegou ao Brasil aos 10 anos, em São Paulo, onde estudou, casou, teve filhos e trabalhou como escritora, tradutora, roteirista e dramaturga.

Juntamente com o marido, o médico e educador Júlio Gouveia, foi responsável pela primeira adaptação do Sítio do Picapau Amarelo para a televisão, com cerca de 350 episódios, entre 1968 e 1969.

Uma das características predominantes de seu trabalho era o humor, que dá o tom do premiado livro *Di-versos russos* (1991), para o qual traduziu e adaptou poemas de autores russos para o público infantil, e que ainda teve a sorte de contar com as lindas – e também premiadas – ilustrações de Cláudia Scatamacchia. Meu poema preferido nesse livro é "Seis zeros", de autoria de Samuil Marshak (1887-1964). Vejam que graça este trecho:

> *Chegou jururu da escola o Joaquim*
> *Trazendo seis zeros no seu boletim.*
>
> *Ao ver essas notas, o pai alarmado*
> *O filho interpela, perplexo, zangado:*
>
> *– Por que este zero, este aqui, o primeiro?*
> *Como é que foi isto, moleque arteiro?*
>
> *– É que o professor, pai, é meu desafeto.*
> *Foi só porque eu disse que eclipse é um inseto.*
>
> *Comenta a mamãe, com suspiros e ais:*
> *– Por essa resposta até zero é demais!*
>
> *E o Quim logo explica, enxugando o suor:*
> *– Na escola não tem uma nota menor...*

– E este outro zero, por que, filho meu?
– Falei que na horta é que cresce pigmeu.

[...]
(BELINKY, 2003, pp. 23-25)

O melhor da poesia é essa capacidade de entranhar na gente pela magia das palavras, pelas rimas, pela musicalidade, pelo simbólico, pelo jogo, pela brincadeira com o texto e seu significado. Não tem criança que não goste de trava-línguas, de frases marcadas por ritmo, repetição de vogais e consoantes. Vejamos esse trecho do poema *O que disse o passarinho*, de José Paulo Paes:

[...]
Um passarinho me contou
Que a ostra é muito fechada,
Que a cobra é muito enrolada,
Que arara é uma cabeça oca,
E que o leão-marinho e a foca...

Xô, xô, passarinho, chega de fofoca!
(PAES, 1997, s/p.)

Ou ainda esses versos do poema *Identificação*, do mesmo autor:

Seria um siri da Síria
Ou um Grou da Groelândia?
Uma arara do Ararat?
Ou pata da Patagônia?
[...]

(*Ibidem*)

Vejamos, ainda, um trecho da poesia *A bailarina*, de Cecília Meireles, que, assim como José Paulo Paes, é autora consagrada de poesia para crianças:

> *Esta menina*
> *tão pequenina*
> *quer ser bailarina.*
>
> *Não conhece nem dó nem ré*
> *Mas sabe ficar na ponta do pé.*
>
> (MEIRELES, 1984, p. 24)

Por que é raro ler e ouvir poesia?

Não é preciso ser *expert* para usufruir de beleza, musicalidade, sons e rimas que essas poesias que citamos há pouco contêm. Deveríamos ter acesso a doses diárias para alimentar nosso espírito, assim como temos acesso à comida que sustenta e promove a saúde de nosso corpo. Mas por que é tão incomum ler, dizer e ouvir poesia em nosso dia a dia? Por que motivo o contato com a poesia costuma ser raro até no ambiente escolar, no qual em geral ela só tem lugar – e quando tem! – nas festas e datas comemorativas?

É provável que a maioria das pessoas acabe por desenvolver certo receio e estranhamento em relação à poesia porque começa a vê-la como uma coisa distante de sua vida e do seu cotidiano. Como vimos com detalhes no capítulo "Contadores de histórias", a poesia está presente, por exemplo, em um dos mais antigos documentos da civilização judaico-cristã: a Bíblia Sagrada, em textos como Salmos e Cântico dos Cânticos.

> Talvez a maneira sacralizada de ver a poesia esteja presente em nosso subconsciente, o que nos levaria a considerá-la envolta em misterioso poder mágico, ao mesmo tempo capaz

> de atrair e assustar as pessoas. Eis um dos motivos para explicar a razão pela qual, embora admirando a poesia, as pessoas dela se mantenham distanciadas. (GEBARA, 2012, p. 42)

E assim como boa parte das obras literárias apresentadas pela escola aos alunos, as poesias surgem em contextos vinculados a tarefas, provas, análises, interpretações. Nesse contexto, é desassociada do prazer, da fruição, da apreciação estética, do deleite que sentimos, por exemplo, ao ouvir música.

> Após a apresentação do material do texto para a leitura, os livros didáticos abrem espaço para atividades de reconhecimento e compreensão. A experiência que poderia ser obtida com a leitura e reelaborada por meio de troca de opiniões em grupo na sala, deve desembocar nas linhas já predeterminadas da página da seção de atividades, sem que o aluno possa se expressar.
> [...]
> Essa postura em relação aos exercícios de compreensão de texto, muitas vezes, é apenas o reflexo de uma expectativa: um patamar que todos os alunos devem cumprir. Não se preveem as diferenças individuais, o repertório de cada um, nem tampouco as diferentes realidades em que vive cada leitor. (*Ibid.*, pp. 24-25)

Mas a relação da maioria das pessoas com a poesia nem sempre foi assim, distante. No século XIX e nas primeiras décadas do século XX, a poesia era presença constante em celebrações religiosas, tradições populares que envolvem dança, música e declamações, festas familiares, saraus e, em lugares como o Nordeste do Brasil, até nas feiras livres, em disputas acirradas – que ainda existem – entre os chamados repentistas.

A poesia vibrante do Nordeste brasileiro serviu de base, inclusive, para a consolidação da tradicional literatura de cordel, na qual os autores dissertam sobre temáticas as mais variadas em versos impressos em folhetos que podem ou não ser ilustrados, com capas de cores diversas e títulos chamativos. Uma vez grampeados, esses trabalhos eram expostos/pendurados em cordas ou barbantes que se assemelham a varais (daí o nome cordel). Com frequência eram comercializados nas ruas e nas feiras livres. Hoje estão também em algumas livrarias, feiras de artesanato e comércios de produtos típicos do Nordeste.

Como nordestina, sempre que possível visito meu lugar de origem e, por força do trabalho, já conheci algumas capitais e cidades do interior do Nordeste. Por isso, tenho a impressão de que a relação do povo nordestino com a poesia segue mais próxima do que a dos habitantes do restante do país. Por que será? Vejamos o que diz Marco Haurélio, grande estudioso da literatura de cordel e dos contos populares:

> [...] num Nordeste com forte presença do imaginário da Idade Média, dominado pelo misticismo e por crenças impregnadas do ideário cavaleiresco, em especial a gesta de Carlos Magno, foi Leandro Gomes de Barros, poeta paraibano radicado no velho Recife, o herói desbravador da seara do cordel e o modelo a ser seguido por todos os poetas do gênero. São dele alguns dos maiores clássicos do cordel: *Juvenal e o dragão*, *O cachorro dos mortos*, *História da Donzela Teodora*, *Os sofrimentos de Alzira*, *Peleja de Manuel Riachão com o Diabo*, *O cavalo que defecava dinheiro* etc. A partir da gesta de Carlos Magno, Leandro escreveu *A batalha dos Oliveiros com Ferrabrás* e *A prisão de Oliveiros*, obras que já ultrapassaram com folga a casa dos milhões de exemplares vendidos e são reeditadas há mais de cem anos, ininterruptamente, fazendo de seu autor o mais importante criador da poesia popular brasileira. (HAURÉLIO, 2013, pp. 11-12)

Quando a poesia se dá assim, no seio do povo, de alta qualidade, comercializada a valores acessíveis, torna-se mais fácil mantê-la circulando no dia a dia das pessoas. O melhor é saber que, a despeito de um período de crise vivido nos anos da década de 1980, o cordel seguiu firme e ganhou novos impulsos que o direcionaram – aleluia! – até as salas de aula por meio de uma nova geração de autores que, ainda de acordo com Marco Haurélio, soube preservar a temática tradicional, ao mesmo tempo que, aceitando novos desafios, incorporou a poesia popular à literatura infantil e juvenil, conduzindo-a até a escola. Além do próprio Marco Haurélio, essa nova geração é composta por nomes como Antônio Carlos da Silva – o Rouxinol do Rinaré –, Klévisson Viana, Nezite Alencar, Arievaldo Viana, Antônio Barreto, Moreira de Acopiara, Fábio Sombra, Varneci Nascimento, Dideus Sales, Arlene Holanda e João Gomes de Sá.

Muitos desses autores são responsáveis pela adaptação de clássicos da literatura, como as obras de William Shakespeare (1564-1616), por exemplo, para o cordel, sendo muitos desses livros adotados nas escolas. Mas a verdade é que a poesia ainda engatinha no ambiente escolar. Por vezes porque os próprios professores têm dificuldade de trabalhar o tema. Consideram complicado avaliar sua qualidade devido à sua construção repleta de simbologias, metáforas, diferentes estilos, como o épico, o lírico, o humorístico, o satírico. Temem suas abstrações, sua profundidade muitas vezes travestida de simplicidade.

Poesia nas ruas, saraus e slams

Mas se na escola a poesia vem sendo negligenciada, subaproveitada, pouco difundida, nas ruas, pouco a pouco, ela vem ressurgindo, mostrando sua face mais plural e acolhedora. Sem academicismos, sem medos, sem receios. Modelos disso são os saraus e os *slams*, termo que significa em inglês, literalmente, batida, estrondo. De acordo com Margareth Artur, "[...] hoje a *poetry slam*, como é chamada, é uma competição de poesia falada que traz questões da atualidade para debate".[2] Eles estão cada vez mais presentes, principalmente, nos bairros periféricos, desprovidos de equipamentos culturais do Estado. Lugares que não dispõem de teatros, cinemas, museus, parques ou bibliotecas. Espaços onde as comunidades so-

....
[2] Margareth Artur, "Slam e voz de identidade e resistência dos poetas contemporâneos", *Portal Revista da USP*, 2018. Disponível em https://jornal.usp.br/ciencias/ciencias-humanas/slam-e-voz--de-identidade-e-resistencia-dos-poetas-contemporaneos/. Acesso em 6/9/2021.

brevivem à margem da cultura oficial e que, por isso mesmo, são levadas a criar seus próprios eventos e ações para promover diversão e arte.

Criado nos anos 1980 em Chicago, nos Estados Unidos, em meio à consolidação da cultura hip-hop, o *slam* só chegou ao Brasil décadas depois, nos anos 2000. Nesses campeonatos poéticos, os participantes têm até três minutos para apresentar sua *performance*, de autoria própria. Não há acompanhamento musical ou adereços. É a poesia pura apresentada sem enfeites de qualquer tipo. Os textos são escritos previamente, mas a improvisação também é permitida. Os jurados são escolhidos na hora e dão nota de 0 a 10.

> São Paulo tem o maior número de slams do país, como o Slam Interescolar e o Slam da Guilhermina, bairro da zona leste da cidade. Mas há competições em todo o país: no Slam BR deste ano, campeonato de abrangência nacional, por exemplo, participaram poetas de 29 slams: 17 de São Paulo, 4 do Rio de Janeiro, 4 de Minas Gerais, 2 de Brasília e 2 da Bahia.[3]

Assim como as batalhas poéticas propiciadas pelo *slams*, também há lugares (e muitos!) onde ocorre a declamação pura e simples da poesia. É o caso dos saraus que reúnem crianças, jovens e adultos de comunidades localizadas nas periferias dos grandes centros urbanos. Um dos mais tradicionais é o Sarau da Cooperifa (Cooperativa Cultural da Periferia), criado em 2001 pelos poetas Sérgio Vaz e Marco Pezão, realizado no bar do Zé Batidão, no Jardim Guarujá, na Zona Sul de São Paulo. O evento acontece toda terça-feira, por volta das 20h40, reunindo centenas de pessoas. Há muitos anos, tive a oportunidade de presenciar a energia inexplicável desse evento que segue acontecendo até os dias de hoje:

---

[3] Juliana Domingos de Lima, "O que são slams e como eles estão popularizando a poesia". Disponível em https://www.nexojornal.com.br/expresso/2016/12/20/O-que-s%C3%A3o-slams-e-como-eles-est%C3%A3o-popularizando-a-poesia. Acesso em 29/3/2018.

> Na noite gelada de 14 de setembro de 2011, mais de 200 pessoas lotavam o espaço, ignorando o frio, a garoa, a novela das oito e o jogo da seleção brasileira. A resposta ao grito de Vaz foi dada coletivamente pelo público que, em uníssono e a plenos pulmões, repetia:
>
> "– Uh, Cooperifa! Uh, Cooperifa!".
>
> A forte vibração se mesclava à expectativa que, tudo indica, contagiava aqueles que, dali a alguns instantes, tomariam o microfone para declamar seus versos – autorais ou não – contendo mensagens de amor, dor, alegria e tristeza, sem deixar de lado temas relacionados aos problemas vivenciados nos grandes centros urbanos, como a violência. Do *rap* ao cordel, do panfletário ao romântico, os estilos variados dariam o tom, assim como a diversidade da plateia, composta por gente de origens, faixas etárias, formações e ocupações as mais diferentes. (DANTAS, 2014, p. 353)

Cada vez mais, esses saraus vêm se multiplicando por toda a cidade de São Paulo e garantindo seu espaço em um território que, historicamente, só registrava saraus em ambientes reservados às classes economicamente privilegiadas:

> A Cooperifa é considerada pioneira neste movimento que se expandiu pela periferia de São Paulo e chegou ao centro. Existe o Sarau do Binho, um dos mais antigos, o do Grajaú, Suburbano Convicto, Brasa, entre muitos outros.
>
> Alguns são realizados em bares, outros são itinerantes. Já se replicaram em outras cidades e não há unanimidade sobre quantos existem atualmente. Os saraus chegaram ao Brasil séculos atrás com a Corte portuguesa, mas eram espaços exclusivos da elite.[4]

Como vimos, a poesia pode, sim, descer do pedestal em que a colocaram (ela nunca pediu por isso!) e tomar parte da realidade das pessoas em contextos sociais os mais variados. Pode simbolizar liberdade de expressão, de ação, de conexão com o mundo, ser

---

[4] "Saraus de poesia encantam a periferia de São Paulo". Disponível em https://istoe.com.br/saraus-de-poesia-encantam-a-periferia-de-sao-paulo. Acesso em 21/4/2018.

a ponte entre a realidade e os sonhos tão necessários para transformá-la.

A poesia pode ser apresentada às pessoas desde a mais tenra idade. Bebês, crianças, adolescentes, adultos e idosos merecem esse encontro que propicia experiências com beleza, linguagem, criatividade, reflexão, crítica, fantasia, sonho.

Por onde começar?

José Paulo Paes e Cecília Meireles são apenas dois exemplos de poetas – entre os mais consagrados – que podem ser apresentados às crianças. Mas temos outros escritores de competência inquestionável que também se dedicaram a compor versos para os pequenos. Entre eles Vinicius de Moraes (1913-1980), autor do já clássico *A arca de Noé*. Lançado nos anos 1970, o livro desdobrou-se e originou, ainda, dois discos: *Arca de Noé 1* e *Arca de Noé 2*, nos quais o poeta, em parceria com o cantor e compositor Toquinho, musicou os poemas do livro (há uma nova edição ilustrada por Nelson Cruz e publicada pela Companhia das Letrinhas, 2004).

Outro trabalho de fôlego que faz um apanhado da poesia brasileira para crianças foi organizado pela cantora e compositora Adriana Calcanhoto. Trata-se de *Antologia ilustrada da poesia brasileira* (Edições de Janeiro, 2014), que reúne textos de poetas dos séculos XIX, XX e XXI, como Adélia Prado, Augusto de Campos, Carlos Drummond de Andrade, Cecília Meireles, Gonçalves Dias, Gregório Duvivier, Manuel Bandeira, Mário de Andrade, Mário Quintana, Olavo Bilac e Paulo Leminski.

Na escola ou em casa, o que vale é desbravar esse universo imenso e tão bonito da poesia descobrindo autores renomados e novatos. Professores podem ler na sala de aula; pais, mães, avós, avôs, tias, tios, padrinhos, madrinhas, amigos, amigas podem ler para os que estão ao seu lado, não importando a idade. Leiam, compartilhem poesia, troquem livros, comentem sobre poetas e poemas que descobriram recentemente. Não custa, por exemplo, incrementar a rotina estabelecendo uma meta de ler um poema por dia. Uma medida aparentemente simples, mas que, com o passar do tempo, fará toda a diferença. Afinal, serão 365 poemas por ano, o que possibilitará, no mínimo, entrar em contato com a obra de novos autores e estilos.

Leiam para embalar o sono dos bebês. Leiam para seus avós. No caso da escola, promovam ações que contribuam para divulgar poesia pelo bairro, pelas redes sociais, pelos blogues, pelas paredes da sala de aula; façam saraus na biblioteca das escolas; convidem os alunos para declamar poesia na hora do intervalo; criem painéis com os poemas preferidos da classe e espalhem pelo pátio. Gravem os alunos declamando e criem um canal da classe no YouTube para compartilharem essas experiências de leituras/declamação de poemas. Promovam eventos semelhantes aos *slams*, por que não? Instiguem os alunos para declamar e fazer batalhas de versos.

Onde encontrar poesia?

É possível criar oportunidades de os leitores se aproximarem mais da poesia. Em São Paulo, por exemplo, existe a biblioteca Alceu Amoroso Lima, temática de poesia, com milhares de exemplares disponíveis para empréstimo e consulta. Pelo chão da biblioteca, é possível ler poemas de Augusto dos Anjos. Que tal a escola ou as famílias que estão na capital paulista e nas cidades próximas organizarem uma visita a essa biblioteca tão interessante? Uma ótima opção é ficar atento à programação da Alceu Amoroso Lima, em Pinheiros, que oferece, ao longo do ano, diversas atividades com músicos e escritores.

Aliás, os paulistanos têm boas opções no que tange aos espaços culturais voltados à leitura, aos livros e à poesia. Uma pedida imperdível é visitar a Casa das Rosas, na Avenida Paulista. Local considerado o espaço da poesia em São Paulo, com diversos eventos como saraus, lançamentos de livros e, vez ou outra, atividades lúdicas voltadas às crianças. Na verdade, o lugar é um casarão com um jardim lindo, sempre disponibilizando atividades voltadas às famílias e ao público infantil.

Em fevereiro de 2018, vale destacar, aconteceram encontros intitulados *Memórias do Jardim*. Após percorrerem o jardim da Casa das Rosas, as crianças e seus acompanhantes eram convidados a conhecer a Avenida Paulista ainda com características residenciais e rurais por meio de fotografias, relatos de viajantes e recortes de jornais. Em seguida havia uma atividade prática no orquidário do jardim, misturando as memórias e as histórias dos participantes.

A Casa das Rosas oferece visitas monitoradas nas quais é possível conhecer todos os cômodos da edificação, saber sobre o contexto histórico da época em que foi construída, os diferentes estilos arquitetônicos presentes na construção, etc.

A cidade também dispõe de algumas das maiores e melhores bibliotecas do país, como a Mário de Andrade, no centro da capital, a segunda maior biblioteca pública do Brasil, perdendo apenas para a Biblioteca Nacional do Rio de Janeiro; a Biblioteca Sérgio Milliet, no Centro Cultural São Paulo; a Biblioteca São Paulo, no Parque da Juventude, e a Biblioteca Parque Villa-Lobos – as duas últimas cercadas de muito verde, completamente integradas à natureza. A cidade tem, ainda, a Biblioteca Infantil Monteiro Lobato, na Vila Buarque, com ótimo acervo destinado ao público infantojuvenil e a pesquisadores que se debruçam sobre o tema do livro para a infância.

Assim como ocorre com a Biblioteca Alceu Amoroso Lima, de poesia, a capital paulista oferece outras bibliotecas que disponibilizam ao público um acervo temático e uma ampla programação cultural sobre um assunto específico. São bibliotecas voltadas a temas como arquitetura e urbanismo, ciências, cinema, contos de fadas, cultura afro-brasileira, cultura popular, direitos humanos, feminismo, literatura fantástica, literatura policial, meio ambiente e música.

Deem uma chance para a poesia, usem a criatividade, como fez o poeta Sérgio Vaz, um dos criadores do Sarau da Cooperifa. Vaz criou, também, outro projeto intitulado *Poesia no Ar* – no qual os participantes soltam balões (do tipo de festa de aniversário) contendo poemas e desejos em seu interior. Em 2011, entrevistei Sérgio Vaz, que me deu mais detalhes sobre a iniciativa que, à época, tinha cinco anos de existência:

> O Poesia no Ar existe há cinco anos e acontece em abril. Já soubemos que os balões chegaram em Ipiranga, Interlagos, Capão Redondo, Jardim Ângela. Toda essa região aqui. (DANTAS, 2014, p. 361)

Não tem muito segredo: encham o peito de ar. Leiam, declamem, levem poesia para os seus dias e para a vida dos que estão à sua volta.

Contos de fadas e fábulas: passaportes para o mundo real

Era uma vez...

Uma rainha e um rei;
Uma fada e uma princesa.
Uma abóbora e uma maçã.
Duas irmãs malvadas de amargar
(e uma terceira bondosa de se admirar).
Um lobo e um chapeuzinho;
Um sapo e um beijinho.
Um príncipe lindo e encantado,
Um fuso e um dedo espetado.
Uma madrasta e um espelho
(e uma tremenda dor de cotovelo).
Uma princesa e os sete anões.
Um João e um pé de feijão.
Um Pequeno Polegar

(e um ogro de se espantar).
João e Maria na floresta
(e uma bruxa cruel à beça!)
Uma torre e uma donzela
(com longos cabelos saindo pela janela).
Uma bela e uma fera – final feliz de novela.

Esses versos trazem repertórios rapidamente reconhecíveis para a maioria das pessoas. São motes que, de forma mais extensa ou resumida, já estão com seu lugar garantido na memória afetiva de muitos leitores, na qual habitam não só príncipes destemidos como donzelas em perigo.

Donzelas, aliás, à espera dos príncipes encantados ou acontecimentos mágicos capazes de livrá-las do jugo de vilãs, bruxas e ogros horrendos, garantindo-lhes o encontro benfazejo não só com os príncipes mas com a fortuna e a segurança capazes de lhes conduzir a existências repletas de alegrias e bem-aventuranças. Desse modo, ao fim das narrativas, podemos deparar com aquela frase conhecida por todos: "E foram felizes para sempre".

A designação de "contos de fadas" tem lá seu paradoxo porque, ao ler a maioria deles, observamos que as fadas pouco aparecem. A palavra "fada" tem origem latina e significa "destino". Nas histórias em que aparecem, esses seres encantados conhecem o passado e predizem o futuro, fazendo alertas em relação ao destino dos personagens.

O psicanalista Bruno Bettelheim nos lembra que:

> Na maioria das culturas, não existe uma linha clara separando o mito do conto folclórico ou de fadas; todos eles formam a literatura das sociedades pré-literatas. As línguas nórdicas têm apenas uma palavra para ambas: *saga*. O alemão manteve a palavra *Sage* para os mitos, enquanto as histórias de fada são chamadas *Märchen*. Infelizmente tanto os nomes ingleses como os franceses para essas estórias enfatizam o papel das fadas [...]. Os mitos, bem como as estórias de fadas atingem uma forma definitiva apenas quando estão redigidos e não

> mais sujeitos à mudança contínua. Antes de serem redigidas as estórias ou eram condenadas ou amplamente elaboradas na transmissão através dos séculos; algumas histórias misturavam-se com outras. Todas foram modificadas pelo que o contador acreditava ser de maior interesse dos ouvintes, pelo que eram suas preocupações do momento ou os problemas especiais de sua época. (BETTELHEIM, 1980, p. 34)

A passagem dos contos de fadas narrados pela tradição oral para as primeiras publicações dessas histórias ocorreu no início do Renascimento, com a invenção da imprensa. Os contos circulavam oralmente na Idade Média, época na qual o mundo vivia crises de diversas naturezas, como guerras, fome, peste, invasões bárbaras, cruzadas, forte influência do cristianismo. Na Idade Média, um terço da Europa foi dizimada pela peste negra, por volta de 1350, e a fome entre os camponeses era tão intensa que muitos contos de fadas traziam essa questão em seu cerne, como *João e Maria* e *O Pequeno Polegar*.

Em ambas as histórias, os pais decidem abandonar as crianças nas florestas por falta de comida em casa. No curso "Era uma vez... A história dos contos de fadas", o escritor Tino Freitas nos lembra o quanto a tragédia da peste e da fome contribuiu para o repertório dos contos de fadas na Idade Média:

* a fome dominava a vida no campo;

* os casamentos duravam cerca de 15 anos devido à morte de um dos cônjuges. Na maioria das vezes quem morria primeiro era a mulher, de parto. Daí a proliferação das madrastas – figuras presentes em diversos contos de fadas que caíram no gosto popular;

* as famílias eram enormes e seus membros dormiam todos apinhados nas poucas camas existentes nas casas, muitas vezes junto aos animais de estimação, na tentativa de se aquecerem. Como resultado, os bebês, não raro, morriam sufocados sob os corpos de seus pais;

* outra consequência dessas famílias enormes vivendo sem nenhuma privacidade era o contato precoce dos pequenos com a sexualidade – uma vez que, com frequência, observavam a vida sexual dos pais. Até porque naquela época o conceito de infância ainda era completamente desconhecido. Ninguém tratava as crianças de modo especial, tampouco eram consideradas criaturas inocentes. Mal desenvolviam alguma autonomia física, já começavam a trabalhar. Era, portanto, um mundo repleto de madrastas e órfãos, onde o verbo trabalhar era, sem dúvida, o mais empregado. Trabalho pesado, no rígido inverno europeu, desprovido das ferramentas necessárias, braçal, cansativo, massacrante. Adultos e crianças eram expostos, assim, a emoções brutais, advindas da ausência das condições básicas de sobrevivência;

* em meio a tragédias, como a peste e a fome, o abandono das crianças à própria sorte era prática comum. Cadáveres eram encontrados com capim na boca e os miseráveis comiam carniças atiradas às ruas pelos curtidores. Mães deixavam os bebês que não conseguiam alimentar expostos a todo tipo de situação para que adoecessem e morressem.[1]

Na França, os contos de fadas ganharam projeção na época do reinado de Luis XIV – O Rei Sol (1643-1715). Já na Alemanha, surgiram em meio às conquistas de Napoleão Bonaparte nas chamadas guerras napoleônicas, de 1803 a 1815.

Do ponto de vista da narrativa, têm em comum características marcantes que os diferenciam de outros gêneros literários:

* tramas nas quais estão sempre presentes um ou mais elementos maravilhosos: encantamentos, objetos mágicos e/ou poções que capacitam o herói ou a heroína a conseguir

---

1 Curso "Era uma vez... A história dos contos de fadas", ministrado por Tino Freitas na Livraria Nove-Sete, em São Paulo, entre 21 e 23 de abril de 2018. Conferir, também, o primeiro capítulo do livro *O grande massacre dos gatos: e outros episódios da história cultural francesa*, de Robert Darnton.

superar seus problemas; fadas com varinhas capazes de solucionar dilemas de qualquer natureza; animais falantes e espertos, muitas vezes dotados de poderes mágicos que contribuem para a vitória final dos protagonistas;

* velocidade da narrativa, característica também comum às fábulas. Os textos são concisos, vão direto ao ponto, sem muitos floreios;

* em comum com as fábulas, os contos de fadas costumam enfocar, também, questões abordando problemas inerentes ao comportamento humano: inveja, cobiça, rivalidade entre irmãos, vaidade, etc. Na medida em que o conto termina e os vilões com tais características são punidos, vem, então, o desfecho com a moral da história;

* nessas narrativas, a figura do homem é associada, quase sempre, aos viajantes, conquistadores, aqueles que saem de casa em busca de sustento, aventura, lutas, guerras. Estão sempre na estrada, vivendo mil peripécias. Já as mulheres são as que permanecem em casa, aprisionadas, exercendo tarefas intermináveis, passivas, às vezes dormindo devido às maldições lançadas por bruxas, à espera do príncipe que venha em seu socorro.

Outras características costumam compor o repertório desses contos: muitas vezes, os pais são/estão ausentes e as mães já morreram; quanto às madrastas, bem, são todas perversas. O número três e o número sete são altamente simbólicos e estão presentes em muitos contos, como os *Três porquinhos* (e as três tentativas do lobo), *Branca de Neve* e os sete anões, *A história dos três ursos* e outros em que o número está presente no conto, mas não aparece no título. Exemplos disso são as três irmãs do conto *Cinderela*; as três irmãs de *A Bela e a Fera*; os sete irmãos do conto *O Pequeno Polegar*; os três irmãos que recebem a herança em *O gato de botas*, as sete esposas de *Barba Azul*.

Da mesma forma, nos contos em que temos três irmãos/irmãs, o mais novo(a) é sempre desprezado(a), criticado(a), relegado(a) ao escárnio, à descrença e a uma série de provações que precisa superar.

Por que os contos de fadas são tão importantes para as crianças?

A verdade é que muitos pais, professores, mediadores, em geral, ainda têm dúvidas se devem ou não ler contos de fadas para as crianças, principalmente histórias cujos enredos trazem tantas tragédias, cenas violentas, vilões amedrontadores, madrastas/bruxas que envenenam afilhadas, aprisionam-nas, mandam arrancar seus órgãos vitais, etc. Isso sem falar nos pais que abandonam os filhos na floresta para morrer de fome, caso de *João e Maria*, como já citado anteriormente.

A despeito desse cenário de horrores, o parecer de estudiosos renomados que já se debruçaram sobre os contos de fadas é um só: tais leituras são importantíssimas para o desenvolvimento das crianças, a fim de que se deem conta de que o mundo tem, sim, seus perigos e vilões, mas que, por outro lado, com garra, persistência, inteligência e uma boa dose de coragem é possível vencê-los, conquistando um futuro que pode até não ser "feliz para sempre" mas que, se for repleto de otimismo e esperança, não será de todo mau. E, à medida que as crianças tenham ouvido, muitas e muitas vezes, que ser feliz para sempre é possível no mundo das histórias encantadas, certamente crescerão mais aptas a batalhar por isso no mundo real.

E mais: ouvir esse repertório de histórias repletas de enredos dramáticos da boca de um familiar, professor ou mediador que transmita confiança à criança, em um ambiente seguro e aconchegante (que pode ser o lar, a escola, a biblioteca ou uma sala de leitura), faz com que ela atravesse essa jornada de aventuras propiciada pelo mundo maravilhoso dos contos com muito mais tranquilidade e conforto.

> Os contos de fadas, à diferença de qualquer outra forma de literatura, dirigem a criança para a descoberta de sua identidade e

> comunicação, e também sugerem experiências que são necessárias para desenvolver ainda mais seu caráter. Os contos de fadas declaram que uma vida compensadora e boa está ao alcance da pessoa apesar da adversidade – mas apenas se ela não se intimidar com as lutas do destino, sem as quais nunca se adquire verdadeira identidade. Essas estórias prometem à criança que, se ela ousar se engajar nesta busca atemorizante, os poderes benevolentes virão em sua ajuda, e ela o conseguirá. As estórias também advertem que os muitos temerosos e de mente medíocre, que não se arriscam a se encontrar, devem se estabelecer numa existência monótona – se um destino ainda pior não recair sobre eles. (BETTELHEIM, 1980, p. 32)

Não fosse assim, essas histórias não estariam atravessando os séculos com tanto sucesso, sendo contadas e recontadas ao longo de gerações sucessivas, transformadas/adaptadas, ainda, em filmes, peças de teatro, musicais, séries televisivas, inspirando novelas, canções e rendendo milhões em todo o tipo de produto que, de imediato, vira sucesso comercial, como fantasias, pôsteres, revistas, álbuns, objetos de decoração, itens de vestuário, papelaria, cama, mesa e banho, etc.

Para que isso acontecesse, muita gente contribuiu ao longo dos séculos, entre as quais autores e compiladores que, munidos do desejo de expandir o alcance dessas histórias pelo mundo, acharam por bem extrair/cortar os trechos mais, digamos, polêmicos desses contos. Corta daqui, ameniza dali, os textos foram sendo moldados, trabalhados e adaptados para conquistar o grande público até que, com o tempo, caíram no gosto das crianças.

Tais histórias – ou pelo menos o modo como a maioria de nós as conhece hoje – foram compiladas e modificadas para agradar em cheio o público-alvo a que se destinava: a burguesia. Tudo aconteceu no século XVII, pelas mãos habilidosas do francês Charles Perrault (1628-1703). De acordo com o livro *Contos de fadas: edição comentada e ilustrada* (2013), com introdução e notas assinadas pela alemã Maria Tatar, que dirige o programa de Folclore e Mitologia da Universidade Harvard, Perrault vinha de família ilustre. Seu pai era membro do Parlamento de Paris e tanto Perrault quanto seus quatro irmãos tornaram-se figuras referenciais em áreas de atuações variadas, como literatura, teologia, direito e arquitetura.

Formado em direito, Perrault trabalhou no escritório do irmão e, tempos depois, prestou serviços para Jean-Baptiste Colbert, o ministro mais influente da França naquele período. Sob seu comando, Perrault atuou no Departamento de Construções, sendo responsável pela escolha dos arquitetos que assinariam as obras tanto do Palácio de Versalhes quanto do Museu do Louvre. Em outras palavras: o homem não era pouca coisa. Bem relacionado, frequentando as altas rodas, festas e recepções badaladas, era uma figura de destaque, conhecida por todo mundo que, assim como ele, possuía *status* social inquestionável.

Tudo isso contribuiu para que sua obra posterior tivesse boa aceitação e se transformasse em sucesso. Até porque sua ideia foi genial: recolher, registrar, organizar e adaptar contos da tradição oral que já eram sucesso de público há tempos, cortando/suavizando suas passagens mais violentas, grosseiras, vulgares, imorais, apelativas e inserindo lições de moral onde considerou necessário. Essas lições muitas vezes vinham tanto no corpo dos textos quanto ao final de cada um deles – nesse último caso escritas em versos. O resultado é que as histórias foram publicadas, arrebatando o público a ponto de, com o passar dos anos, estarem impregnadas, em definitivo, no imaginário coletivo.

Entre os contos recolhidos e adaptados por Perrault, alguns se tornaram tão conhecidos que novas versões não cessam de surgir no mercado editorial, como: *Chapeuzinho Vermelho, Cinderela, O gato de botas, O Pequeno Polegar* e *Barba Azul*. Haja vista que, ainda hoje, nossas livrarias estão repletas de livros e histórias em quadrinhos contemporâneas inspiradas nessas narrativas.

Maria Tatar nos conta que, aos 44 anos, em 1672, Perrault casou-se – já com uma idade bem avançada para os padrões da época. Sua esposa era Marie Guichon, cuja morte precoce ocorreu no parto do terceiro filho, Pierre Perrault Darmancour, que, na juventude, seria alvo de um disse me disse capaz de deixar qualquer pesquisador com a pulga atrás da orelha: teria sido ele, o filho caçula, o autor da primeira edição dos contos de fadas reunidos pelo pai. Isso porque o nome do rapaz aparecia na folha de rosto do livro. Que tipo de trabalho Pierre teria feito naquela edição? Não se sabe ao certo, mas, hoje, o fato é que grande parte dos estudiosos não acredita que o jovem, que tinha por volta dos 18 anos naquela ocasião, tivesse realmente escrito as histórias, publicadas em 1697 com o título de *Histoires ou contes du temps passés, avec des moralités* (*Histórias ou contos do tempo passado, com moralidades*), livro que se tornou mais conhecido por seu subtítulo, *Contes de ma mère l'Oye* ou *Contos da mamãe Gansa*.

Para Ana Lúcia Merege:

> Nelly Novaes Coelho acredita que o autor não quisesse arriscar sua reputação de escritor 'culto' com a publicação de uma literatura popular, que poderia ser considerada frívola. De qualquer forma, a obra agradou em cheio, sendo que muitos a consideram a primeira obra de literatura voltada especificamente para o público infantil. (MEREGE, 2010, p. 50)

A publicação de Perrault marca o verdadeiro início da história dessa personagem – mamãe Gansa – que faz referência às mulheres do campo, que contavam histórias ao redor da lareira, na hora de fiar.

A associação dessa mulher que representa todas as contadoras de histórias com a ave tem sua origem no ruído emitido pelos gansos, que, por sua vez, faz alusão ao som cacarejante dos contos das velhas (DARNTON, 1988). A imagem de mamãe gansa, uma senhora próxima à lareira e cercada por crianças para as quais conta a história, foi imortalizada por Gustave Doré (1832-1883), um dos grandes ilustradores dos contos de fadas.

Contradições, trapaças e tramoias marcam os contos de fadas

Além do prazer estético propiciado pela leitura desses textos bem escritos, literariamente retrabalhados por Perrault, a verdade é que os contos caíram sob medida, também, para vestir o desejo das classes mais abastadas que viam nessas histórias um auxílio providencial para educar as crianças. Até porque os contos são repletos de "lições" sobre os benefícios do bom comportamento, da obediência, da resignação, da superação de sofrimentos e de dificuldades por meio da inteligência, da perseverança, da coragem, do coração puro, dos bons sentimentos.

Ainda assim, já não é mais novidade o quanto esses mesmos contos, que, em tese, exaltam virtudes, são contraditórios, uma vez que muitos de seus protagonistas se dão bem ao final graças ao seu caráter duvidoso, às trapaças engenhosas que punham em prática para obter tesouros, castelos, arranjos matrimoniais financeiramente vantajosos e outras benesses materiais.

> O ilustrador britânico George Cruikshank horrorizou-se com a história do *Pequeno Polegar*, que lhe pareceu "uma sucessão de falsidades – uma brilhante aula de como mentir! – um sistema de impostura recompensado pela maior das vantagens mundanas!". Achava que João roubar os tesouros do gigante era moralmente repreensível, e se sentiu na obrigação de reescrever a história, transformando o furto numa retomada da fortuna do pai falecido. Cruikshank teria reagido do mesmo modo a Aladim, aquele herói prototípico do conto de fadas, descrito como "teimoso", um "vagabundo incorrigível" e um menino que nunca há de ser coisa alguma. Onde quer que olhemos, os contos de fadas parecem estar perseguindo a boa fortuna à custa da mentira, da trapaça ou do furto. (TATAR, 2013, p. 11)

O texto que acabamos de citar consta da apresentação do livro *Contos de fadas*, de Maria Tatar. O mesmo assunto é retomado pela autora nas notas presentes ao final do livro:

> Um exame atento de alguns contos, no entanto, revela discursos éticos e comportamentais contraditórios. Para cada Chapeuzinho Vermelho que é punida por vadiar na mata, catando castanhas, caçando borboletas e colhendo flores, há um filho de moleiro que é recompensado com um reino e

uma princesa por mentir, trapacear, furtar. [...] Se nunca admitiu explicitamente a moralidade defeituosa de seus contos de fadas, Perrault deixou claro nas lições morais que extrai dos contos que por vezes teve dificuldade de encontrar uma mensagem compatível com a filosofia da virtude premiada e da maldade punida. (*Ibid.*, p. 410)

Também nos anos finais do século XVII – 1697 ou 1698, de acordo com diferentes referências encontradas –, Marie-Catherine Le Jumel de Barneville (1650/1651-1705), que entrou para a história como Madame d'Aulnoy, publicou um livro que intitulou como *Contes de fées* (*Contos de fadas*) – primeira vez em que surge essa designação em um título. Madame D'Aulnoy teve uma vida muito atribulada, com direito a casamento malsucedido, acusações, amantes, fugas e traições. Viveu na França, Holanda, Espanha e Inglaterra e chegou a trabalhar como espiã. Em 1685 teve permissão para voltar a Paris, onde passou a organizar um salão de renome, reunindo personalidades que faziam do local um dos pontos de encontro da corte. Escrevia de forma cômica e com uma visão sádica. Publicou suas memórias obtendo grande sucesso.[2]

Já Maria Tatar nos lembra, ainda, que outra mulher se tornou conhecida pela publicação de seus contos de fadas. Trata-se da romancista francesa Jeanne-Marie Leprince de Beaumont (1711-1780), autora do conto *A Bela e a Fera*. Em seu livro *Contos de fadas*, Tatar revela que Beaumont casou-se em 1741 com um libertino notório, sendo a união anulada dois anos depois (TATAR, 2013, pp. 403-404). A escritora foi para a Inglaterra em 1745 para assumir um posto de governanta. Beaumont casou-se novamente com Thomas Pinchon, com quem teve vários filhos. Publicou antologias de histórias, contos de fadas, ensaios e anedotas de 1770 a 1775. Tais coletâneas privilegiavam histórias cujo intuito era incutir virtudes sociais em crianças e jovens. Sua publicação *Le magasin des enfants* (1757) trazia seus contos mais conhecidos: *A Bela e a Fera*, *Príncipe encantado* e *Príncipe Desejo*.

....
[2] Curso "Era uma vez... A história dos contos de fadas", ministrado por Tino Freitas na Livraria NoveSete, em São Paulo, entre 21 e 23 de abril de 2018.

> Ela baseou sua versão de A Bela e a Fera numa outra muito mais longa publicada por Madame de Villeneuve em 1740. Sua versão resumida, que se tornou parte do cânone do conto de fadas ocidental, exalta a diligência, a abnegação, a bondade, a modéstia e a compaixão como virtudes fundamentais para moças. (TATAR, 2013, p. 404)

Já no século XIX, também de acordo com o livro de Maria Tatar, coube aos irmãos Jacob e Wilhelm Grimm, ambos acadêmicos, linguistas, poetas e escritores, realizar novas pesquisas, coletas e adaptações de contos da Alemanha, ampliando sobremaneira a antologia de contos de fadas. A princípio, a ideia dos irmãos com a compilação dos contos era reunir e, em seguida, publicar a poesia e o folclore pertencente à tradição oral do povo germânico, perpetuando lendas, piadas, provérbios, ditos populares e toda sorte de narrativas tradicionais.

Pouco antes do lançamento da primeira edição, críticos e intelectuais se queixaram do material "patético e de mau gosto", sugerindo que os pais deixassem os filhos longe daquela publicação. Outros recomendaram que os Grimm usassem de estratégias capazes de tornar os contos mais atraentes e menos grosseiros (*Ibid.*, p. 405). Por conta dessas críticas, os irmãos voltaram aos textos para reescrever, cortar e editar. A primeira edição saiu repleta de notas e com uma introdução pesada, mais parecendo um livro de tom erudito do que voltado para o público em geral.

Maria Tatar segue relatando em seu livro que, com o tempo, a cada nova edição, Wilhelm foi ampliando os textos, retirando ou substituindo cada palavra que soasse vulgar ou grosseira, incrementando as histórias a ponto de deixar algumas com o dobro do tamanho. Assim, a recepção do público foi ganhando corpo e superando as expectativas a ponto de a obra, que no seu embrião era voltada a estudiosos, tornar-se, pouco a pouco, um livro que se lia para as crianças antes de dormirem.

Wilhelm tratou de contribuir muito para esse processo de gradativo acolhimento desses contos pelos pequenos leitores. Prova disso é que, conforme ia revisando e alterando os textos, eliminou praticamente todas as referências às gravidezes anteriores aos casamentos, como no caso de *Rapunzel*, que, na primeira edição dos *Contos da infância e do lar*, surgia grávida após os encontros fortuitos que teve com o príncipe na torre:

"Diga-me, madrinha, por que minhas roupas estão tão apertadas e não me servem mais?". Já na segunda edição, a moça simplesmente pergunta à feiticeira por que é tão mais difícil puxá-la até a janela que ao príncipe (*Ibid.*, p. 406).

Para o poeta W. H. Auden, citado por Tatar, os contos de fadas dos Grimm estavam "entre os poucos livros indispensáveis, de propriedade comum, sobre as quais a cultura ocidental pode ser fundada", o poeta completa afirmando que os contos de Grimm estão "perto da Bíblia em importância" (*Ibid.*, p. 404).

Violência e machismo nos contos de fadas

Fundamentando sua coleta em fontes diversificadas, tanto orais quanto literárias, os Grimm fizeram questão de, assim como Perrault, polir o texto, mas apenas no que dizia respeito às passagens de teor vulgar, grotescas e sexistas. No que se refere à violência, afirma Tatar, eles não só a mantiveram na primeira edição dos contos quanto, nas edições posteriores, ampliaram esses trechos.

> As irmãs postiças de Cinderela têm sua visão poupada na primeira versão registrada da história, mas, na segunda edição dos *Contos da infância e do lar*, pombos lhes bicam os olhos e um verniz moral é acrescentado à história: "Assim as duas irmãs foram punidas pela cegueira até o fim de suas vidas por serem tão malvadas e falsas". (*Ibid.*, p. 406)

Quando nos lembramos das versões que nos chegaram às mãos na infância por meio de livros ou, na maioria dos casos, por filmes da Disney ou desenhos animados, fica difícil acreditar na crueldade presente nas versões originais. No curso *Era uma vez... A história dos contos de fadas*, o escritor Tino Freitas nos lembra que alguns desses contos têm numerosas versões pelo mundo: são 35 versões de Chapeuzinho Vermelho, em apenas uma região da França; e em *O grande massacre dos gatos: e outros episódios da história cultural francesa* encontramos que há registros de noventa versões de "Pequenos Polegares" e 105 de "Cinderelas" (DARNTON, 1988).

No caso de *Chapeuzinho Vermelho*, cuja primeira adaptação literária feita por Charles Perrault data de 1697, o lobo astuto e malvado devora a menina ao final. Já na versão dos Grimm, o lobo até come a vovó e a Chapeuzinho, mas um caçador aparece, abre a barriga do lobo e resgata a avó e a neta de lá, sãs e salvas. O livro *Contos de fadas...*, de Maria Tatar, traz a versão dos Grimm e, em um apêndice ao final do livro, anexa mais duas versões da história: a de Perrault e outra de autor anônimo intitulada *A história da avó*, que, diferentemente das demais, traz uma protagonista sagaz a ponto de não precisar do auxílio de nenhum caçador/lenhador para conseguir se livrar do lobo. Nessa versão, uma Chapeuzinho engenhosa tira toda a roupa e vai se deitar na cama com o lobo. Em seguida, alega que está muito apertada e precisa ir lá fora para se aliviar. O lobo permite, mas amarra a perna da menina com um cordel feito de lã. Uma vez no quintal, a garota, esperta, tira o cordel, amarra-o em uma ameixeira e foge, deixando o lobo a ver navios.

São muitas as interpretações da história de Chapeuzinho:

> Mas a multiplicidade de interpretações não inspira confiança, alguns críticos vendo na história uma parábola do estupro, outras uma parábola da misantropia, outros, ainda, um projeto para o desenvolvimento feminino.
>
> *Chapeuzinho Vermelho* toca em muitas angústias da infância, mas especialmente naquela que os psicanalistas chamam "o medo de ser devorado". Embora a história de Perrault e o conto dos Grimm possam tomar um rumo violento demais para algumas crianças, para outras essas mesmas histórias terminarão com uma exclamação de prazer e um pedido de bis. (TATAR, 2013, p. 34)

A figura da mulher nos contos de fadas, como já citado no início deste capítulo, retrata – e muito – o machismo explícito e arcaico do sistema patriarcal. Um dos exemplos mais gritantes está em *Barba Azul*, um dos contos mais cruéis do repertório tradicional dos contos de fadas. Nele, temos um marido psicopata/assassino que puniu suas várias esposas com a morte devido à curiosidade dessas mulheres.

Em seu castelo, Barba Azul mantinha um quarto sempre fechado, onde escondia os corpos esquartejados de suas mulheres. A cada nova esposa, ele dizia que a mulher poderia conhecer todos os cômodos do local, menos o tal quarto (onde estavam os corpos). Dito isso, saía e deixava o molho de chaves nas mãos das mulheres para ver até onde ia a curiosidade delas. Ao voltar, descobria que o tal quarto havia sido aberto e matava a esposa em condenação por sua atitude. Ou seja, as mulheres eram castigadas pelo simples fato de quererem deter o conhecimento, de não se sujeitarem às ordens maritais, de desejarem descobrir o que havia naquele esconderijo, de romperem as amarras da obediência.

Em sua "moral da história", Perrault traça um paralelo entre a curiosidade intelectual da mulher de Barba Azul e a curiosidade sexual das mulheres, em geral. Com isso, religa a figura da personagem da história à Eva bíblica.

> Ao apontar o parentesco da heroína em certas figuras literárias, bíblicas e míticas (notadamente Psiquê, Eva e Pandora) Perrault nos dá um conto que solapa deliberadamente a tradição em que a heroína é uma agente engenhosa de sua própria salvação. Em vez de celebrar a coragem e a sabedoria da mulher de Barba Azul ao descobrir a horrível verdade sobre as ações assassinas do marido, Perrault e muitos outros que contam a história subestimam seu ato de insubordinação. (*Ibid.*, p. 161)

Apesar desse enfoque referente à consolidação do machismo, o conto em questão é prova irrefutável de que os contos de fadas tiveram sua origem em uma cultura adulta – haja vista a temática de conflitos relativos ao casamento presente no cerne de *Barba Azul*. Maria Tatar nos lembra que essas histórias eram contadas em volta da lareira, na cozinha. A ideia era que, de alguma forma, servissem para suavizar os cansaços do dia. Juntas, essas narrativas nos trazem um apanhado do pensamento de sua época, da sabedoria dos tempos sobre assuntos como romances, divórcio, morte, corte, casamento. Uma tradição passada de geração a geração por meio das vozes de mulheres cujos repertórios foram apropriados por editores e compiladores que transformaram essas narrativas em texto, publicando-as.

Outro conto bastante conhecido e que também pune a mulher/protagonista por conta de sua curiosidade é *A Bela Adormecida*, cuja versão mais conhecida é a dos irmãos Grimm. Como sabemos, nessa história a princesa cai em um sono de cem anos devido à maldição lançada por uma feiticeira que não havia sido convidada para o banquete oferecido pelo rei quando do nascimento da menina. Aliás, a maldição previa que a princesa, ao completar 15 anos, espetasse o dedo em um fuso e caísse morta. No entanto, outra feiticeira interveio e abrandou a maldição: a princesa não mais morreria e, sim, dormiria um sono profundo que duraria cem anos. Sabendo disso, o rei mandou reduzir às cinzas todos os fusos do reino.

Ainda assim, quando chega a data fatídica, a menina resolve explorar as dependências do castelo. Ao deparar com uma torre, vê uma porta fechada e, curiosa, resolve abri-la. Dentro do quarto está uma velhinha fiando linho em seu fuso (no conto, ninguém explica como esse fuso escapou intacto). A princesa nunca havia visto tal objeto e logo põe a mão sobre ele. É nessa hora que espeta o dedo e cai no sono, juntamente com todos os habitantes do reino: nobres e empregados, bichos, plantas.

Já o príncipe desse mesmo conto, que também só entra no castelo por conta de sua curiosidade, é recompensado por agir assim, uma vez que beija a princesa e ganha seu coração. Dois pesos, duas medidas.

Assim como Branca de Neve, a heroína de *A Bela Adormecida* compõe o grupo de princesas do tipo "passivas", que permanecem à espera de um príncipe que as acorde do sono profundo e as salve das maldições.

Outro conto clássico que rouba o coração de muitas meninas na primeira infância é *Cinderela* (na versão de Perrault) ou *Gata Borralheira* (na versão dos Grimm). Na versão de Perrault, o nome mais propício em português seria "Cinzerela" – uma vez que Cinderela vem de *cendrillon* que, por sua vez, provém do francês *cendre*, que significa "cinzas". Ao que tudo indica, a heroína tem esse nome porque, maltratada e desprezada pela madrasta e suas duas filhas, dormia no chão, próxima à lareira, em meio às cinzas/borralho. Daí o nome Cinderela. Muito mais violenta que a versão de Perrault, a dos irmãos Grimm faz as duas irmãs malvadas de Cinderela passarem maus bocados quando chegam a cortar os calcanhares e os dedos para que seus pés caibam no sapatinho de cristal.

A primeira Cinderela de que temos registros é chinesa. Seu nome é Yeh-hsien, e sua história foi registrada por Tuan Ch'engshih por volta de 840 d.C.

> Se ela foi reinventada por praticamente todas as culturas conhecidas, também sua história tem sido perpetuamente reescrita. *Uma secretária de futuro*, com Mellaine Griffith, *Uma linda mulher*, com Julia Roberts, e *Para sempre Cinderela*, com Drew Barrymore: esses filmes são uma prova extraordinária de que continuamos a reciclar a história para controlar nossas angústias ou conflitos culturais ligados à corte e ao casamento. (TATAR, 2013, p. 44)

Nas décadas seguintes, novos autores contribuíram ainda mais para aumentar o repertório de contos de fadas e novas histórias infantis, entre os quais:

✷ o dinamarquês Hans Christian Andersen, com contos como *O soldadinho de chumbo*; *O patinho feio*, *Os trajes do imperador* e *A Pequena Sereia*;

* o italiano Carlo Collodi, com *Pinóquio*;
* o inglês Lewis Carroll, com *Alice no País das Maravilhas;*
* o americano Frank Baum, com *O mágico de Oz*;
* o escocês James Barrie, com *Peter Pan*.

Autores que elevaram essas histórias à categoria de obras de arte.

Beleza e sofrimento nas obras de Andersen

O escritor Hans Christian Andersen (1805-1875) teve uma história de vida que lembra muito as desventuras, peripécias e posterior final feliz típicos dos personagens de contos de fadas. O próprio Andersen dizia isso ao rememorar sua infância paupérrima, sua aparência física desprovida de encantos e que o fez sofrer horrores – como aconteceu, diga-se de passagem, com uma de suas criações literárias mais famosas: *O patinho feio*.

Antes de poder usufruir do sucesso decorrente da celebração de seu gênio, que o fez ser reconhecido como grande escritor ainda em vida, Andersen teve de suportar o desprezo recebido dos intelectuais em seu início de carreira. Isso nos remete, novamente, à metáfora de *O patinho feio*, que, após um início de vida tortuoso transforma-se em um cisne majestoso ao final da história.

Andersen nasceu em Odense, na Dinamarca, filho de um sapateiro e de uma lavadeira. O pai era um homem humilde e sem instrução, mas que incentivava o interesse do filho por livros e pelo teatro. Aos 15 anos, Andersen convenceu a mãe a deixá-lo ir para Copenhague, a fim de tentar a carreira artística nos palcos. Não deu certo, mas após uma série de longas viagens pela Europa, coletando material, lançou o romance intitulado *O improvisatore* (1835), que obtém sucesso imediato, muito diferente de seu primeiro livro *Tentativas juvenis* (1822), que vendeu apenas dezessete cópias, sendo que os 283 exemplares restantes foram vendidos a um comerciante para serem usados como papel de embrulho (ANDERSEN, 1995, p. 6).

Os contos de fadas de autoria de Andersen têm um estilo literário único, privilegiando tanto o enredo – sempre repleto de aventuras, como condiz aos contos de fadas – quanto a sofisticação dos textos, que, mesmo dotados de qualidade literária, mantêm-se acessíveis aos leitores.

De 1837 a 1872, o escritor produziu 156 *eventyr*, palavra que, em dinamarquês, significa "contos maravilhosos". Sucesso como escritor, Andersen também tinha fama de ótimo contador de histórias e, por isso, os membros da alta sociedade geralmente o convidavam para jantares, nos quais lia suas histórias em voz alta, interpretando-as (*Ibid.*, p. 8).

Uma das caraterísticas mais impactantes de seus textos é a *via-crúcis* pela qual faz passar a maioria de seus protagonistas, sofredores contumazes, resignados, abnegados, capazes de suportar provações terríveis sem demonstrar raiva, ódio, rancor. Ao contrário, quanto mais penam em seus fardos, mais adquirem força para seguir sua jornada pessoal. O autor dava aos seus personagens e às experiências que viviam um viés extremamente vinculado às questões religiosas, lembrando, em muitas passagens, os ensinamentos típicos da doutrina cristã, que preconiza o alcance do paraíso após uma vida de sofrimentos.

> Andersen estava profundamente empenhado em transmitir mensagens cristãs sobre almas imortais e vida eterna, muito embora ele e seus personagens se deleitassem claramente com prazeres mundanos. (TATAR, 2013, p. 381)

É o caso de *A Pequena Sereia*, um de seus contos mais conhecidos, no qual a pobre protagonista se doa até o limite de suas forças para conquistar o amor do príncipe e, também, para obter, como acreditam os humanos, uma alma imortal após a morte física – coisa que era vedada às sereias. De acordo com o conto, as sereias podem viver trezentos anos, porém, quando morrem, viram espuma sobre água.

Em meio às agruras vividas pela personagem, há a transformação dolorosa de sua cauda em um lindo par de pernas; a perda permanente da voz – um de seus bens mais preciosos; o martírio que é encantar o príncipe e os membros da corte por meio de sua dança, isso porque a bruxa do mar que lhe concedeu a poção de transformação fez com que a sereiazinha, uma vez humana, se tornasse uma dançarina excepcional, mas, para isso, teria de enfrentar a dor atroz de seus pés, que, na hora da dança, sentiriam a sensação de pisar em facas afiadas.

Aliados à impressionante capacidade descritiva de Andersen, tudo embalado em um texto lírico, os sofrimentos, a dor e o altruísmo da sereiazinha lhe propiciaram não apenas leitores, que se sucedem a cada geração, mas um lugar de honra no cânone literário e, ainda, no monumento mais famoso de Copenhague, que é a estátua de bronze de uma sereia.

Não bastasse os infortúnios físicos, a sereiazinha se vê à mercê de um relacionamento tipicamente abusivo com o príncipe, que, apesar de dizer que lhe quer bem como a uma irmã, a chama de "minha enjeitadinha" e a põe para dormir em uma espécie de almofada, aos pés de sua cama, como um bichinho de estimação. Com o decorrer da história, o príncipe se casa com outra e, não bastasse isso, a pobre sereiazinha é incumbida de carregar o véu da noiva e observar a festa suntuosa de camarote.

Há de se destacar, no entanto, que a sereiazinha é uma das personagens femininas mais ativas e determinadas dos contos de fadas. Movida por um desejo insaciável de sair das águas em direção à superfície, a heroína demonstra uma vontade imensa de conhecer o mundo, de modo que possa explorar montanhas, rios, vales, pores do sol, animais, sentimentos, desejos e tudo o que compõe a existência humana. Para que isso aconteça, enfrenta as consequências mais radicais sem jamais se arrepender de seus atos.

Em determinada passagem da história, a personagem se veste como homem para poder cavalgar ao lado do príncipe e, assim, vivenciar a verdadeira aventura que é sair por aí desbravando os campos, em uma atitude que ultrapassa as fronteiras de gênero daquela época.

Andersen não poupou os corações de seus leitores na medida em que subverteu completamente a regra do "felizes para sempre" em contos cujos finais, trágicos, levam os leitores mais sensíveis às lágrimas, como no tristíssimo *A pequena vendedora de fósforos*. Nele, a menina – tão pobre quanto Andersen em sua infância – percorre as ruas da cidade na noite da véspera de ano novo na esperança de vender caixinhas de fósforos. E faz isso descalça, em meio à neve e o frio do inverno rigoroso. Após uma peregrinação sem sucesso nas vendas, a menina vê, pelas janelas das casas, mesas fartas de delícias onde estão reunidas famílias, que, aquecidas, esperam a chegada do ano novo.

É interessante ver como, sendo filho de sapateiro, o enfoque dado aos pés de suas personagens é notável em textos como *A Pequena Sereia*, *A pequena vendedora de fósforos* e, finalmente, em *Os sapatinhos vermelhos*. Ao final de *A pequena vendedora de fósforos*, pouco antes de morrer de frio, a menina vê uma luz e reconhece sua avó, de braços abertos, esperando-a. A avó põe a menina nos braços e as duas voam pelos céus.

> Embora alguns leitores critiquem Andersen por se entregar à autocomiseração produzindo histórias em que coisas más acontecem com pessoas boas (pensemos na pequena vendedora de fósforos) e coisas boas a pessoas más (pensemos no inflexível soldadinho de chumbo), muitos outros encontraram uma poderosa força redentora em suas pinturas de destinos trágicos. Tendo escrito mais de 150 contos, Andersen foi, sozinho, responsável por um revigoramento do conto de fadas e um alargamento de seus limites para acomodar novos desejos e fantasias. (TATAR, 2013, p. 400)

A partir da segunda metade do século XIX, os contos de fadas entram em novo ciclo, condizentes com os avanços do tempo, as influências do contexto histórico, das leituras e das peculiaridades criativas de seus autores. Dentre outras mudanças, os contos saem de sua condição de autoria anônima, influenciados pelas várias modificações propiciadas pela tradição oral e pelos arremates dos grandes compiladores, como Madame d'Aulnoy, Charles Perrault, irmãos Grimm e Jeanne-Marie Leprince de Beamont para serem reconhecidos como pertencentes a um autor específico, como Carlo Collodi, Frank Baum e Jamie Barrie.

Releituras dos contos de fadas

Os grandes clássicos da literatura seguem reverberando no imaginário coletivo graças à força e ao encanto de suas histórias, personagens, cenários, reviravoltas e finais surpreendentes. Uma vez fixados em nossas mentes, tais histórias seguem ganhando força e acendendo em um sem-número de criadores o desejo de reinventá-las, reinterpretá-las, recuperá-las.

A inspiração que propiciam é tamanha que, mesmo séculos após a divulgação dessas narrativas, autores contemporâneos decidem dar seu toque pessoal a algumas delas. Assim, ano após ano, as prateleiras das livrarias nacionais e estrangeiras nos presenteiam com releituras de textos clássicos, entre eles, os contos de fadas.

No Brasil, é impossível listar a enorme quantidade de livros voltados à releitura desses contos. O próprio Monteiro Lobato recontou *Peter Pan* pela voz de Dona Benta. O autor também abusou da intertextualidade com os contos de fadas em *Reinações de Narizinho*, quando afirma que os personagens dos contos tradicionais estão entediados de se manterem sempre à mercê das mesmas histórias, o que levou o Pequeno Polegar a fugir e buscar refúgio no Reino das Águas Claras.

> – Não sei, respondeu dona Carochinha, mas tenho notado que muitos dos meus personagens já andam aborrecidos [...] Querem novidades. Falam em correr o mundo a fim de se meterem em novas aventuras. Aladino queixa-se de que sua lâmpada maravilhosa está enferrujando. A Bela Adormecida tem vontade de espetar o dedo noutra roca para dormir outros cem anos. O Gato de Botas brigou com o Marquês de Carabás e quer ir para os Estados Unidos encontrar o Gato Felix [...] Andam todos revoltados, dando-me um trabalhão

para contê-los. Mas o pior é que ameaçam fugir, e o Pequeno Polegar já deu o exemplo. (LOBATO, 1950, p. 11)

Anos depois, surgem autores como Sylvia Orthof (1932-1997), com seus diversos livros contendo referências aos contos de fadas, como ocorre em *Ervilina e o Princês*, releitura de *A princesa e a ervilha*, de Hans Christian Andersen, e o divertidíssimo e altamente questionador *Uxa – Ora fada, ora bruxa*!, em que a autora mistura elementos de vários contos de fadas e os mescla à personalidade ímpar de Uxa. A protagonista põe em xeque o comportamento passivo das princesas e do "felizes para sempre" e, ao fim, decide virar bruxa – que, afinal, tem uma vida muito mais divertida. Sylvia cria uma personagem ambígua, com dias bons e ruins.

Já Bartolomeu Campos de Queirós (1944-2012) nos presentou com *Onde tem bruxa tem fada* (1979), no qual, com a prosa poética que lhe era característica, cria Maria do Céu, fada muito antiga que vivenciou histórias clássicas dos contos de fadas, mas que, em visita à Terra, tem de lidar com questões pertinentes ao consumismo, à burocracia e ao autoritarismo. Sem situar a história em um lugar específico, o autor constrói um livro vinculado ao contexto da época, com metáforas que expõe o regime ditatorial vigente no Brasil. A obra recebeu o selo "O melhor para criança", em 1979, da Fundação Nacional do Livro Infantil e Juvenil (FNLIJ).

Já em *O fantástico mistério de Feiurinha* (1986), de Pedro Bandeira, o diálogo com diversos contos de fadas é mais explícito. A história traz à tona a reunião das principais princesas que compõem o repertório clássico dos contos. Na obra, que se passa alguns anos após o final das histórias tradicionais, as princesas já estão casadas, adotando o sobrenome dos maridos e cheias de filhos. De maneira bem-humorada e inteligente, Bandeira nos faz refletir justamente sobre o conceito de "felizes para sempre".

O mote do texto, entretanto, é o desaparecimento da história da princesa Feiurinha, que, mesmo sendo princesa, assim como suas amigas, sumiu sem deixar vestígios, pois, ao contrário das demais histórias, a de Feiurinha não tinha sido escrita, sendo transmitida apenas pela tradição oral. Então, Branca Encantado, grávida do sétimo filho, convoca as amigas Chapeuzinho Vermelho, Cinderela Encantado, Bela Adormecida Encantado, Rapunzel Encantado e Rosa Encantado Della Moura Torta para ajudar a solucionar o mistério do desaparecimento da história da Feiurinha.

Mas, enquanto o mistério central não se resolve, vemos que a passagem do tempo possibilita às princesas uma série de reflexões e mudanças de comportamento: Branca Encantado, ex-Branca de Neve, acaba por desenvolver completa repulsa às maçãs; já Chapeuzinho Vermelho se queixa de que Charles Perrault poderia muito bem ter inserido um príncipe em sua história e por aí vai.

> Protagonista é, em um primeiro momento, o escritor, aliado delas na busca por Feiurinha. Mais pra frente, a liderança é dividida com Jerusa, empregada doméstica que conhece, recorda e narra a história da princesa desaparecida. Nas entrelinhas, um recado: a escrita é a ferramenta de que dispõe a humanidade para tornar eternas algumas histórias. E como o livro de Bandeira foi objeto de versão cinematográfica, pode-se dizer que a escrita ganhou a parceria de outras linguagens na sua ancestral tarefa de construir um suporte material para a memória e para a voz humana. (LAJOLO & ZILBERMAN, 2017, p. 81)

Esse enredo de Pedro Bandeira foi levado às telas pela diretora Tizuka Yamazaki no filme *Xuxa em o mistério de Feiurinha*, de 2009.

Em seu livro *Literatura infantil brasileira: uma nova outra história*, Lajolo e Zilberman citam, ainda, outros livros nacionais que dialogam com contos de fadas. São eles: *Procura-se Lobo*, de Ana Maria Machado; *Alice no telhado*, de Nelson Cruz, entre outros que, de forma mais abrangente, sem aterem-se especificamente aos contos de fadas, flertam com a tradição por meio da intertextualidade.

Há alguns anos, Katia Canton escreveu toda uma coleção de livros com recontos dos contos de fadas, lançados pela Editora DCL, em 2010:

1. *1001 noites à luz do dia: Sherazade conta histórias árabes*;

2. *A bota e a enxada: certos contos italianos*;
3. *Balé dos skazkas: viajando pelos contos da Rússia*;
4. *Chocolate quente na neve: histórias dinamarquesas de Andersen*;
5. *Contos que valem uma fábula: histórias de animais animados*;
6. *Conversa de madame: Perrault nos salões franceses*;
7. *Debaixo de uma cerejeira: histórias contadas no Japão*;
8. *Entre o rio e as nuvens: algumas histórias africanas*;
9. *Fadas que não estão nos contos: uma confusão de contos clássicos*.

Por meio de financiamento coletivo, o autor Cristiano Gouveia publicou seu livro *Vermelho de dar dó* (2017), com ilustrações de Sónia Borges. Primeiro livro infantil do autor, com textos rimados e ilustrações inspiradoras, a obra propõe-se a recontar a história de Chapeuzinho Vermelho de maneira muito divertida. Contador de histórias e músico com trajetória vinculada a espetáculos teatrais infantis e programas televisivos também voltados para esse público, Gouveia presenteia o leitor com um CD que acompanha o livro, com a história musicada pelo autor.

Outro título provocador e divertido é *E o lobo mau se deu bem* (2012), de autoria da escritora e ilustradora Suppa. Indo na contramão da maioria das releituras/recontos, que optam por ter como protagonistas as mocinhas das histórias, esse livro de Suppa traz o vilão como protagonista. E que vilão(!), uma vez que o lobo mau é, sem dúvida, o antagonista mais conhecido/amado/temido/odiado por crianças e adultos que têm entre suas histórias preferidas a da *Chapeuzinho Vermelho*. Mas, e se o lobo não fosse tão mau assim? Na história criada por Suppa, o personagem inicia o livro chorando, porque, vejam vocês, precisa de amigos.

Suppa escreveu, ainda, *E o príncipe foi pro brejo* (2014). Na trama, quando a princesa beijou o sapo, achou que havia encontrado seu príncipe encantado. Será? A autora apresenta de forma bastante criativa e inusitada a história do que aconteceu depois do famoso beijo.

Fora do Brasil, os recontos das histórias tradicionais também são uma constante, bem como a continuidade de coletas de contos. Uma das autoras mais renomadas a se debruçar sobre essa tarefa foi Angela Carter, autora de pesquisas e releituras fundamentais do gênero. Em seu *103 contos de fadas* publicado no Brasil em 2007, pela Companhia das Letras, a escritora inglesa coletou contos de fadas do mundo inteiro. A obra foi lançada originalmente em dois volumes pela Virago, e a autora concluiu a segunda coletânea pouco antes de morrer:

> *103 contos de fadas*, baseada numa edição póstuma publicada na Inglaterra em 2005, reúne pela primeira vez todas as histórias organizadas por Carter, formando um verdadeiro e extenso painel do folclore mundial e das tradições narrativas dos mais variados povos, do Ártico à Ásia.[3]

Já em *O quarto do Barba Azul*, considerada sua obra-prima, Carter traz releituras erotizadas das histórias que ouvimos na infância. A autora propõe aos leitores adultos uma revisita, para dizer o mínimo, singular desses contos, que, sob a sua pena afiada, se apresentam como reflexões provocadoras discorrendo sobre amor e sexualidade, investigando com lupa o papel de mulheres e homens.

Outro autor contemporâneo renomado que publicou uma releitura envolvendo duas princesas clássicas dos contos de fada foi Neil Gaiman, com seu *A bela e a adormecida* (2015). O livro traz ilustrações de tirar o fôlego de autoria de Chris Riddell. Diferentemente das histórias tradicionais, nesta assinada por Gaiman, a princesa não recebe um beijo do príncipe e, sim, da outra protagonista da história.

Em entrevista concedida ao jornal britânico *The Daily Thelegraph*, o escritor foi taxativo:

---

[3] Texto de apresentação da obra de Angela Carter pela Companhia das Letras. Disponível em www.companhiadasletras.com.br/detalhe.php?codigo=12232. Acesso em 10/4/2018.

> Não tenho paciência com histórias em que mulheres são resgatadas por homens. Você não precisa ser salva por um príncipe.[4]

Mais adiante, o autor completa dizendo que, ao mesclar as duas histórias, sentiu-se como uma alquimista.

> Tenho que pegar uma xícara e pôr uma medida de Branca de Neve e duas medidas de A Bela Adormecida, daí bato a Bela Adormecida, espumo a Branca de Neve, misturo as duas: é como uma fusão culinária. Tem o gosto de ambas, mas na verdade é um novo prato. (*Ibidem*)

Os livros que acabamos de mencionar são apenas alguns exemplos entre os milhares de títulos que contêm como mote de suas histórias as releituras dos contos de fadas. Vale a pena ir à livraria mais próxima e consultar a quantidade e a qualidade das obras disponíveis no mercado.

Fábula e moral da história

As fábulas são histórias sucintas em prosa ou em versos, compostas por narrativas que utilizam a alegoria – figura de linguagem para expressar ideias ou sentimentos abstratos e que, portanto, trazem sentidos que vão além do literal. Uma alegoria não precisa necessariamente ser expressa por meio de textos, pode estar na pintura, na escultura, no desenho.

Das fábulas, extraímos lições ou preceitos morais e, nesse gênero literário, os personagens são quase sempre animais. Têm por objetivo nos ensinar a agir pelo bom senso e a como nos sair bem em situações difíceis. Esopo, fabulista grego que viveu no século VI a.C., é considerado o pai da fábula.

---

[4] Gaby Wood, "Neil Gaiman on the meanings of fairy tales". Disponível em https://www.telegraph.co.uk/culture/books/11243761/Neil-Gaiman-Disneys-Sleeping-Beauty.html. Acesso em 11/4/2018. (Tradução da autora.)

> Esopo teria sido um escravo na ilha de Samos, no século VI a.C., e foi morto em Delfos, em circunstâncias não explicadas [...].
>
> Esse fiapo de biografia, engrossado com o passar do tempo, culminou no saboroso relato anônimo *Vida de Esopo* (I d.C.) que, à maneira de um romance picaresco, narra a trajetória de um escravo da Frígia (atual Turquia), de excepcional feiura. Adquirido por um filósofo de Samos, Esopo obtém a liberdade graças à sua inteligência e torna-se um disputado conselheiro dos reis daquela época [...].
>
> A popularidade das fábulas de seu suposto criador é grande entre os gregos do século V a.C. e pode ser medida pelas referências contidas na comédia e nos *Diálogos* de Platão. A se crer na primeira, o conhecimento das fábulas era esperado do cidadão educado que deveria citá-las em festas e reuniões políticas para impressionar os demais convidados e reforçar seu ponto de vista. (ESOPO, 2013, pp. 8-9)

São três os períodos históricos das fábulas, de acordo com a evolução do gênero:

✷ o primeiro, no qual a moralidade constitui a parte fundamental, é o das fábulas orientais, que passaram da Índia para a China, o Tibet, a Pérsia, e terminaram na Grécia, com Esopo;

✷ o segundo período tem início com as inovações formais de Fedro, fabulista latino que escrevia sátiras amargas em versos, contra costumes e pessoas de seu tempo, mas tanto Fedro quanto Bábrio (século III da Era Cristã) partiram dos modelos de Esopo. Atribui-se a Fedro o mérito de ter fixado a forma literária do gênero;

✷ já o terceiro período inclui todos os fabulistas modernos, entre eles, Jean de La Fontaine, considerado o mestre. Suas fábulas escolhidas, em 12 volumes, surgem de 1668 e 1694 (ESOPO, 2004, pp. 13-14).

Nas fábulas, encontramos questionamentos sobre valores sociais e morais por meio de temas como amor, amizade e trabalho. Esopo explora conceitos complexos como certo e errado, riqueza e pobreza, ambição, sonhos, persistência (vide fábulas como *A lebre e a tartaruga, A cigarra e a formiga, A raposa e as uvas, O pastor e o lobo*).

Características das fábulas: texto curto, poder de síntese, agilidade na descrição das ações, humor e ironia, predominância do diálogo, fecho com a reflexão ou moral da história.

As fábulas são infalíveis por seu caráter direto, sem rodeios, envolvendo situações e diálogos repletos de sabedoria, humor e lições/moral, com frequência levados a cabo por animais – personagens tão caros às crianças.

> Existem muitas edições brasileiras das fábulas esópicas, a grande maioria voltada exclusivamente para o público infantil. Menos por causa do público-alvo e mais pela concepção que se tem do que lhe é adequado ou não, essas antologias costumam trazer textos adaptados e fazer uma seleção que exclui as histórias que tratam de temas polêmicos, como morte ou sensualidade, ou considerados politicamente incorretos. (ESOPO, 2013, p. 19)

De uma simplicidade apenas aparente, as fábulas trazem temáticas altamente complexas, capazes de render muita discussão e debates nas mediações de leitura. Vejamos, por exemplo, a conhecida fábula *A tartaruga e a lebre,* que nos brinda com uma alegoria sobre a importância da persistência e do trabalho contínuo para o alcance de vitórias de qualquer natureza.

> – Vamos apostar quem chega primeiro lá onde fica aquela árvore? – perguntou a tartaruga à lebre.
> A lebre riu dela:
> – Você está louca? Vagarosa como você é! Está se lembrando que sou um dos animais mais rápidos que existem?
> – Estou, sim. E continuo apostando.
> A lebre sabia que era capaz de chegar até a árvore em quatro pulos.
> – Está bem. Depois não diga que não avisei.

> Combinaram um prêmio e a lebre deixou a tartaruga partir. Pastou, escutou de que lado vinha o vento, dormiu – e enquanto isso a tartaruga ia indo, no seu passo solene. Tinha consciência de sua lentidão e, por isso, não parava de andar.
> – Essa aposta é indigna dos meus dotes – pensava a lebre.
> – Para a vitória ter algum valor, só eu saindo no último instante.
> Afinal, quando a tartaruga estava quase chegando ao fim combinado, partiu como uma flecha.
> Tarde demais. Quando chegou, a tartaruga já estava lá. Teve que lhe entregar o prêmio e, ainda por cima, dar os parabéns.
> Mais vale um trabalho persistente do que dotes naturais mal aproveitados. (GÄRTNER & ZWERGER, 1996, s/p.)

Como vimos ao final do texto da fábula, que traz animais como protagonistas, temos uma moral explícita. Já em relação ao desenvolvimento da narrativa, o que vemos é uma história linear, com começo, meio e fim, apresentando o conflito e resolvendo a situação em pouquíssimas linhas – conjunto de características que configura esse gênero literário.

Quanto ao caráter universal das temáticas que encontramos nas fábulas, vejamos a explicação de Adriane Duarte no texto de apresentação do ótimo livro *Esopo: fábulas completas*:

> Apesar dessa universalidade que reconhecemos na fábula e que lhe garante o interesse de seguidas gerações, ela também traz um retrato da sociedade que a produziu e consumiu avidamente. Nela, além dos animais, encontramos toda uma galeria de gente humilde, que lida com as adversidades impostas por uma vida árdua. São lavradores, pastores, artesãos, um ou outro filósofo ou orador, poucas figuras históricas (entre elas, Esopo, Diógenes, Dêmades), e escravos, já que a exploração da mão de obra servil era disseminada por toda a antiguidade. Os deuses e as práticas religiosas gregas também são muito presentes. (ESOPO, 2013, p. 16)

No Brasil, a forte tradição oral e folclórica contribuiu para que autores cujas obras são vinculadas à cultura popular se debruçassem sobre o gênero fábula.

> No Brasil, as melhores realizações inspiram-se no folclore e na literatura oral. Como exemplos, há as *Fábulas* de Luís de Vasconcelos, as *Fábulas e alegorias* de Catulo da Paixão Cearense e as *Fábulas brasileiras*, de Antônio Sales. Cabe mencionar também Monteiro Lobato, José Oiticica e o Marquês de Maricá. (ESOPO, 2004, p. 15)

No que se refere à obra de Monteiro Lobato, o desejo do autor em incorporar as fábulas aos textos que publicava mereceu estudo detalhado de Loide Nascimento de Souza em sua tese:

> Quando resolve escrever fábulas, Lobato posiciona-se perante a tradição e impõe a sua marca. *Grosso modo*, a renovação que o autor imprime ao gênero resume-se a três fatores imprescindíveis: adequação ao ponto de vista da criança, atualização da linguagem e promoção de aspectos da brasilidade.[5]

Em 1922, Lobato publica o volume *Fábulas*, reunindo 77 narrativas curtas.

> As fábulas constituem um alimento espiritual correspondente ao leite na primeira infância. Por intermédio delas a moral, que não é outra coisa mais que a própria sabedoria da vida acumulada na consciência da humanidade, penetra na alma infante, conduzida pela loquacidade inventiva da imaginação. Esta boa fada mobiliza a natureza, dá fala aos animais, às árvores, às águas e tece com esses elementos pequeninas tragédias donde ressurte a 'moralidade', isto é, a lição da vida. O maravilhoso é o açúcar que disfarça o medicamento amargo e torna agradável sua ingestão. (AZEVEDO *et al.*, 2001, pp. 161-164)

---

[5] Loide Nascimento Souza. *A fábula e o efeito-fábula na obra infantil de Monteiro Lobato*. Tese de doutorado, Universidade Estadual Paulista, 2010, p. 128.

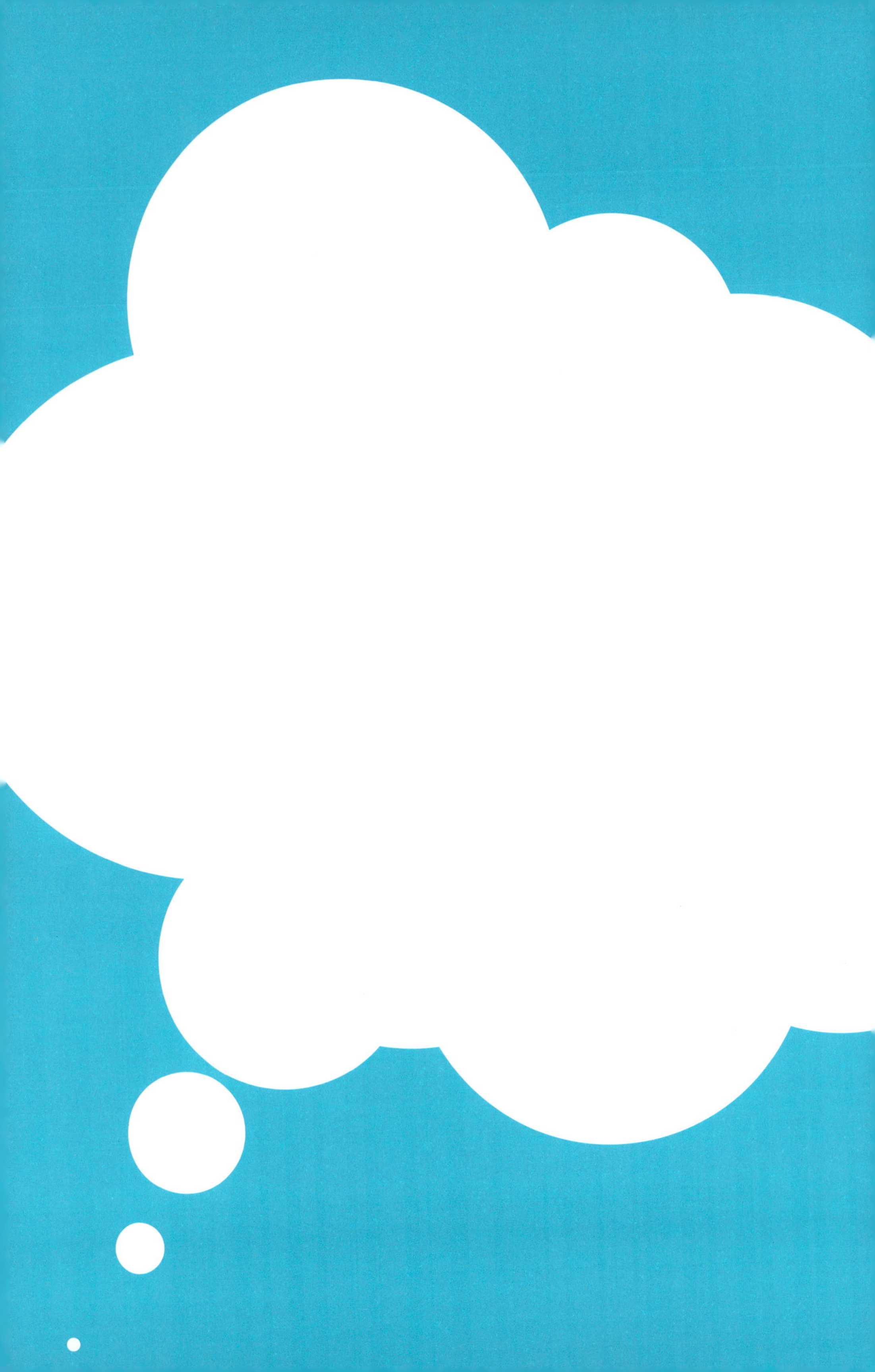

Era uma vez

A Sherazade que usava jeans

Eu tinha 10 anos quando tudo mudou. Foi nessa época que frequentei a quarta série primária do antigo curso intitulado primeiro grau, hoje renomeado como ensino fundamental, na então Escola Estadual de Primeiro Grau Jayme João Olcese, em Cubatão (há alguns anos a escola tornou-se municipal). Corria o ano de 1982 e, no primeiro dia de aula, conheci Thaís Caravieri Pedreira Ribeiro – uma professora doce e interessada em transformar seus alunos em leitores.

Dizem que para as coisas mais importantes da vida, como a felicidade e o amor, não existem receitas prontas. Será mesmo? Tenho cá minhas dúvidas, pois, pelo menos para Thaís, formar leitores e, consequentemente, torná-los pessoas mais preparadas para enfrentar os desafios da vida, contribuindo, assim, para que sejam mais felizes, nunca constituiu um bicho de sete cabeças. Ela parecia, sim, ter uma receitinha infalível: todos os dias, 15 minutos antes de a aula acabar, Thaís nos pedia para guardar o material. Enquanto finalizávamos essa tarefa, se dirigia para a porta da sala, quase sempre aberta devido ao calor. Então, encostava-se ali em atitude relaxada, abria um livro e contava uma história. Simples assim.

Era um momento mágico. Grudávamos os olhos nela para melhor absorver seus gestos e reações enquanto narrava fábulas e lendas diversas. Segura de seu método, nossa Sherazade particular nos seduzia com as inflexões de voz perfeitas para cada personagem e situação descritos nas páginas à sua frente.

Aquelas foram minhas primeiras viagens literárias, uma vez que, por motivos variados, o hábito de ler livros não existia em minha casa. Conduzida pelas narrações de Thaís, visitei florestas encantadas, habitats de fadas, bruxas, gnomos. Fui ao Egito e ao Oriente Médio. Atravessei mares, estradas, desertos e sertões, usando jangadas, barcos, trens, estradas, balões. Assim fazia Thaís: não media esforços para nos mostrar o mundo que transcendia os muros da escola.

Mais de trinta anos se passaram e jamais esqueci seus olhos grandes e castanhos fitando-nos sempre com tanta atenção. Estão vivas em minha memória as maçãs salientes de seu rosto, os cabelos negros, cacheados nas pontas, o sorriso, o modo como se vestia. Adorava quando usava macacão jeans – indumentária perfeita para seu estilo pouco formal.

Um dia, ela nos pediu para escrever uma redação e a minha foi selecionada como a melhor da classe. Não bastasse essa alegria, Thaís achou por bem gastar uns cinco minutos discorrendo sobre minha capacidade de contar histórias. Eu não cabia em mim de tanta felicidade e nunca vou esquecer a sensação de ver meu texto sendo reproduzido na lousa, a pedido da professora, por outra aluna (a que tinha a letra mais bonita da turma). Tão logo a amiga concluiu a cópia do texto, Thaís foi dissecando parágrafo por parágrafo, apontando as qualidades da narrativa.

Durante a finalização deste livro, mobilizei amigos de São Paulo, Santos e Cubatão na tentativa de, mais uma vez, encontrar Thaís. Deu certo! Há anos, sozinha, eu buscava notícias dela e sempre acabava esbarrando em burocracias que me impediam de conseguir. Dessa vez, no entanto, com a ajuda preciosa da jornalista da Secretaria de Estado da Educação de São Paulo, Adriana Engrácia de Oliveira Costa – que bem poderia ser detetive nas horas vagas –, finalmente recebi as informações que me levaram até Thaís. Muita gente ajudou pensando positivo enquanto mobilizávamos não só a Secretaria de Estado da Educação, mas a Diretoria Regional de Ensino de Santos e as escolas Afonso Schmidt e Jayme João Olcese, ambas de Cubatão. Foram muitos telefonemas, e-mails, mensagens de Facebook, grupos de WhatsApp.

Em 23 de abril de 2018, consegui o telefone atualizado de Thaís por meio do Facebook da filha dela, Laura Pedreira. Foi então que liguei para minha professora e, em meio às lágrimas acumuladas por 36 anos de espera, convidei-a para me ver no dia seguinte, uma vez que estaria justamente em Santos, cidade ao lado do município de São Vicente, onde ela mora, para ministrar uma palestra, às 15 horas, na unidade local do Senac.

Cheguei suando frio no evento, não só pela emoção de revê-la, mas pela sucessão de imprevistos que vivi desde que tentei sair da capital paulista, na manhã daquele dia 24. O metrô estava parado por conta de um problema técnico, o que me levou a atravessar a cidade de táxi, atrasando meu percurso em uma hora. O ônibus que peguei no Terminal Rodoviário do Jabaquara quebrou na descida da serra, obrigando-me a pegar carona em outro veículo da mesma empresa de transportes. Uma das pistas de acesso a Santos estava interditada e ainda havia milhares de caminhões atravancando o caminho entre a serra e as proximidades do porto devido à época de safra. Saí de casa às 9h e cheguei a Santos às 14h. A ideia inicial era chegar às 11h30 e almoçar com minha irmã e sobrinha, que também moram na cidade. Todo o estresse valeu a pena. Rever Thaís foi uma das experiências mais incríveis da minha vida.

Após mais de três décadas, pude dizer a ela que, graças a seu método de ensino, me tornei uma leitora voraz, o que acabou definindo meu destino como escritora. Thaís foi a primeira a me apontar o caminho e, até o fim dos meus dias, terá lugar cativo na minha memória e no meu coração.

Ana Maria e
O caso da
borboleta Atíria

Thaís foi fundamental, mas tive outros professores, bibliotecários, parentes e amigos essenciais à minha formação como leitora. Na quinta série, ano seguinte àquele em que fui aluna de Thaís, tive aula com a professora Ana Maria, que nos apresentou a incrível Série Vaga-Lume, criada pela editora Ática nos anos 1970. Uma ideia concebida e executada por uma equipe que – vim a saber décadas depois – tinha entre seus profissionais os incríveis Fernando Paixão e Jiro Takahashi, que dedicam a vida ao mercado editorial brasileiro, revolucionando o hábito de leitura de milhares de estudantes. Graças a eles e à minha professora Ana Maria, o primeiro livro que li na vida, aos 11 anos, foi o inesquecível *O caso da borboleta Atíria*, de Lúcia Machado de Almeida, com ilustrações impecáveis de Mílton Rodrigues Alves.

Li quase toda a Série pegando os livros emprestados na Biblioteca Municipal Professor João Rangel Simões, em Cubatão. Consegui comprar apenas uns três ou quatro, pois a grana era curta. Em *O caso da borboleta Atíria*, lembro-me de que a professora desprezou solenemente o encarte que vinha em todos os livros da Vaga-Lume, intitulado suplementos de trabalho, com perguntas relativas ao texto. Acho que ela até aplicou uma prova sobre o livro, mas não fez disso o assunto principal em sala de aula.

Ana Maria escolheu uma ótima história, com linguagem literária acessível, repleta de suspense, aventura e crimes misteriosos no fascinante mundo dos insetos. Precisa de mais alguma coisa para uma criança de 11 anos se apaixonar pelo livro? Tenho meu exemplar até hoje. Páginas amarelíssimas, lombada mantida por fita adesiva de ponta a ponta, folha de rosto e página de créditos rasgadas e desaparecidas, mas não importa: foi o primeiro livro que li e está aqui ao meu lado enquanto escrevo este texto.

O primeiro poema a gente nunca esquece

A professora Mercedes, da terceira série, leu um poema da página "x" do livro de português e sugeriu que quem quisesse poderia decorá-lo para declamar na frente da classe no dia seguinte. A turma, como de costume em escolas públicas, tinha uns 35 alunos. Na manhã que sucedeu o episódio, apenas eu estava lá, às 7h30, com o poema na ponta da língua, doida para declamar para todo mundo. Como a professora utilizou o verbo querer no pretérito imperfeito do subjuntivo ("quisesse"), ninguém, além de mim, sequer cogitou fazer a mesma coisa. Esse exemplo dá bem a dimensão do quanto é raro encontrar um(a) aluno(a) que, desde muito cedo, está vocacionado para a leitura e, mais do que isso, para a propagação em alto e bom som dos textos. Admito que sempre fui super Maria Aparecida. Adorava/adoro me apresentar em público. Nunca soube o que é timidez.

Assim, naquele dia, cheguei à classe já esperando a professora fazer a pergunta: "Quem decorou o poema?". No entanto, para o meu desgosto, ela nada disse e seguiu corrigindo a lição de casa no quadro negro. Fiquei arrasada, inconformada, destruída. Então, uma hora depois de a aula começada, não me aguentei e fui até a mesa de dona Mercedes tirar satisfações:

– Professora, e o poema?

Ao que ela, com cara de ponto de interrogação, respondeu:

– Poema? Que poema?

Ela tinha esquecido. Ficou espantadíssima e arregalou os olhos quando perguntei se podia declamar o tal poema. Ela, muito sem graça, respondeu que sim, claro. E lá fui eu, pulmões cheios, realizar a façanha. Tenho o texto de cor até hoje:

Carlinhos ouviu dizer

Que para ficar forçudo.

Devia muito comer

E sempre comer de tudo.

Logo o menino. coitado.

Para a despensa correu:

Muita farinha e melado

Num prato fundo comeu.

E também um queijo inteiro

Até lhe dar a fadiga.

E da sala pro banheiro

Pulou com dor de barriga.

Esse é o texto tal e qual guardo na memória. Ao procurar pelo título do poema e também sua autoria. encontrei-o em dois registros da internet. O primeiro, com uma palavra ou verso diferentes da versão de que me lembro. no blogue mantido pela professora Rosani Souza,[1] de 2014. A postagem traz, inclusive, o título do poema, do qual não me recordava: "O guloso".[2] A autoria, entretanto.

....

[1] Disponível em http://tiarosani.blogspot.com.br.
[2] Disponível em http://tiarosani.blogspot.com.br/2014/02/data-17022014-gramatica-leitura-e.html. Acesso em 19/4/2018.

aparece em outro registro que encontrei em um PDF da Biblioteca Nacional, o qual reproduz a revista infantil *Sesinho*, de 1953, criada pelo escritor de literatura infantil e juvenil – e, vejam vocês, tio do escritor Guimarães Rosa, Vicente Guimarães, que assina o poema. Na publicação, o texto é registrado com as duas últimas estrofes um tantinho diversas do que eu havia decorado:

> *Carlinhos ouviu dizer*
> *Que para ficar forçudo,*
> *Devia muito comer*
> *E comer sempre de tudo.*
>
> *Mas o menino, coitado!*
> *A lição não compreendeu:*
> *Guloso, em casa, o melado*
> *Num prato fundo comeu.*
>
> *Manjou melado e farinha*
> *Até lhe dar a fadiga.*
> *Depois, da sala à cozinha*
> *Pulou com dor de barriga!*[3]

....
3 Disponível em http://memoria.bn.br/pdf/843695/per843695_1953_00066.pdf.

Gramática da fantasia

Peguei de empréstimo o famoso título da obra do italiano Gianni Rodari, *Gramática da fantasia*, para contar a vocês sobre as aulas dinâmicas capitaneadas pela professora Dilmarilis Silva Pereira, responsável pela disciplina de português da sexta série do primeiro grau. Coube a ela encontrar uma maneira peculiar de instigar os alunos a se interessar por pontuação, acentuação, tempos verbais, preposições e afins: a cada vez que ela nos perguntava algo, o estudante que primeiro levantasse a mão e respondesse corretamente à questão ganhava um ponto.

Hoje, com a televisão repleta de inúmeros programas de competição disso e daquilo, o método da professora Dilmarilis parece arcaico até, mas, àquela época, com as escolas do estado amarradas pelas normas impostas pela ditadura militar, que havia terminado naquele ano de 1985, qualquer coisa que tirasse os alunos do tédio de aulas quase sempre bocejantes era considerada bem-vinda.

No caso da saudável competição criada por Dilmarilis, queríamos conquistar o máximo de pontos possível, de modo que, uma vez ultrapassando 10, 20 ou 30 (não me lembro exatamente quantos), ganhávamos um cobiçado ponto a mais na média bimestral. As provas dessa professora eram bem elaboradas e difíceis e, por isso mesmo, a disputa era acirrada. Ela mal terminava de fazer uma pergunta e já havia meia dúzia de alunos com as mãos levantadas.

☆☆☆☆☆

 Ocorre que entre todas as classes das sextas séries, ninguém conseguia superar a pontuação de Osvalton Cílio Souza da Silva, o Huckinho (assim apelidado por ter todos os seus cadernos e livros encapados com papel fantasia verde, cor do personagem Huck, que, naqueles tempos, era tema de um seriado transmitido pela Rede Globo de Televisão).

 Só vim a chamar Huckinho pelo nome de batismo anos depois, quando pegávamos o mesmo ônibus para a faculdade. Eu cursava jornalismo e ele, economia. Embora tenhamos nos tornado excelentes amigos na juventude, até hoje não me conformo de ter sido superada em gramática, na sexta série, por um futuro economista. Bom, a verdade é que, apesar de ser esforçada, as únicas matérias em que consegui ser a melhor da classe em todos os anos eram literatura e redação. Em exatas sempre fui um fiasco sem precedentes. Para se ter uma ideia de como eu era péssima em números, até os 34 anos tive um pesadelo recorrente: sonhava que estava fazendo prova de recuperação de matemática no último ano do ensino médio e não sabia nada. Acordava desesperada, suando, uma coisa horrível.

O foco em gramática era tão grande nas aulas de Dilmarilis que não tenho lembrança se ela também pediu que lêssemos livros da Série Vaga-Lume. O que sei é que, mesmo sem exigências escolares, li todos os "clássicos" da coleção: *A Ilha perdida* e *Éramos seis* (ambos de Maria José Dupré); *O mistério do cinco estrelas*, *O rapto do garoto de ouro* e *Um cadáver ouve rádio* (os três do grande Marcos Rey); *O escaravelho do Diabo*, *As aventuras de Xisto* e *Xisto no espaço* (de Lúcia Machado de Almeida).

A lenda da vitória-régia

Estávamos na sétima série e a escola faria diversas atividades tendo o folclore brasileiro como tema. O evento seria coordenado pela professora Ana Lúcia, de história. O fato é que coube à nossa classe encenar *A lenda da vitória-régia*. O envolvimento dos alunos em executar essa missão da melhor forma foi imenso. Não tínhamos ninguém para nos orientar, dirigir ou ensaiar. Recebemos a incumbência e pronto: a gente que se virasse para levar a tarefa a cabo. Foi o que fizemos.

Não guardei na memória se escrevemos o texto coletivamente ou se a professora nos entregou algo pronto. Só sei que, todas as tardes, íamos ensaiar em uma edícula que a mãe de uma das alunas nos cedeu. A família morava na casa da frente e, como a edícula estava vazia, seria o local perfeito para o que precisávamos: um lugar seguro, coberto, vazio. Além de nos ceder o espaço, a mãe da nossa amiga – uma senhora de cujo rosto me recordo com perfeição, mas o nome se perdeu na poeira do tempo, bem como o nome de sua filha, minha colega de classe – tinha a delicadeza de todas as tardes ir à padaria comprar dezenas de pães frescos, requeijão, manteiga e frios para nos servir no café da tarde.

Acho que nem é preciso dizer que esses cafés eram os melhores momentos daquelas reuniões. A mãe da nossa amiga dava uma trela enorme para aquele bando de pré-adolescentes: era amorosa, acolhedora, interessada, gentil. Conversava conosco olhando nos olhos, perguntava dos ensaios, das dificuldades, punha-se à disposição para ajudar. Parecia não se incomodar nem um pouco com aquele bando de estudantes invadindo sua casa todas as tardes. Vale ressaltar que, àquela altura da vida, delícias como requeijão, queijo muçarela, presunto e mortadela ainda eram iguarias luxuosas às quais raramente tínhamos acesso em minha casa.

Aliás, tudo o que dizia respeito àquele trabalho escolar era raro ou até mesmo novidade total:

- sair de casa todas as tardes;
- ensaiar uma peça tendo a responsabilidade de ser a protagonista (sim, esqueci de dizer que o papel de vitória-régia coube a mim. Não por merecimento, mas por falta de opção mesmo. Ninguém queria interpretar a índia que virou flor porque a moça possuía mais falas e, logo, dava muito mais trabalho decorar os textos);
- ser acolhida por uma família que eu não conhecia;
- comer guloseimas com frequência;
- ter de pensar em figurinos e cenários;

- ver as pernas lindíssimas do Edvaldo desfilando em shorts curtíssimos (Edvaldo era o menino que interpretava um dos índios da peça, mesmo sendo loiro. Puxa, como era bonito! Mas nunca me deu bola, apesar de eu ser a protagonista. Edvaldo só tinha olhos para a Cidinha, aluna/beldade cujo papel na peça era absolutamente secundário, mas que realmente merecia o óscar no quesito beleza).

.

Para elaborar os figurinos, precisávamos de quilos de penas. Quanto mais veracidade pudéssemos dar às roupas da tribo melhor. A solução estava a poucos metros de distância da casa onde ensaiávamos. Nossos anfitriões moravam próximos a uma granja e não foi difícil convencer o proprietário a ceder uns sacos de matéria-prima tão essencial ao espetáculo.

Minha memória da confecção das fantasias, no entanto, é quase inexistente. Até porque nessas horas eu mais enrolava do que contribuía. Sempre fui a pior aluna do planeta em trabalhos manuais. Uma inabilidade que merecia ser estudada. Imagino que me deram algo para colar e pronto. Até hoje não faço ideia de como aquele monte de penas pôde se transformar em saias, tops e cocares. Não lembro sequer se alguma mãe ajudou nesse processo. Só sei que, no dia da peça, estávamos lindos.

Finalmente chegou a data da apresentação, que aconteceu no pátio da escola. Tudo correu às mil maravilhas. No final, aplausos de todas as turmas. Estávamos esfuziantes. No entanto, tão logo voltamos para a classe, a professora tratou de nos tirar do pedestal:

– Gente, deu para ver que vocês se esforçaram muito. Cenários, figurinos, a classe toda participando e coisa e tal. Mas, sinceramente, não deu para ouvir quase nada do que diziam. É teatro, gente! Vocês precisavam ter projetado mais a voz. Os diálogos tinham de ser ouvidos pela plateia. Da próxima vez, prestem atenção nisso.

Um balde de água fria. Até hoje a única explicação que encontro para todas aquelas palmas dos alunos das outras turmas é que eram dirigidas às pernas do Edvaldo e da Cidinha. Na peça mesmo acho que ninguém prestou muita atenção. Faltou experiência e um ensaio final nas dependências da escola, só assim a professora poderia ter dado essa dica sobre a projeção de voz antes de termos pago aquele mico. Mas nada foi em vão. Nos divertimos e aprendemos muitíssimo com aquela trabalheira. Estou certa de que cada aluno daquela peça levou para a vida esse ensinamento. Afinal, de nada adianta fazer um trabalho no qual empregamos doses enormes de ideias, criatividade, tempo, esforço e amor, se a gente não "projetar a voz" para levá-lo às pessoas, ninguém vai entender ou valorizar o que fizemos.

Seu Elsio e o Bruxo do Cosme Velho

"Sempre imaginei que o paraíso fosse uma espécie de biblioteca." A máxima de Jorge Luís Borges segue sendo perfeita para definir a relação de muitos leitores, escritores e apaixonados por livros como uma das instituições mais necessárias e, paradoxalmente, menos valorizadas para a formação de leitores: a biblioteca.

No Brasil, a maioria dos municípios já dispõe de bibliotecas públicas. Números do Ministério da Cultura, de 2016, indicavam que dos 5.570 municípios do país, 112 não contam com espaços públicos de leitura – embora o Brasil disponha de 6.701 bibliotecas públicas já cadastradas e cerca de 3 mil comunitárias.[4] Tais números não revelam, no entanto, de que modo esses espaços são gerenciados, estruturados, preparados para receber seus acervos e seu público. Será que os profissionais que neles atuam são devidamente capacitados? E as condições físicas/estruturais desses locais? Serão condizentes com as

---

[4] Akemi Nitahara. "Brasil ainda tem 112 municípios sem bibliotecas públicas". Disponível em http://agenciabrasil.ebc.com.br/cultura/noticia/2016-01/brasil-ainda-tem-112-municipios-sem-bibliotecas-publicas. Publicado em 3/1/2016. Acesso em 7/3/2018.

necessidades de uma biblioteca? E quanto aos acervos? Serão realmente cadastrados e expostos de maneira adequada? Seria maravilhoso se essas bibliotecas de fato tivessem um selo de qualidade.

O tema é complexo e rende, por si só, um livro inteiro. Por isso mesmo, nosso objetivo aqui é apenas trazer à tona o quanto a capacidade de iniciativa, observação e ousadia de um único funcionário de uma biblioteca pode modificar significativamente a vida de um leitor. Nesse contexto, compartilho, sob a forma de roteiro – só para variar um pouco o estilo do texto – uma memória essencial à minha formação como leitora:

Biblioteca Municipal Professor João Rangel Simões, Cubatão, interior, dia.

Goimar é uma estudante de quinze anos, baixinha, magrinha, morena. Está abrindo várias gavetas do fichário da Biblioteca Municipal de Cubatão, que frequenta semanalmente para fazer trabalhos escolares e pegar livros emprestados. Naquele dia, percebe que precisa de ajuda qualificada e, por isso, abandona o fichário e caminha até o balcão da recepção para pedir auxílio.

Balcão da recepção da biblioteca. Interior. Dia.

GOIMAR – Oi, seu Elsio. Tô com um problema: já li quase toda a série Vaga-Lume e agora queria ler uma coisa diferente, mas não sei o quê. O senhor tem alguma coisa pra me indicar?

ELSIO – Hummmm... Você já leu Machado de Assis? Ele tem um livro ótimo que se chama Dom Casmurro.

Fade out[5] com texto indicando passagem de tempo:

30 anos depois...

Sala da Casa de Goimar. São Paulo. Interior. Dia.

Plano médio de Goimar digitando de modo frenético em seu laptop, rodeada de estantes de livros. Sobre a mesa, cercando o laptop, estão outros livros, cadernos, anotações.

Close na tela do laptop onde vemos que ela escreve o título de um texto:

"A arte de criar leitores: reflexões e dicas para uma mediação eficaz."

Em seguida, closes simultâneos na tela do laptop e no dedo indicador de Goimar, que, apertando a tecla do cursor, vai passando as páginas do texto até chegar aos primeiros parágrafos do seguinte trecho do livro:

"Seu Elsio e o Bruxo do Cosme Velho".

Fade out:

Fim

....
5 Termo em inglês que significa desaparecimento gradativo da visibilidade de uma imagem no final de uma sequência; escurecimento.

Pronto, o roteiro que acabamos de concluir
é curto, mas, para bons entendedores, sabemos
que pingo é letra, certo?

Mesmo assim, para que não restem
dúvidas, vamos destrinchá-lo mais um pouco,
dessa vez abrindo mão da linguagem cinematográfica
e voltando à literária: como teria sido meu percurso de
leitura se seu Elsio Pinto da Rocha, que ainda hoje trabalha
na mesma biblioteca, prestes a se aposentar, não tivesse
me indicado a leitura do romance mais famoso do Bruxo do
Cosme Velho naquela tarde longínqua de 1987?

Eu tinha 15 anos e ainda cursava a antiga oitava série,
pois fui reprovada em matemática na quinta, após
me distrair na prova de recuperação final trocando
potenciação por multiplicação e conseguindo,
com isso, errar um exercício inteiro. Registre-se
que se tratava da oitava série de uma escola
noturna porque no ano anterior meu pai havia
falecido e tudo lá em casa se desestabilizou.
Então, até as coisas entrarem nos eixos, achei que
deveria trabalhar. Resumindo: nunca tinha ouvido falar
de Machado de Assis.

Seu Elsio, que não sabia de nada disso, me conhecia
dos anos anteriores, nos quais passava muitas tardes
pesquisando para os trabalhos escolares e retirando
livros da Série Vaga-Lume. Para ele era o suficiente:
estava convicto de que eu era uma leitora interessada,
curiosa, frequentadora assídua do lugar e que,

por isso, merecia um voto de confiança. Apostou alto. Poderia ter dado tudo errado. Mas não deu. Ao contrário, me apaixonei em definitivo pelo Bruxo do Cosme Velho. Sua linguagem primorosa, suas metáforas criativas, seu vocabulário do século XIX, enfim, me fascinaram em vez de me assustarem. Mas por quê? Isso é um mistério. O mistério que permeia cada livro existente no mundo. Por que alguns amam determinada obra e outros a odeiam ou simplesmente não veem nada atraente nela? O amor – ou o desprezo absoluto – pelo livro é algo altamente subjetivo, conectado a um sem-número de instâncias e motivos acessíveis apenas aos leitores.

Podemos, é verdade, fazer uma tentativa, um exercício de adivinhação elencando fatores como gosto pessoal, contexto de vida, experiências anteriores de leitura, ausência de repertório, interesse/desinteresse pelo tema, tipo de narrativa, linguagem, contexto histórico, capacidade/incapacidade de concentração para textos em que se exige mais do leitor, etc. O fato é que é raro encontrar respostas precisas sobre o porquê de um texto exercer fascínio ou descaso diante desse ou daquele leitor.

Assim, entender como uma menina de 15 anos, inserida em um lar desprovido de livros, estudando em colégio público noturno, despreparada do ponto de vista de repertório cultural, conseguiu pular da Série Vaga-Lume – de linguagem contemporânea e tramas superdinâmicas criadas sob medida para conquistar leitores pré-adolescentes – para um romance de enredo altamente psicológico e complexo publicado em 1899 continua uma incógnita. Ainda assim, é possível pelo menos saber que se a menina amou o texto, o autor, a trama, os cenários e tudo o que diz respeito àquela obra, isso só aconteceu por um motivo muito simples: alguém ofereceu o livro a ela.

Os discos de terror de Edgar Allan Poe

Um ano após minha primeira incursão pelo texto machadiano, entrei no antigo colegial/segundo grau – atual ensino médio – da então excelente Escola Estadual de Segundo Grau Professor Primo Ferreira, em Santos, no curso técnico de tradutor e intérprete. O primeiro ano era básico, com todas as disciplinas tradicionais do ensino médio. Já o segundo e o terceiro eram voltados às matérias técnicas propriamente ditas. Tínhamos nove aulas de português por semana, oito de inglês, duas de francês e duas de alemão. As aulas de português eram divididas em literatura, redação, fonética, linguística, morfossintaxe e estilística. Para isso, tínhamos quatro professoras de português (as disciplinas de fonética e linguística eram ministradas pela querida Enize Simões Mossini).

A gente brincava dizendo que só tínhamos o tradutor e nunca o intérprete, pois era evidente que o foco do curso era a tradução de textos, em detrimento da conversação. Enfim, nada é perfeito. O colégio era estadual e enfrentava greves frequentes. Nossa professora de alemão adoeceu logo no começo do curso e demoraram quase um ano para conseguir uma substituta. No frigir dos ovos, porém, foi um curso ótimo. As aulas de português eram excelentes. Meu vocabulário de inglês aumentou exponencialmente e adquiri noções básicas de francês que, anos depois, facilitaram muito minha vida no curso da Aliança Francesa, em Santos.

Uma das coisas inesquecíveis eram as aulas de inglês nas quais ouvíamos os discos de vinil – sim, isso mesmo, discos – com narrações de contos de terror do escritor americano Edgar Allan Poe, em estilo rádio-novela, com direito a efeitos sonoros como trovoadas, gritos, sussurros, barulho de chuva, miado de gato, etc. Não tenho ideia de como a escola conseguiu esses vinis em pleno final da década de 1980, mas eram sensacionais. Lembro até hoje da voz do ator que narrava o conto que veio a se tornar meu preferido de Poe: *The tell-tale heart* (O coração delator).

Aquilo era um exercício e tanto e ajudava muito na hora de traduzirmos os textos do autor, que recebíamos em cópias datilografadas. Até hoje fico pasma quando lembro que traduzíamos Poe com 16, 17 anos de idade. Passamos semanas destrinchando parágrafo por parágrafo de *O coração delator*. Ainda guardo uns trechos na memória. Depois vieram outros contos do escritor: *The black cat* (O gato preto) e *The cask of Amontillado* (O barril de Amontillado) – tão impactantes quanto o primeiro.

Augusto dos Anjos antes do lanche

Ela tinha cerca de um metro e meio de altura, cabelos curtos pintados de uma cor entre o castanho e o loiro escuro, olhos pequenos, com óculos de armação leve, metalizada. Gostava de declamar os versos tétricos e, por vezes, um tanto escatológicos do grande Augusto dos Anjos poucos minutos antes da hora do intervalo. Dizia: "É para abrir o apetite de vocês", e sorria, matreira. Chamava-se Regina e era nossa professora de literatura no curso de Tradutor e Intérprete. Coube a ela nos apresentar os românticos, os realistas, os simbolistas, os modernistas. Apaixonei-me por Augusto dos Anjos, a ponto de decorar seus poemas mais conhecidos.

Quase trinta anos depois, sigo declamando esses poemas, juntamente com outros de Carlos Drummond de Andrade, Castro Alves e Manuel Bandeira, no sarau *Veias em versos*, que costumo apresentar em escolas e onde mais me convidem.

Independentemente da escola literária que estivéssemos estudando, ela dividia a classe em grupos para que cada um pudesse apresentar uma peça de teatro baseada em algumas das obras que havíamos lido no bimestre. Ao longo do segundo colegial, interpretei a personagem Carolina, protagonista do romance *A moreninha*, de Joaquim Manuel de Macedo; a menina Zélia Gattai em *Anarquistas, Graças a Deus*, biografia maravilhosa escrita por Zélia; e, finalmente, a infeliz Ismênia, de *Triste fim de Policarpo Quaresma*, clássico de Lima Barreto.

Os heterônimos de Fernando Pessoa

As vezes acho que o ator Ayrton Salvagnini deve ter sido pura criação da minha imaginação. Explico: na mesma escola Professor Primo Ferreira, onde cursei o técnico em tradutor e intérprete, havia um teatro com capacidade para umas 130 pessoas, melhor até do que muito município que não dispõe sequer de uma salinha para apresentações teatrais.

Era lá que a gente apresentava as peças baseadas nos livros que líamos para a disciplina de literatura. E foi ali, também, que assistimos a duas performances de Salvagnini, cujo trabalho era apresentar em escolas de ensino médio peças fundamentadas nas obras de grandes autores. Tive a sorte imensa de vê-lo em *Os heterônimos de Fernando Pessoa*, espetáculo no qual, sozinho, interpretava Álvaro de Campos, Alberto Caieiro, Ricardo Reis e o próprio Fernando Pessoa. Eu nem piscava. Aliás, ninguém piscava. Quem ousaria? Quem poderia? Aquilo não era um homem, era uma força da natureza.

Depois, foi a vez de vê-lo em uma peça que trazia poemas e músicas de Vinicius de Moraes. Ao final, Salvagnini conversou com o público dizendo que aquela era sua única superprodução, uma vez que, ao contrário dos demais espetáculos, nos quais só ele atuava, aquele sobre Vinicius contava com duas pessoas em cena: ele e o rapaz que o acompanhava ao violão.

Na época, soube que ele fazia uma interpretação magistral do conto *Meu tio, o Iauaretê*, de Guimarães Rosa, e também do *Sermão da Sexagésima*, do Padre Antônio Vieira. Fiquei curiosíssima para ver esses e outros trabalhos dele, mas, não sei por quê, Salvagnini não chegou a apresentá-los na escola – pelo menos durante os três anos em que passamos lá. O mais provável é que a verba deveria ser restrita e acabaram escolhendo apenas as duas apresentações mais condizentes com o que estávamos estudando e com o que fora pedido no vestibular naqueles anos.

Saíamos dos espetáculos enlevados, tomados por aquela sensação rara que nos acomete quando nos deparamos com a arte em essência, seja um filme, uma música, um quadro. Arte capaz de abrir portais, nos tirando do real, da vida chã, do cotidiano tacanho. Na minha memória, Salvagnini era um homem alto, branco, cabelo ralo entre o loiro e o castanho, mesmo tom da barba, olhos pequenos. Quando interpretou um dos heterônimos de Pessoa, usou uma bata de cor clara e calça preta (isso pode ser trapaça da minha memória, enfim, mas foi essa a imagem que guardei). Era muito charmoso e sabia disso.

Quando interpretou Vinicius, sentado em um banquinho, deixou aberto alguns botões da camisa e, durante as canções e poemas, por vezes, passava a mão no peito e olhava a plateia com os olhos rasos d'água – uma explosão de sentimentos, como bem pediam os textos do poeta.

Depois de conferir sua interpretação de Pessoa, li tudo o que encontrei do poeta português. Fiz o mesmo com Vinicius de Moraes. Nesse contexto, fica evidente que Ayrton Salvagnini atuou como um grande mediador de leitura nas duas vezes nas quais esteve com a minha turma. Descobri, escrevendo este texto, que ele mora na mesma cidade que eu, São Paulo, e que segue atuando. Até o término deste livro, o último vídeo postado no

YouTube com um trabalho dele data de julho de 2017. Trata-se de um poema de autoria do ator intitulado *Aos meus companheiros*. Assisti a muitos dos vídeos disponíveis e fiquei emocionada em vê-lo mais de trinta anos depois e com a mesma paixão ao interpretar.

Descobri, por meio da internet, que, nos anos 1990, criou outras tantas peças, entre elas uma sobre a Semana de 22 e outra sobre Sócrates. No YouTube é possível ver trechos de seus espetáculos, um deles, adorável, em que ele surge como Adoniran Barbosa. Que nostalgia imensa ao deparar com Salvagnini ali, ao toque de um clique. O mesmo cabelo ralo, apenas nas laterais da cabeça. Algumas rugas inevitáveis após mais de três décadas, mas a mesma capacidade de entrega em suas interpretações, a mesma energia poderosa que o tornou ímpar já na primeira vez em que o vi.

Adoraria poder agradecer a ele por dois dos melhores espetáculos a que assisti na vida. Descobri que ele tem Facebook e acabei de enviar solicitação de amizade. Quando estiver prestes a lançar este livro, irei convidá-lo para o evento. Será que ele vai?

O operário que venceu os engenheiros

Mas e na minha casa? Já disse que não havia o hábito da leitura de livros por lá. Mas... bem, trata-se de um "mas" bastante considerável e que merece alguns parágrafos. Meu pai, Pedro Dantas da Silva, cursou até a terceira série primária em uma escola localizada na roça, na Serra do Bom Bocadinho, divisa do Rio Grande do Norte e da Paraíba. Ou seja: a "escola" era, na verdade, a sala da casa de uma professora abnegada que reunia crianças da região e as ensinava a ler e a escrever. Já minha mãe, Maria Onélia de Souza Dantas, cursou até a sétima série, em Japi, no Rio Grande do Norte e, por isso, a consideravam altamente capacitada para dar aulas. Fez isso muitos anos.

Quanto ao meu pai, a despeito da escassa formação educacional e do alcoolismo, era um leitor ávido de jornais. Amava assistir ao noticiário. Volta e meia, depois de ter tomado umas e outras, interrompia o jantar para me fazer perguntas de português e geografia.

— Assassino se escreve com quantos esses?

Ou: – Quantos estados tem o Brasil? – Eu respondia e, ainda assim, ele não se dava por satisfeito. – Certo, mas isso é muito fácil. Agora me diga o nome de todos os estados e capitais.

Meu pai sempre dizia que, se tivesse tido chance de estudar, teria cursado jornalismo.

Certa vez, chegou em casa contando vantagem. Havia feito uma prova de conhecimentos gerais na empresa onde trabalhava e todos os funcionários puderam participar, sem discriminação hierárquica: de simples operários como ele até os engenheiros mais qualificados. Explicou tudo isso, encheu o peito e disse: – Consegui o primeiro lugar na prova. Aquele bando de engenheiros metidos a besta não sabe nem que a capital do Canadá é Ottawa. – E riu se achando a última bolacha do pacote. E era mesmo, ora bolas. Essa historinha familiar me mostrou exatamente quem seria meu pai não fosse a falta de estudos e o alcoolismo: um grande jornalista. Curioso e movido pelo desejo de aprender. Alguém que só não lia livros porque jamais teve acesso a eles. Morreu cedíssimo, aos 42, quando eu estava prestes a completar 14 anos. Muito antes que eu pudesse apresentar o universo dos livros a ele.

Meses depois de sua morte, mexi em uma pasta na qual ele guardava documentos e acabei encontrando uma pequena caderneta em que ele anotava coisas curiosas que lera nos jornais, como números de leis. No entanto, só guardei na memória a anotação que mais me comoveu. Dizia o seguinte: "Candido Portinari foi o maior pintor do Brasil".

Perdi meu pai muito jovem, mas deu tempo de receber a melhor herança que ele poderia ter me deixado: o desejo profundo de aprender.

A literatura infantojuvenil na sua idade de ouro

Quando surgiu a literatura infantojuvenil? Difícil precisar com exatidão, mas os estudiosos da área acreditam que tudo teve início com os contos populares provenientes do folclore dos diferentes países do mundo. Esses contos foram progressivamente afinados e adaptados para os leitores mirins.

Como vimos com mais detalhes no capítulo sobre os contos de fadas, os contos clássicos pioneiros que vieram das narrativas populares foram recolhidos e publicados por nomes como Charles Perrault e os irmãos Jacob e Wilhelm Grimm. Eram contos cruéis, muito violentos. Narrativas que, se criadas originalmente nos dias de hoje, seriam possivelmente recusadas pelas editoras, uma vez que os processos civilizatórios vão tornando essa violência incompatível com o que se apresenta às crianças na atualidade.

Precisamos atentar, ainda, para o próprio conceito de infância que só apareceu para a sociedade após a Revolução Francesa. Antes disso, a criança era muitas vezes tratada como um adulto em miniatura.

Foi no século XVIII que ocorreu o período de afirmação efetiva da infância. A criança passou a ser reconhecida como agente social. Precisava ser alfabetizada, formada, educada. E no século XIX, passa-se a compreender que a criança precisava de atenção e de um discurso específico em torno dela. Era a criação do chamado "mito da infância", ou "idade de ouro do ser humano". Data desse século a preocupação com uma leitura que serviria à infância.

Finalmente, o século XX trouxe consigo a visão mais apurada da qualidade específica de ser criança ou adolescente. Surgiram os livros de caráter didático com o objetivo claro de preparar crianças e jovens para a sua inserção na sociedade.

Assim, a literatura infantojuvenil tem algo em torno de cem anos – o que, vamos e venhamos, representa pouco em termos históricos. É como se estivéssemos dando os primeiros passos, caindo e levantando, aprendendo com os erros e acertos, tentando criar algo significativo com base em contextos, vivências, histórias de cada país, região, autor.

Por enquanto, a verdade é que a LIJ existe com base nos valores que os adultos desejam transmitir às crianças. E muito do que se produz é moldado com base em conteúdos, debates e discussões determinados pela escola.

João Felpudo, Juca e Chico

Graças aos pesquisadores europeus, temos acesso às recolhas que originaram a publicação dos contos de fada e outros textos clássicos. Devemos também à Europa a publicação, ainda no século XIX, de alguns livros que ganharam a alcunha de "transgressores" devido ao caráter ousado, inovador e original de suas histórias. Escolhemos dois exemplos tidos pelos estudiosos da LIJ como os mais representativos desse período. O primeiro é *Der Struwwelpeter*, traduzido no Brasil como *João Felpudo: ou histórias divertidas com desenhos cômicos do Dr. Heinrich Hoffmann*, de autoria do médico psiquiatra e pensador liberal alemão, publicado na Alemanha em 1845. No Natal de 1844, Hoffmann (1809-1894) procurou um livro para presentear seu filho Carl, então com 3 anos. Ocorre que o médico não gostou do que viu nas prateleiras das livrarias e resolveu, ele mesmo, escrever uma história para o filho (HOFFMANN, 2011, p. 5).

De acordo com a tradutora Claudia Cavalcanti – que também assina a apresentação dessa obra publicada em 2011 no Brasil pela editora Iluminuras –, com o incentivo dos amigos, Hoffmann publicou o texto no ano seguinte, com uma tiragem de 1.500 exemplares. Teve início um fenômeno editorial que entraria para a história da Alemanha. Em 1876, a obra chegaria à 100ª edição e, em 1898, à 200ª. Mas isso não foi tudo, o texto continuou sendo sucesso e já passou das quinhentas edições, só em alemão. Quanto às traduções, foram mais de quarenta, contando a tradução para o português brasileiro, nos séculos XIX e XX, tendo como tradutores nomes como Olavo Bilac (1865-1918) e Guilherme de Almeida (1890-1969).

O livro conquistou crianças e adultos certamente pelo caráter transgressor. Em uma época em que as publicações traziam sempre crianças exemplares, limpas, bem-comportadas e, portanto, irreais. Longe dessa idealização dos pequenos, os personagens de Hoffmann não economizam nas traquinagens, provocações, desobediência, criatividade, complexidade e rebeldia. Daí a forte identificação que a obra provoca em meninos e meninas, mas sem deixar de encantar os adultos.

Teimosia, desobediência, preconceito, crueldade: as crianças nascidas da pena de Hoffmann, que, ao final de suas travessuras, tinham como castigo a morte, afogamentos, dedos decepados, mordidas de cachorro e banho de tinta, teriam – assim como os contos de fadas – muita dificuldade de, hoje, encontrarem uma editora para suas histórias. Nesses tempos em que a valorização do politicamente correto e do moralismo muitas vezes parece ser ainda mais acentuada do que no século XIX, é possível que Hoffmann não só deixaria de ser publicado como teria de responder a processos.

Já em 1865, mesmo ano de lançamento de *Alice no País das Maravilhas*, temos a publicação de *Juca e Chico: história de dois meninos em sete travessuras*, do alemão Wilhelm Busch (1832-1908). Tendo por título original *Max und Moritz*, trata-se de um dos primeiros textos infantis fundamentados em uma temática repleta de irreverência e provocação.

Em 1915, o livro foi publicado no Brasil pela Editora Melhoramentos, com tradução de Olavo Bilac, sob o pseudônimo de Fantásio. Uma tradução deliciosa, diga-se. Aliás, como bem lembra o escritor Rodrigo Lacerda, que assina a apresentação da obra pela Editora Pulo do Gato (2012): "E há quem diga que Bilac é sempre empolado...". Além da temática ousada envolvendo dois meninos travessos que fogem ao estereótipo dos protagonistas bem-comportados da época, o livro tem uma linguagem bastante inovadora que remete às histórias em quadrinhos e ao cinema. O texto é composto por rimas, recurso que privilegia a musicalidade e o ritmo, e o enredo traz dois meninos endiabrados que desafiam a autoridade dos adultos, expondo esses personagens mais velhos ao ridículo.

O autor utiliza da transgressão ilimitada de seus personagens para fazer uma crítica ao conservadorismo, à burguesia, à burocracia, à vaidade, à vida medíocre e tediosa. Ao contrário dos adultos que surgem na trama, Juca e Chico são criativos, inventivos e *experts* em quebrar regras e burlar leis, assim como outros personagens famosos da literatura, como Tom Sawyer, de Mark Twain; Emília, de Monteiro Lobato; Peter Pan, de Jamie Barrie; Matilda, de Roald Dahl; e Pipi MeiaLonga, de Astrid Lindgren.

Apesar do fim trágico que reservou aos protagonistas Juca e Chico, o autor Wilhelm Busch segue como um subversivo da LIJ. Para o editor Samuel Leon, um dos participantes do debate *Juca e Chico: irreverência e provocação na literatura infantil – dois diálogos a partir da obra de Wilhelm Busch*, realizado no Instituto Goethe, em São Paulo, em 1º de março de 2016, "O autor não escapa de um certo momento histórico, uma pedagogia da época. A maldade é resolvida do ponto de vista social: o autor tranquiliza o leitor com a morte dos dois meninos".

Já o psicanalista Christian Dunker, também presente no debate, fez uma análise de algumas metáforas da trama, composta por uma sequência de travessuras. Na primeira delas, os meninos prendem três galinhas e um galo da viúva Chaves com uma armadilha cruel e engenhosa que faz as aves ficarem entaladas com as iscas dispostas pelos meninos. Amarradas umas às outras, pulam num galho seco e, uma vez presas ali, agonizam. "É uma metáfora do que é uma comunidade. Estamos todos amarrados", afirma Dunker. Vejamos um extrato do trecho em questão, presente em Busch:

> *Até que desesperados,*
> *Voam e ficam pegados*
> *A um galho seco. Que horror!*
> *Perderam as forças e a cor;*
> *Ficam roucos; fazem só,*
> *Quase sem voz: có...có...có...*
> (BUSCH, 2012, s/p.)

O livro segue e, na terceira travessura, Juca e Chico serram parcialmente uma tábua que servia de ponte sobre um riacho. A estripulia faz com que o alfaiate da vila, que morava em frente à tal ponte improvisada, caísse e quase morresse afogado. Dunker nos lembra que "[...] àquela época os alemães se achavam culturalmente inferiores aos franceses. Então, o alfaiate, que é símbolo do bem-vestir, cai da ponte e se molha todo". Vejamos, na tradução encantadora de Bilac, o trecho em que o pobre homem é apresentado aos leitores:

Havia um homem na aldeia,
Alfaiate de mão-cheia.
Jaquetas para o serviço,
Fraques de bolso postiço,
Calças, roupas domingueiras,
Coletes com algibeiras,
Paletós-sacos de alpaca,
Rabona ou sobrecasaca,
Blusa, capa, sobretudo,
Casaca de rabo – tudo
Sabia fazer com arte
O alfaiate Brás-Duarte.

(BUSCH, 2012)

Na quarta travessura, as crianças atacam o professor da aldeia, o qual, além de educador, é também sacristão. Ou seja, a um só tempo, Juca e Chico aprontam com um representante de duas instituições: a escola e a igreja. E, assim, a obra caminha sem deixar pedra sobre pedra, até que os meninos, literalmente, são moídos e viram farinha ao fim da história, sem ninguém que lamente por eles na vila.

Os livros são reflexos de sua época, de seu contexto social. Ainda sobre a questão da violência nas narrativas infantis, o próprio Monteiro Lobato, para ficarmos no exemplo de um escritor nacional, teria muitas passagens de sua obra inviabilizadas pelos padrões editoriais de hoje. Basta lembrar que Pedrinho e Peter Pan chegaram às vias de fato com Popeye em *Memórias da Emília*. Vejamos a descrição da peleja:

Ah! Que tourada bonita! Os dois meninos espinafrados caíram de murros em cima do marinheiro encouvado [sic], como cães faminto que se lançam ao mesmo osso. Foi murro de todas as bandas, de todos os jeitos e todos os calibres. Popeye virou peteca. Um soco de Pedrinho o jogava sobre Peter Pan. Vinha o soco de Peter Pan que o arremessava sobre Pedrinho. E naquele vaivém ficou Popeye por dois minutos, enquanto a criançada em redor batia palmas e gritava:

"Outro! outro! Um murro nos queixos agora!..." (LOBATO, 1960, pp. 92-93)

Durante muito tempo, brigar na rua era algo corriqueiro entre crianças. Quem está na faixa dos 40 anos recorda-se de que nas décadas de 1970 e 1980 não havia semana em que pelo menos dois meninos não saíssem no tapa na porta da escola. Eram os tempos do chamado "Te pego lá fora". Toda sala de aula tinha um valentão. Até mesmo entre as meninas as brigas, apesar de menos comuns, não chegavam a ser raras. E dá-lhe puxada de cabelo – geralmente por conta de fofocas ou disputa por namorados.

LIJ ganha impulso no Brasil e no mundo

O século XIX teve um papel importante para a consolidação da LIJ graças ao lançamento de publicações que se tornaram clássicos, como *Alice no País das Maravilhas*, *Pinóquio*, *João Felpudo* e *Juca e Chico: histórias de dois meninos em sete travessuras*. Já no início do século XX, foram inauguradas as primeiras bibliotecas infantis do mundo. Deu-se início à definição de critérios para a seleção de livros e a origem dos primeiros estudos sobre literatura infantojuvenil.

Em 1918, por iniciativa dos Estados Unidos, constituiu-se um comitê para criar bibliotecas infantis nas zonas destruídas pelas guerras na Europa. Uma das mais importantes foi L'Heure Joyeuse (A Hora Feliz), inaugurada em 1924, em Paris. A biblioteca existe até hoje e, ao entrar no site, vemos que ali os profissionais não só fazem uma seleção qualitativa de livros como também buscam soluções criativas para interagir com as crianças. Os espaços e os ambientes são cuidadosamente pensados para atrair os pequenos, trazendo pinturas, pôsteres, móveis adaptados, hora do conto, livros acessíveis, além de projetos que incluam os pequenos na gestão da instituição e no auxílio dos profissionais que atuam no local.[1]

Com o passar dos anos, educadores, bibliotecários, editores, autores começaram a criar condições de discussão sobre livros infantis e juvenis. Por sua vez, as instituições onde trabalham esses profissionais tentam, cada qual à sua maneira, atuar no incentivo à formação de leitores. Mas além das instituições de caráter educativo e do mercado editorial, há ainda a família, que tem – ou pelo menos deveria ter – um papel importante na formação de leitores. A maioria da literatura infantil e juvenil, por assim dizer, vem sendo constituída aos poucos, fundamentada nas experiências desses agentes sociais e nas respectivas reflexões, dúvidas, erros e acertos acerca de seu conceito e suas implicações. Quem está imerso nesse contexto, seja educando, editando, produzindo literatura, adquirindo e divulgando acervos, mediando, enfim, precisa estar constantemente levantando questões a respeito do seu principal material de trabalho, estudo, pesquisa, prazer:

✳ O que caracteriza um livro de LIJ de qualidade?

✳ Trata-se de uma literatura dirigida apenas às crianças?

✳ Quem são seus autores, receptores, mediadores e como atuam?

✳ Qual a finalidade dos livros de LIJ? Ou melhor: precisam ter uma finalidade?

✳ O que torna um livro de LIJ um clássico?

✳ Quais as especificidades da LIJ?

✳ Como definir a LIJ, afinal?

No que se refere ao Brasil, devemos muito dos avanços da LIJ e do setor editorial à ousadia, criatividade e senso empreendedor do

---

[1] De acordo com informações do site, o local dispõe de 20 mil exemplares, entre os quais 1.000 são voltados para crianças de 0 a 3 anos; 2.500 CDs e livros CDs (contendo canções e contos); 500 DVDs; 300 livros voltados ao público adulto (pais) e 500 voltados aos profissionais da educação. Disponível em http://equipement.paris.fr/bibliotheque-l-heure-joyeuse-2882. Acesso em 13/3/2018.

editor e escritor Monteiro Lobato, que, já nas décadas de 1920 e 1930, não se conformava com o marasmo editorial vivido no país em relação à publicação de livros infantis. Em carta a seu amigo Godofredo Rangel – mais tarde reunidas na publicação *A barca de Gleyre* (2010) –, Lobato já manifestava o desejo de escrever algo de que as crianças gostassem.

> As fábulas em português que conheço, em geral traduções de La Fontaine, são pequenas moitas de amora do mato – espinhentas e impenetráveis. Um fabulário nosso, com bichos daqui em vez dos exóticos, se feito com arte e talento dará coisa preciosa. Fábulas assim seriam um começo da literatura que nos falta. Como tenho um certo jeito para impingir gato por lebre, isto é, habilidade por talento, ando com ideia de iniciar a coisa.
> *Fazenda, 8 de set. 1916.*
> (AZEVEDO et al., 2001, p. 96)

Em 1920, Lobato escreveu *A menina do narizinho arrebitado*, obra que fez história na literatura infantil no Brasil. A segunda edição do livro, publicada em 1921, já sob o título de *Narizinho arrebitado* que, incluindo aventuras inéditas, foi adotada para uso no segundo ano do antigo curso primário das escolas públicas de São Paulo. Nessa época, a publicação já saiu com a tiragem recorde de 50 mil exemplares, inaugurando o início da literatura de qualidade para crianças e jovens no Brasil.

Lobato foi pioneiro no mercado editorial, precursor na indústria da venda porta a porta, na preocupação com vendas governamentais, na confecção caprichosa do projeto gráfico, com capas e ilustrações atraentes.

> Os nossos editores imprimem seiscentos exemplares de um Machado de Assis, de um Euclides da Cunha, de um Bilac, enfiam-nos nas prateleiras de duas ou três livrarias do Rio e daqui de São Paulo, e ficam pitando, à espera de que o morador do Amazonas, de Pernambuco, da Bahia, de Porto Alegre etc., tome um navio e viaje uma semana, só pelo incoercível desejo de vir aqui comprá-los! [...]

> Livro é sobremesa: tem que ser posto debaixo do nariz do freguês, para provocar-lhe a gulodice [...]. Deve-se enfiar o livro nas mãos do possível comprador, meio à força, como fazem os cambistas sabidos com os bilhetes de loteria. (AZEVEDO et al., 2001, p. 131)

Mas não foram só de vendas porta a porta e também em livrarias que a obra lobatiana chegou às mãos dos leitores. Ciente da importância da distribuição desses livros nas escolas, o escritor não perdia a oportunidade de fazer todo o possível para conseguir vender grandes quantidades de seus títulos. Mesmo que, para isso, tivesse de modificar o texto para agradar seus compradores.

Exemplo disso se deu no caso de *A menina do narizinho arrebitado*, edição de 1920, que incluía passagens descartadas em versões posteriores, como "a irreverente cena em que um Fr. Louva a Deus dá a extrema-unção a uma barata moribunda" (LAJOLO & ZILBERMAN, 2017, p. 20).

Marisa Lajolo e Regina Zilberman informam que a omissão dessa passagem se deveu à carta recebida por Lobato e redigida por seu amigo Lourenço Filho, então diretor da Instrução Pública do Ceará e professor da Escola Normal de Fortaleza. A correspondência alertava para o desagrado das autoridades educacionais com a irreverência religiosa e os consequentes riscos de um possível encalhe do livro. Vejamos a carta:

> Lobato,
>
> V. não tem razão. A essa hora já terá recebido o jornal com a nota oficial da aprovação e adoção dos seus livros, bem como do Dr. Doria.
>
> E veja como V. é ingrato: o único embaraço na minha ação, aqui, foi exatamente o resultado da aprovação de *Narizinho arrebitado*. O clero me moveu tremenda guerra, sob o pretexto de que a adoção do livro visava ridicularizar a sagrada religião católica. Foi preciso, para manter a aprovação, que eu inventasse haver uma segunda edição, sem os inconvenientes da primeira.

> Lembra-se você de que lhe falei sobre aquele tópico do frei com os sacramentos etc. Este tópico, aí mesmo, ofendeu a muitos professores. V. só terá vantagens em suprimi-lo, quando reeditar o livro.
>
> [...] Abraços. Saudades aos camaradas.
>
> *Lourenço Filho.*
> (LAJOLO & ZILBERMAN, 2017, p. 20)

Lobato seguiu à risca a sugestão do amigo e, nas edições seguintes, suprimiu essa passagem. As professoras Lajolo e Zilberman acreditam, ainda, ser esse, provavelmente, o primeiro gesto de reescrita da obra de Lobato ao longo de suas inúmeras reedições. A prova de sua autocrítica e rigor textual pode ser vista, ainda hoje, em exemplares disponíveis na Biblioteca Infantil Monteiro Lobato, que mantém, em sua coleção de obras raras, um acervo específico referente à vida e obra do autor. É constituído por livros, fotografias, mobiliário, objetos pessoais e correspondências, totalizando 4.500 itens.

Em meio a esses títulos raros, tive oportunidade de ver, em visita realizada em 2010, exemplares de edições antigas dos livros do autor com diversas anotações nas margens, feitas a lápis pelo próprio Lobato, cortando palavras repetidas, substituindo termos, aprimorando o estilo.

Já como escritor, Lobato conseguiu realizar o sonho de muitos autores: eternizar um universo, repleto de personagens e cenários que resistem à passagem dos anos e se incorporam ao imaginário popular de um país.

Nas histórias que permeiam o seu Sítio do Picapau Amarelo, temos:

- ✳ inserção, nesse universo, de elementos do maravilhoso, do mágico, do fantástico;
- ✳ predomínio da criatividade e imaginação;

* respeito à linguagem, sempre coloquial e com diálogos ágeis;
* processo de identificação com o leitor;
* mulheres como figuras centrais do sítio: Dona Benta e Tia Nastácia.
* personagens bem elaborados, transitando entre humor, ironia, irreverência e transgressão.

No Seminário Carlos Lebéis, promovido pela Editora Cosac Naify e Biblioteca Monteiro Lobato, em 29 de setembro de 2013, a escritora Laura Sandroni destacou:

> Lobato tinha humor e era inovador. Foi o primeiro a fazer do folclore um tema sempre presente em suas histórias. Buscou no folclore elementos para uma literatura original. Em Lobato, a fantasia é sempre uma forma de iluminar a realidade. Foi o primeiro a acreditar na inteligência da criança, em sua curiosidade e sabedoria.

Há quem veja no Sítio do Picapau Amarelo uma espécie de Brasil em miniatura, uma obra com certo viés sociológico. Lá as crianças têm voz, palpitam, contribuem com ideias, decidem as coisas em grupo, privilegiando o coletivo acima do individual. A linguagem é sempre muito rica, composta tanto por provérbios e ditos populares de Tia Nastácia quanto pelas referências históricas e clássicas/eruditas de Dona Benta. Os diálogos são frequentes e dão ao texto um ritmo e uma coloquialidade que prendem o leitor.

Lobato é sarcástico, irônico, bem-humorado e bastante direto no desenvolvimento da história, sempre com muita ação e aventuras. Não enrola na hora de apresentar o conflito, os personagens e a resolução da trama. Em seus livros, a intertextualidade é constante. Em *Memórias da Emília*, por exemplo, o sítio recebe a visita da personagem Alice (de *Alice no País das Maravilhas*), de Peter Pan e do marinheiro Popeye – este último, vindo diretamente das histórias em quadrinhos. O flerte com a filosofia, as ciências, a história e a geografia também aparece na obra. Vejamos como Emília discorre sobre a vida e a morte no trecho a seguir:

> A vida, senhor Visconde, é um pisca-pisca. A gente nasce, isto é, começa a piscar. Quem para de piscar, chegou ao fim, morreu. Piscar é abrir e fechar os olhos – viver é isso. É um dorme-e-acorda, dorme-e-acorda, até que dorme e não acorda mais [...]. A vida das gentes neste mundo, senhor Sabugo, é isso. Um rosário de piscadas. Cada pisco é um dia. Pisca e mama; pisca e brinca; pisca e estuda; pisca e ama; pisca e cria filhos; pisca e geme os reumatismos; por fim pisca pela última vez e morre.
>
> – E depois que morre? – perguntou o Visconde. – Depois que morre, vira hipótese. É ou não é? (LOBATO, 1960, pp. 12-13)

Segue outro pequeno trecho provocador, dessa vez no livro *A chave do tamanho*:

> Isso de falar a verdade nem sempre dá certo. Muitas vezes, coisa boa é a mentira. "Se a mentira fizer menos mal do que a verdade, viva a mentira!" Era uma das ideias emilianas. (LOBATO, 1987, p. 1.124)

Também em *A chave do tamanho*, temos, ainda, diversas referências à biologia:

> – Mime o quê?
>
> –Tismo. Mi-me-tis-mo. Quer dizer imitação. Uns imitam a cor dos lugares onde moram. Se moram em pedra, imitam a cor da pedra. Se moram na grama, como os gafanhotos, imitam a cor da grama. Por quê? Porque desse modo os inimigos os confundem com a grama. (*Ibid.*, p. 1.133)
>
> [...]
>
> Musgos, não. Líquem. Líquem! O Visconde não quer que a gente confunda musgo com líquem. Decore. (*Ibidem*)

Autores pré-Lobato: intenção pedagógica

Antes de Lobato, porém, era comum que as tentativas de se fazer uma literatura voltada à infância no Brasil esbarrassem em uma intenção claramente pedagógica, tendo como temáticas predominantes o nacionalismo, a religiosidade, o moralismo, a exaltação à natureza, aos vultos da história do Brasil, à língua, à valorização dos livros, dos estudos, da escola, da figura dos intelectuais e de sua cultura.

Um modelo exemplar dessa literatura está no poema *A pátria*, de Olavo Bilac (que, neste caso, passou longe da irreverência que deu o tom de sua tradução de *Juca e Chico: histórias de dois meninos em sete travessuras*):

Ama, com fé e orgulho, a terra em que nasceste!
Criança! não verás nenhum país como este!
Olha que céu! que mar! que rios! que floresta!
A Natureza, aqui, perpetuamente em festa,
É um seio de mãe a transbordar carinhos.
Vê que vida há no chão! vê que vida há nos ninhos,
Que se balançam no ar, entre os ramos inquietos!
Vê que luz, que calor, que multidão de insetos!
Vê que grande extensão de matas, onde impera
Fecunda e luminosa, a eterna primavera!
Boa terra! jamais negou a quem trabalha
O pão que mata a fome, o teto que agasalha...
Quem com seu suor a fecunda e umedece,
Vê pago o seu esforço, e é feliz, e enriquece!
Criança! não verás país nenhum como este:
Imita na grandeza a terra em que nasceste![2]

---

[2] Literatura brasileira. Textos literários em meio eletrônico. *Poesias infantis*, de Olavo Bilac. Disponível em https://www.literaturabrasileira.ufsc.br/_documents/poesias_infantis_de_olavo_bilac-1.htm#AP%C3%A1tria. Acesso em 8/3/2017.

Bilac também enveredou pela linha dos chamados paradidáticos por meio da obra *Através do Brasil*, que escreveu em coautoria com Manoel Bomfim. Vejam trecho da sinopse do livro, disponibilizado no site da editora Companhia das Letras:

> Lançado em 1910, *Através do Brasil* é um marco da literatura paradidática brasileira. Substituindo as velhas cartilhas portuguesas, ofereceu aos leitores a possibilidade de descobrir os diferentes cenários sociais, geográficos e econômicos que compunham o Brasil da época [...] Olavo Bilac, que já se notabilizara como poeta, e seu colaborador Manoel Bomfim não queriam só surpreender os estudantes, mas formar novos leitores para um novo país. Ou para os papéis que a sociedade lhes designava. Para isso, criaram uma história simples, mas eficaz, em que dois meninos, Carlos e Alfredo, saem em busca de suas famílias e vivem os sustos, as aventuras e as alegrias em um país que ainda lhes parecia completamente desconhecido.[3]

A escritora Laura Sandroni nos lembra, entretanto, que o marco inicial da LIJ no Brasil é 1894, com a publicação de *Os contos da Carochinha*, de Figueiredo Pimentel. Antes disso, só havia coletânea de contos estrangeiros. Laura também ressalta a importância de Alexina de Magalhães Pinto.

> Educadora, vanguardista, estudiosa do Folclore. Viajou aos 22 anos para Paris, sozinha, numa época em que esse procedimento era raríssimo em se tratando de uma mulher. Uma das mais importantes fundadoras da LIJ Brasileira.[4]

Alexina é autora das seguintes obras voltadas ao público infantil:

✺ *As nossas histórias* (1907);
✺ *Os nossos brinquedos* (1909);

---

[3] Olavo Bilac e Manoel Bomfim. *Através do Brasil*. Organizado por Marisa Lajolo. Disponível em https://www.companhiadasletras.com.br/detalhe.php?codigo=11264. Acesso em 8/3/2018.

[4] Fala de Laura Sandroni no Seminário Carlos Lebéis, promovido pela editora Cosac Naify e pela Biblioteca Monteiro Lobato, em 29/9/2013, no auditório da Biblioteca Monteiro Lobato, em São Paulo.

* *Cantigas de criança e do povo e danças populares* (1916);
* *Provérbios, máximas e observações usuais* (1971);
* *Cantigas das crianças e dos pretos* (s/d.).

Júlia Lopes de Almeida é mais uma representante desse período, com quatro textos voltados aos pequenos. São eles:

* *Contos infantis*, de 1886, que assinou com a irmã Adelina A. Lopes Vieira;
* *Histórias da nossa terra* (1907);
* *Era uma vez* (1917);
* *Jardim florido* (1922).[5]

Thales de Andrade é outro autor considerado importante na época graças à tiragem expressiva de seu livro *Saudade*:

> Do conjunto da obra de Tales de Andrade, nenhum livro ficou mais conhecido que *Saudade*, escrito em 1917 e publicado em 1919, que conta, até os dias atuais, com mais de noventa edições. A primeira edição, com tiragem de 15 mil livros, foi publicada pelo Governo do Estado de São Paulo, o que confere a ele um caráter oficial.[6]

Mas é preciso lembrar que o pioneirismo desses autores andou paralelo com a publicação de histórias em quadrinhos, que também circulavam pelo país desde o século XIX, vindo a se consolidar no início do século XX com o almanaque infantil *O Tico Tico*:

---

[5] Literatura infantil (1880-1910). Disponível em http://www.unicamp.br/iel/memoria/Ensaios/LiteraturaInfantil/index.htm. Acesso em 8/3/2018.

[6] André Dela Vale, "O campo e a cidade sob o olhar de Thales de Andrade". Disponível em http://www.historica.arquivoestado.sp.gov.br/materias/anteriores/edicao52/materia04. Acesso em 27/4/2018.

> O brasileiro conhece e consome histórias em quadrinhos, as HQs, há mais de um século. A vovó delas por aqui se chama *As aventuras de Zé Caipora*, e data de 1884, um dos muitos frutos da imaginação de Angelo Agostini, italiano radicado no Brasil e considerado pioneiro do gênero. Em 1905, a divulgação do estilo ganhou força com o lançamento do almanaque infantil *O Tico Tico*.[7]

A revista obteve imenso sucesso até 1930, quando a chegada dos quadrinhos importados se consolidou no Brasil, arregimentando grande público. *O Tico Tico* trazia histórias infantis com personagens muito populares, como Reco-Reco, Bolão e Azeitona, de autoria do desenhista Luiz Sá. Contos literários publicados em séries, passatempos, temas de história do Brasil e obras estrangeiras bem-sucedidas de autores como Mark Twain, Júlio Verne e Robert Louis Stevenson. A revista foi responsável por lançar no mercado profissionais importantes como os desenhistas J. Carlos, Edmundo Rodrigues, Max Yantok e Alfredo Storni.

Anos 1960-1980 – o boom da LIJ no mercado editorial brasileiro

No Brasil, é possível dizer que a grande expansão da LIJ se deu nas décadas de 1960/1970. É de 1961 a Lei de Diretrizes e Bases da Educação Nacional, que promoveu a democratização do ensino. A partir desse período, as editoras passaram a se preocupar com a inovação de temas, linguagem e projeto gráfico de suas publicações.

Essa mudança se consolidou na década seguinte, quando se intensificaram os lançamentos, surgimento de novos autores e ilustradores, cuidado maior nas edições. Uma justa reverência deve ser dada à *Revista Recreio*, criada e editada pela escritora Sonia Robatto e publicada pela primeira vez em maio de 1969

---
[7] "Arte quadro a quadro", em *Revista E*, n. 107, abril de 2006, Sesc São Paulo. Disponível em https://www.sescsp.org.br/online/artigo/3494_QUADRINHOS. Acesso em 12/3/2018.

pela Editora Abril. A publicação era semanal, voltada para crianças e pré-adolescentes e trazia edições criativas com assuntos diversos, brincadeiras e textos literários, além de brindes.

A revista publicou autores que, depois, viriam a se consolidar no cenário da LIJ brasileira. Ruth Rocha, por exemplo, sem dúvida um fenômeno editorial de público e crítica, é autora de textos clássicos da LIJ nacional, como *Marcelo, marmelo, martelo e outras histórias* – o preferido da minha filha quando criança, diga-se de passagem – e *Romeu e Julieta*; e Ana Maria Machado, vencedora do Prêmio Hans Christian Andersen (2000) – equivalente ao Nobel de Literatura Infantil, concedido a cada dois anos, desde 1956, pelo International Board on Books for Young People (IBBY) –, autora com mais de cem livros publicados, entre os quais, alguns dos meus preferidos: *Bisa Bia, bisa Bel* e *Raul da ferrugem azul*. A revista foi publicada até 1981. Anos depois, em 2000, voltou ao mercado com nova proposta e novos autores.

No que se refere às coleções/séries, as estrelas da época foram duas: a Série Vaga-Lume e Para Gostar de Ler, lançadas pela Editora Ática, com sucesso de público e crítica, tornando-se, ainda hoje, uma das mais lembradas e queridas.

No caso da Vaga-Lume, criada pelo editor Jiro Takahashi, em 1973, e assumida por Fernando Paixão, em 1985, romancistas consagrados como Marcos Rey – autor de alguns clássicos da coleção, como *O mistério do cinco estrelas*, *O rapto do garoto de ouro* e *Um cadáver ouve rádio* – dividiam a cena com novatos como Marçal Aquino, autor de *A turma da Rua Quinze*. Anos depois, Aquino se tornaria romancista e roteirista de sucesso. Outros autores campeões de vendas na Vaga-Lume eram Lúcia Machado de Almeida, com *O escaravelho do Diabo*, *O caso da borboleta Atíria*, *Aventuras de Xisto* e *Xisto no espaço*; e Maria José Dupré, com *A ilha perdida* e *Éramos seis* – que, mais tarde, seria adaptado para a televisão, transformando-se em novela de sucesso. Os livros tinham capas atraentes e ilustrações esmeradas, como as de *O caso da borboleta Atíria*, assinadas por Milton Rodrigues Alves, e saíam com tiragens astronômicas.

> A palavra "sucesso" é constantemente associada à série. Dois estudos feitos como teses de doutorado pelas professoras Cátia Toledo Mendonça (Universidade Federal do Paraná) e Sílvia Helena Simões Borelli (PUC-SP) trazem farta documentação sobre a Vaga-Lume.
>
> Em 1996, época do levantamento feito por Borelli, por exemplo, um dos livros iniciais da série, *A ilha perdida*, de Maria José Dupré, já ultrapassara os 2,2 milhões de exemplares vendidos.
>
> A Ática não divulga as vendagens, mas, caso tenha sido mantida a média histórica de 100 mil unidades/ano, o livro estaria na casa de 4 milhões de cópias.[8]

Já a igualmente bem-sucedida Para Gostar de Ler, também editada por Jiro Takahashi, trazia diferentes autores clássicos da crônica brasileira juntos, em um mesmo volume, sempre de valor acessível graças às tiragens espetaculares de milhares de exemplares. O primeiro volume estampava na capa os nomes de Rubem Braga, Fernando Sabino, Carlos Drummond de Andrade e Paulo Mendes Campos. Depois, comprovado o sucesso da coleção, os editores ampliaram o leque de autores, incluindo contistas e poetas.

Também a partir dos anos 1970, coube ao autor João Carlos Marinho revolucionar as publicações do gênero por meio de livros criativos, redigidos sob o signo da ruptura com aspectos tradicionais das narrativas de LIJ, propondo enredos com doses generosas de *no sense*, tramas urbanas e policiais, *mix* das linguagens literárias e cinematográficas, ritmo veloz, violência, humor.

No livro *Sangue fresco* (1982), há passagens que, aqui e ali, lembram muito a estética do cineasta Quentin Tarantino, responsável por roteiros que primam por enredos marcados por lutas de coreografia inesquecível, com muito sangue jorrando para todo lado (conferir os filmes *Kill Bill, vol. 1* e *Kill Bill, vol. 2*, lançados, respectivamente, em 2003 e 2004).

---

8 Cassiano Elek Machado, "O misterioso caso do Vaga-Lume". Disponível em http://www1.folha.uol.com.br/fsp/ilustrada/86205-o-misterioso-caso-do-vaga-lume.shtml?loggedpaywall?utm_source=folha. Publicado em 30/12/2012. Acesso em 6/3/2018.

No citado livro de Marinho, temos uma trama intrincada que trata do contrabando de sangue de crianças brasileiras por um vilão norte-americano de nome Ship O'Connors, cientista que descobriu que o sangue fresco de meninos e meninas saudáveis, com idade de 9 a 11 anos, curaria todas as doenças existentes, desde que fosse injetado nas pessoas enfermas. Porém, como a legislação de todos os países proíbe a doação de sangue por crianças, o malvado decide raptá-las e escondê-las em um lugar distante e seguro.

Assim, escolheu o Brasil e construiu instalações gigantescas abrindo uma clareira no meio da floresta amazônica. Ali, abrigava as crianças bem-nascidas que mandava raptar em São Paulo para retirar-lhes o sangue, uma vez por semana.

Tal qual os filmes de Tarantino, os livros de João Carlos Marinho flertam com a linguagem dos quadrinhos e desenhos animados, tamanha a agilidade e riqueza na condução e descrição das cenas. Vejamos uma das passagens de *Sangue fresco,* que, acredito, deixariam Tarantino de cabelo em pé (vale ressaltar que os filmes mais famosos do cineasta são destinados ao público adulto e entraram em cartaz a partir de 1994 com *Pulp fiction*, e a cena descrita a seguir é de um livro infantojuvenil lançado em 1982):

> – Ah, só querem matar as crianças. Só isso?
>
> – Só isso.
>
> – Eu estava tratando vosmecês com civilidade – disse frade João. – Vejo que não é possível. Terei de ser um pouco enérgico.
>
> Frade João, num zás-trás, deu um trompaço na fuça de Ship O'Connors, que o atirou a trinta metros dali, curvou-se, pegou a enorme cruz, levantou à meia-altura, deu uma volta em círculo, a cruz pegou impulso, a ponta da cruz zunindo, rasgou a barriga de quarenta e nove capangas, arrancou os intestinos deles para fora, era só intestino reto, grosso e delgado, movendo que nem lombriga pelo chão. (MARINHO, 1986, pp. 120-121)

Marinho questiona a cultura urbana e a lógica do mundo onde vivemos lançando um olhar anárquico sobre tudo. Em *O gênio do crime* (1969), primeiro livro de João Carlos Marinho, temos uma narrativa tão deliciosa e viciante quanto à de *Sangue fresco*, muito direta e contendo tantas aventuras que a gente mal consegue largar o livro. A obra é a mais conhecida e bem-sucedida da Série As Aventuras da Turma do Gordo (na qual também se inclui *Sangue fresco*) e teve mais de um milhão de exemplares vendidos, ultrapassando 60 edições.

Em *O gênio do crime*, os protagonistas têm de descobrir quem está falsificando as figurinhas do álbum de jogadores de futebol fabricadas pelo seu Tomé. Edmundo, Pituca, Bolachão e Berenice entram em ação para desvendar o endereço da fábrica clandestina.

Bem diferente das crianças dos tempos atuais, a turma do Gordo vive essa aventura andando a pé, de ônibus e de táxi por uma São Paulo desprovida dos perigos que hoje conhecemos. Com idade em torno de 11 anos, os protagonistas rodam pela cidade por sua conta e risco, sem a presença dos pais: centro, marginais, periferias, favelas. Não havia local onde elas não fossem para descobrir a tal fábrica misteriosa.

A inteligência e a coragem dos integrantes da turma são outros destaques dos textos de Marinho. Não temem vilões, bandidos ou qualquer tipo de situação. Como voltou a fazer em *Sangue fresco*, o autor expõe seus personagens a perigos e violência:

> Porém o homem era forte e conseguiu espaço para armar um rojão de soco na cara de Edmundo e depois mais outro que jogou o menino a cinco metros botando sangue no rosto todo.
>
> O cambista levantou com a roupa branca de areia e estava com mais raiva. Tirou a faca-peixeira do bolso.
>
> – Tá vendo meu fio aqui, meu chapa? Agora é que te furo.
> (MARINHO, 2005, p. 33)

Editoras e escolas:
uma parceria de longa data

Nos anos 1980, ampliaram-se as parcerias entre editoras e escolas. As primeiras passaram a fazer marcação cerrada sobre as instituições educacionais, enviando divulgadores com catálogos contendo informações sobre lançamentos e autores. Tudo com o objetivo de que os livros fossem adotados, ocasionando vendas de um número cada vez maior de exemplares.

Por meio de estratégias de marketing agressivas, as grandes editoras já imprimiam as tiragens sabendo que, dali, sairia um número "x" de exemplares destinados às escolas, como cota de "doação", de maneira que professores e coordenadores pedagógicos pudessem ter acesso aos livros e, quem sabe, sugerir sua adoção para as turmas da escola. Deu-se início, ainda, aos chamados Guia dos professores/Suplementos de textos/Cadernos de atividades/Fichas de leitura – encartados nos livros. Eram espécies de apostilas com propostas para entendimento do texto e exercícios, elaboradas por especialistas em língua portuguesa/literatura. Com isso, o professor sentia-se mais amparado/preparado para trabalhar as obras em classe.

Nos anos 1970 e 1980, autores como Ana Maria Machado, Ângela Lago, Ciça Fittipaldi, Edy Lima, Eva Furnari, Lygia Bojunga, Pedro Bandeira, Bartolomeu Campos de Queirós, Fanny Abramovich, Marina Colasanti, Marcos Rey, Ricardo Azevedo, Ruth Rocha e Ziraldo conquistaram merecido espaço graças a textos e ilustrações originais regados a muita irreverência, criatividade, criticidade, questionamento de padrões, valores e comportamentos, forte conexão entre bons conteúdos e inovação estética – tudo isso respeitando suas singularidades artísticas.

Consolidou-se, assim, a ousadia e a abordagem de temas antes considerados tabus, como a separação de pais/divórcio, política (por meio de temas como exílio e autoritarismo, remetendo ao regime ditatorial), sexualidade, preconceito social, de raça, de credo, violência psicológica e urbana, entre outros.

O sucesso desses autores e suas obras é um paradoxo se considerarmos que a década de 1980 passou para a história brasileira como a década perdida no que se refere à economia, que atravessava picos de inflação atingindo a casa dos 80% ao mês. Alheia a essa problemática, a LIJ consolidou-se no país. Muitas foram as mudanças que contribuíram para esse novo contexto:

* aumento do número de editoras;
* tiragens mais expressivas;
* novos valores educacionais;
* expansão da escolarização, que, consequentemente, ampliou o público de LIJ;
* possibilidade de experimentalismo literário;
* surgimento de novos autores, ilustradores, diversidade de linhas editoriais;
* sofisticação na produção e impressão de livros;
* títulos agrupados em coleções;
* diversidade de gêneros e subgêneros: livros de imagens, álbuns, livros ilustrados, contos de fada, recontos;
* aumento da produção de livros informativos;
* compreensão, por parte das editoras, da importância da parceria com escolas.

Essa relação de parceria entre as editoras que publicam LIJ e as escolas fortaleceu algumas características dos livros produzidos para crianças e adolescentes no Brasil desde a década de 1980. As editoras esforçavam-se por produzir títulos que se encaixassem nas necessidades das instituições de ensino, facilitando, assim, a vida dos educadores. Para isso, criaram mecanismos e ferramentas específicas, como:

* divisão do catálogo por faixa etária;

* publicações com foco nos temas transversais, elencados pelo Ministério da Educação em documento divulgado em 1997. São eles: ética, pluralidade cultural, meio ambiente, saúde, orientação sexual e temas locais;
* redução de publicações voltadas aos temas de fantasia;
* investimento em materiais complementares distribuídos com os livros, como guias/fichas de leitura e cadernos de atividade;
* aumento na publicação de livros informativos.

Tenho carinho especial por muitos autores e obras desse período, em particular pelas que privilegiam temas como a memória, o tempo e a linguagem, com suas vertentes, fronteiras e complexidade. É o caso do premiado *Bisa Bia, Bisa Bel*, de Ana Maria Machado.

Nelly Novaes Coelho – crítica literária renomada e fundamental para a LIJ – tocou em pontos cruciais no que diz respeito à importância de ler e reler essa obra:

> *Bisa Bia, Bisa Bel* não é uma leitura difícil. Nem poderia ser, uma vez que se destina ao público mirim. É por excelência uma leitura divertida e sedutora, do princípio ao fim. Sua 'fábula' entrega-se de imediato ao leitor – muito embora a significação mais profunda do episódio permaneça por vezes meio enigmática. Entretanto, na medida em que o leitor for atento ou exigente, pode ir encontrando nas releituras níveis cada vez mais profundos, como toda a obra que resulta de uma verdadeira invenção literária. (Nelly Novaes Coelho *apud* MACHADO, 2007. Texto da primeira orelha do livro)

Já a reflexão sobre a linguagem, com suas dúvidas, descobertas, perplexidades e múltiplas formas de uso, é contemplada em um dos grandes fenômenos editoriais da LIJ brasileira: *Marcelo, marmelo, martelo*, de Ruth Rocha. O texto traz um menino muito esperto que, um belo dia, acorda querendo saber o porquê do nome das coisas. Seus questionamentos põem a mãe e o pai em frequentes saias justas, pois, raramente, os dois sabem as respostas para as perguntas sagazes do filho.

> E por que será que a bola não é mulher do bolo? E bule? E belo? E bala? Eu acho que as coisas deviam ter nome mais apropriado. Cadeira, por exemplo. Devia se chamar sentador. Não cadeira, que não quer dizer nada. (ROCHA, 2011, p. 13)

Um passeio pela produção de LIJ no Brasil

Criatividade é o que nunca faltou aos artistas brasileiros que, em geral, se especializaram em encontrar soluções engenhosas para atravessar um mar de adversidades sociais, políticas ou econômicas. Já mencionamos o caso de Lobato, que criou, já nos anos 1920, as vendas porta a porta e preocupou-se com a melhoria da estética dos livros – antes desprovidos de capas bem elaboradas e ilustrações. Para dar conta desses processos, fundou a Editora Monteiro Lobato & Cia. que, depois de um ritmo frenético de crescimento, enveredou por situação instável, experimentando dívidas e outras dificuldades que resultaram na falência da empresa. Inquieto, Lobato logo criaria nova empreitada, dessa vez intitulada Cia. Editora Nacional (cf. AZEVEDO *et al.*, 2001, pp. 130-149).

Suas obras tiveram ilustradores que se tornaram renomados. O primeiro deles foi Voltolino (pseudônimo de João Paulo Lemmo Lemmi – 1884-1926) que, de acordo com os padrões da época, seguia, pelo menos nos livros de Lobato, uma linha bastante tradicional, dando ênfase à reprodução fiel do que dizia o texto. Era como se o artista estivesse ali apenas para reforçar uma ideia já exposta pelo escritor, deixando muito pouco à imaginação do leitor.

Nas últimas décadas, no entanto, os ilustradores brasileiros privilegiam, em seus trabalhos, a explosão criativa de suas tintas e cores, que, em vez de apenas reafirmar o que diz o texto, funcionam como seu complemento. Assim, os leitores têm acesso a construções artísticas bastante autorais, compondo obras cuja essência é composta por dupla autoria: autor e ilustrador.

Na LIJ, o papel da ilustração é, assim como o texto, provocar o leitor, despertar sentidos, convidá-lo a apreciar a riqueza de uma experiência estética única e, para conseguir isso, não há limites (ou pelo menos não deveria haver). Cada vez mais, ilustradores mesclam experiências as mais diversas em seus trabalhos, ousando tanto pela multiplicidade de recursos utilizados para atingir o resultado desejado, como pelas opções aparentemente "simples" de suas escolhas.

Do desenho em bico de pena até os recursos tecnológicos mais modernos, o que vale é a tentativa de conseguir o melhor casamento entre texto/imagem/projeto editorial e gráfico. Desenhos usando nanquim, lápis de cor, giz de cera, caneta esferográfica, guache, entre outros materiais, aliam-se a técnicas de colagem, aplicação de tecidos, xilogravura. Nada é vetado. Muitas vezes, o próprio editor é quem surpreende o artista com propostas inusitadas.

Ilustração e genialidade

Quando se trata de ousadia aplicada sobre o viés da "simplicidade", um exemplo de que gosto muito pode ser visto na obra *Pedro e Lua*, que tem texto e ilustrações assinados por Odilon Moraes, um dos ilustradores mais premiados do Brasil:

> Lançado em 2004 pela editora Cosac Naify, *Pedro e Lua* foi fruto da ousadia de um editor que se propôs (inicialmente a meu contragosto) a publicar os rascunhos como se fossem ilustrações finalizadas. Essa obra recebeu da Fundação Nacional do Livro Infantil e Juvenil (FNLIJ) o prêmio de melhor livro do ano para crianças e marcou profundamente meu estilo gráfico, a partir de então.
>
> Nessa nova e cuidadosa edição da Jujuba, ganhou um formato idêntico aos rascunhos e teve a cor azul resgatada, para se aproximar ainda mais de seu sopro original. (MORAES, 2017, p. 48)

Em *Pedro e Lua*, a harmonia e a sensibilidade coexistem na delicadeza e na poesia do texto e do traço, alcançado pelo misto paradoxal de leveza e rusticidade presentes no que seria o esboço do livro. Ao relatar a relação entre o menino Pedro e a tartaruga Lua, a abordagem de temas como amizade, crescimento, amor e perda estão presentes de uma maneira que apenas aparenta simplicidade, mas que, na verdade, é muito sofisticada e comovente. Difícil o leitor não se emocionar ao deparar com esse livro, seja criança, seja adulto. Como em toda obra de arte, Odilon Moraes conseguiu o feito de estabelecer um diálogo efetivo e afetivo com públicos das mais variadas faixas etárias.

Outro livro belíssimo, mas cujo autor optou pela diversidade de recursos em sua produção, é *Carvoeirinhos* (2009), de Roger Mello, cuja narrativa traz o tema árduo, mas necessário, da exploração do trabalho infantil. A criatividade do autor na abordagem do tema já aparece desde a primeira página, quando o leitor se dá conta de que o narrador é ninguém menos que um marimbondo. Da mesma forma que o menino carvoeiro, o inseto vive em um ambiente de fumaça e fuligem.

Ao folhear o livro, o leitor tem à sua disposição um *mix* das cores preta e cinza dando o tom de todas as páginas que, em determinados momentos da trama, se aliam à explosão dos tons rosa, vermelho e laranja, remetendo ao calor excessivo das minas onde os meninos trabalham. O autor usa recursos como desenho, pintura e colagem para dar a ideia de texturas variadas, que, no livro, representam barro seco, aço, carvão, pedra, plástico, ferro e fogo. Já em *Meninos do mangue* (2001), Mello escolhe mostrar a realidade dos meninos catadores de caranguejos:

> Para os meninos da escola Municipal Vieira Fazenda, foi uma grande alegria quando eles descobriram o livro *Meninos do mangue* (2002 [sic]) na sua biblioteca. Seu colégio fica na região de Marambaia, no Rio de Janeiro, e a atividade de coleta de caranguejos é o modo de sobrevivência das famílias.
>
> A partir dos livros, os meninos e meninas realizaram textos, peças de teatro e música ligada ao ambiente aquático do manguezal. "Foi um trabalho importante de autoestima, de finalmente reconhecer-se na literatura. Eles falavam: 'minha casa é assim, esse modo de vida eu conheço!', e isso faz toda diferença na sua percepção de mundo. Eles não se sentem mais excluídos."[1]

Em 2015, Mello lançou *Inês*, ilustrado por Mariana Massarani. Autor e ilustradora foram de uma sensibilidade extrema para narrar a trágica história de amor de Inês de Castro e de Pedro, príncipe português que fez sua amada ser coroada rainha depois de morta. Inês teve quatro filhos e a trama é contada pelo ponto de vista de sua filha, Beatriz. Com os traços singulares de Mariana e capa dura em vermelho, o livro é, também, uma festa para os olhos.

É nítido o esforço de muitos autores e de suas respectivas editoras na confecção de verdadeiras obras-primas em forma de livros. Autores/ilustradores como André Neves, Fernando Vilela,

---

[1] Cecília Garcia, "A criança deveria estar lendo, não trabalhando", diz Roger Mello, autor premiado que retrata as difíceis infâncias do Brasil. Disponível em http://www.chegadetrabalhoinfantil.org.br/noticias/materias/as-historias-e-as-ilustracoes-de-roger-mello-contra-o-trabalho-infantil/, publicada em 11/9/2017. Acesso em 16/3/2018.

Graça Lima, Ivan Zigg, Mariana Massarani, Marilda Castanha, Nelson Cruz, Odilon Moraes, Renato Moriconi, Roger Mello, Rosinha e Rui de Oliveira – para citar apenas alguns dos mais premiados da atualidade – vêm assinando projetos que poderiam estar em qualquer galeria de arte.

Um dos trabalhos impactantes da primeira década dos anos 2000, vencedor de diversos prêmios em várias categorias, é *Lampião & Lancelote* (2006), de Fernando Vilela. Após o fechamento da Cosac Naify, em 2015, o livro passou a ser comercializado pela editora Pequena Zahar, selo da Editora Zahar.

O título já traz dicas do argumento central da trama: unindo personagens míticos da Europa medieval e do Nordeste do Brasil, Vilela promove o encontro, narrado em rimas, de Lampião e Lancelote. Uma vez juntos, as histórias épicas da cultura medieval e as aventuras do cangaceiro mais famoso do Brasil se mesclam em prosa e verso, tendo como pano de fundo ilustrações realizadas com xilogravura e carimbo. O diálogo entre os dois protagonistas do livro é feito, também, por meio das cores usadas para marcar visualmente o universo de cada personagem. Quando encontra a cor prata, o leitor tem acesso às páginas que caracterizam as vestes e as armas de Lancelote. Já o cobre dá o tom das passagens que retratam as indumentárias e apetrechos usados por Lampião.

E, por falar em cavaleiros, outro livro contemporâneo que traz como protagonista a figura do cavaleiro que desbrava florestas, enfrenta perigos, dragões e toda a sorte de aventuras é *Bárbaro*, de Renato Moriconi (2013). Detentora de muitos prêmios, a publicação revela a sensibilidade e criatividade do autor. É um livro-imagem cujo enredo vai sendo revelado pelas ilustrações, cores e até espaços brancos que dão margem ao silêncio das páginas. Já na capa, vemos um cavaleiro montado sobre seu cavalo. Ali, sua figura é misteriosamente atravessada por uma linha cinza, que passa no meio da imagem do cavaleiro, fazendo uma espécie de divisão – à primeira vista incompreensível.

Ao abrir o livro e começar a folheá-lo, vamos nos deixando levar pelas imagens representativas das aventuras desse cavaleiro. Ele enfrenta selvagens que lhe atiram flechas, aves estranhas que parecem querer avançar sobre ele, um dragão vermelho em vias de lhe cuspir fogo, etc. Causa estranheza, no entanto, o fato de, a cada página, o guerreiro/cavaleiro surgir com as mesmas feições, passeando, por vezes, pelo alto da página, em outras, na parte inferior. E não importa os perigos e situações vivenciadas, o tal cavaleiro segue com a mesma figura impassível.

É somente quando chega ao final que o leitor, surpreendido, descobre que o herói era, na verdade, um menino montado em um carrossel de parque de diversões. Enquanto permaneceu no brinquedo, girando, imaginou estar vivendo cada um dos perigos que vimos no decorrer da trama. Quanto à linha que atravessa o cavaleiro na capa, tudo leva a crer que o autor está nos mostrando que o mundo pode ser dividido em dois pólos distintos: o do real e o da imaginação.

Uma obra que reverencia a capacidade criadora da criança, ilimitada em sua natureza, desprovida de amarras, livre para conquistar mundos, desbravar fronteiras e vencer as mais assustadoras feras.

Já a autora Eva Furnari, sucesso de público e crítica, vem se superando e nos presenteando com trabalhos que unem criatividade e sensibilidade desde os anos 1980. Eva construiu uma identidade inconfundível, sonho de dez entre dez escritores. Ao folhear um de seus livros, mesmo sem termos visto a capa com o nome da autora, sabemos que é dela graças a algumas das qualidades que caracterizam sua obra: seu traço peculiar, as cores e o texto repletos de humor e *non sense* – mesmo na abordagem de temas polêmicos.

Detentora de diversos prêmios, Eva já publicou mais de 60 livros e vendeu 3 milhões de exemplares. Desde 2012 publica com exclusividade pela Editora Moderna. Só o título *Felpo Filva*, lançado em 2006, vendeu 250 mil cópias e, em 2014, foi publicado na Inglaterra pela Pushkin Books. Seus livros também foram traduzidos no México, Equador, Guatemala, Bolívia e Itália. Participou ainda da *Ho-*

nour List do *International Board on Books for Young People* – *IBBY*, órgão consultivo da Unesco para a literatura infantil, com *O feitiço do sapo*, em 1996.²

Seus trabalhos têm aquela originalidade típica dos grandes artistas, que conseguem criar, a partir do seu íntimo, uma ponte que dialoga com o universal. Eva conseguiu a proeza de, em um país cujo índice de leitura literária é baixíssimo, emplacar numerosos sucessos editoriais. O primeiro deles veio a público em 1993, dez anos após sua estreia como autora de livros que privilegiavam as imagens. Era o incrível *A bruxa Zelda e os 80 docinhos*, o precursor a unir suas já famosas ilustrações com um texto mais longo, tramas e personagens complexos aliados ao humor e ironia que são algumas de suas marcas.

Felpo Filva, que narra a história de um coelho poeta e escritor, desligado e retraído, aborda a questão do diferente, do *bullying* e da importância de olharmos com atenção a tudo o que nos é diverso, contrário, incompreensível, até que possamos, de alguma forma, nos conectar com o outro, aprendendo e evoluindo com ele. Na obra, os leitores têm acesso a textos em formato de manual, carta, telegrama, bilhete, cartão-postal, lista, bula de remédio, receita culinária e trecho de autobiografia do protagonista. Um exercício intrincado e bem-sucedido de composição que nos leva a refletir sobre os diversos aspectos da linguagem, bem como seu uso, seus meios, seus fins.

São muitos os trabalhos marcantes da autora: *Nós, Cacoete, Família Gorgonzola, Trucks, A bruxinha atrapalhada* e *Drufs* – o mais recente, pelo menos até a publicação desse livro –, em que o foco são os muitos tipos de famílias, descritas pelo ponto de vista das crianças. Mais uma aula de delicadeza da autora. Uma maneira de ela nos mostrar que, tudo o que a gente tende a complicar/problematizar, no fundo, não é tão complicado assim.

Temos a sorte de contar com muitas autoras excepcionais na LIJ brasileira. Em 2017, no entanto, uma embolia pulmonar nos

....
2 Disponível em http://www.evafurnari.com.br/pt/a-escritora. Acesso em 17/3/2018.

privou da presença física da autora e ilustradora Angela-Lago. Aos 71 anos, nos deixou mais de trinta livros, muitos premiados, sem contar os que ilustrou para outros autores. Uma profissional que marcou positivamente a história do mercado editorial de literatura infantojuvenil no Brasil, com trabalhos repletos de poesia, humor, beleza e crítica social. Angela provocava espanto e admiração com obras cuja experiência estética era sempre arrebatadora.

A autora foi capaz de pensar o livro como um objeto repleto de possibilidades, como o lindíssimo *Cântico dos Cânticos* (2013), releitura imagética do texto bíblico de mesmo nome. Trata-se de um livro-imagem circular, possível de ler de frente para trás, de trás para a frente, de cima para baixo e vice-versa. Assim, o leitor tem acesso ora ao ponto de vista do homem, ora ao ponto de vista da mulher. Considerado um poema visual, é inspirado no universo estético do mundo árabe. A autora priorizou ilustrações complexas a ponto de causar ilusões de ótica. A beleza das imagens e da capa dourada em papel metalizado promovem uma experiência inesquecível.

As ilustrações de Angela, por vezes, extrapolam a página, invadindo o miolo do livro, que de costume é desprezado, em uma tentativa, bem-sucedida, de explorar ao máximo as possibilidades visuais e a materialidade do objeto. Angela pensava no livro como um todo: texto, ilustrações, capas, divisões, dobras. Sua sensibilidade nos brindou com o premiadíssimo *Cena de rua* (1994), que traz um olhar preciso e necessário sobre a dura realidade das crianças que vivem nas ruas. Inesquecível, também, é seu *Sangue de barata* (2002), comprovação irrefutável de sua criatividade e senso de humor.

Imperdível, ainda, é *Psiquê* (2010), belíssimo trabalho contrastando luz e sombra e no qual a autora reconta o mito de Eros e Psiquê, usando apenas a narrativa visual.

A magia do livro-imagem

Quanto aos chamados livros-imagem, desprovidos de textos, como alguns assinados por Angela-Lago, vêm desbravando fronteiras e conquistando espaços, a despeito das reticências que muitas vezes enfrentam. A primeira publicação de livro-imagem no Brasil se deu com *Ida e volta*, de Juarez Machado (1976). Mas desde a publicação do clássico *Flicts* (1969), de Ziraldo, a modernidade no trabalho com ilustrações na LIJ brasileira já se fez notar em grande estilo e, daí para a frente, só ganhou em termos qualitativos e quantitativos.

Muitos mediadores de leitura têm dificuldades em trabalhar com essas obras, preferindo, então, o caminho mais fácil: abrir mão delas. Na edição do Seminário Internacional Arte, Palavra, Leitura na Primeira Infância ocorrida de 13 a 15 de março de 2018, no Sesc Pinheiros, após a mesa "Rompendo paradigmas e semeando futuros leitores", realizada na tarde do dia 14, abriu-se espaço para perguntas da plateia e, nessa hora, uma educadora ergueu a mão e fez uma pergunta que soou, ao mesmo tempo, como pedido de ajuda: "O que eu faço na hora de contar histórias com o livro-imagem? Simplesmente não sei o que fazer".

Essa é uma dúvida frequente. Embora não exista uma resposta definitiva sobre isso, nossa sugestão é que, muitas vezes, vale pedir ajuda aos próprios leitores na decifração do enigma. Não raro, sejam crianças, sejam adultos, são eles os mais indicados à solução desse "dilema". Façam a experiência: abram um livro-imagem e, enquanto vão passando as páginas, perguntem aos leitores o que eles estão vendo. De imediato, observaremos que as interpretações são múltiplas, deixando a leitura mais instigante.

Houve tempo em que simples ilustrações já eram criticadas, pois acreditava-se que elas inibiam a capacidade imaginativa da criança. Um livro sem ilustrações exigia que os leitores criassem suas próprias imagens, com base nas informações oferecidas pelo texto. A própria Cecília Meireles, que tanto nos ensina nos diversos temas tratados em seu livro *Problemas da literatura infantil*, publicado pela primeira vez em 1951, adota uma postura hoje ultrapassada quando afirma:

> O cinema talvez tenha acentuado demasiadamente a lição visual. Nós, que já tínhamos aprendido o exercício da imaginação, e o raciocínio com ideias, voltaremos a pensar só com os objetos presentes, sem podermos transformar em palavras?
> Este é um dos perigos a assinalar nas discutidas histórias em quadrinhos.
> Quanto à qualidade dos desenhos, talvez seja interessante averiguar o gosto das crianças pelos desenhos simplificados dos ilustradores modernos, ainda que seja indiscutível o seu valor artístico no mundo dos adultos. (MEIRELES, 1984, p. 147)

Hoje, temos livros com ilustrações (mescla de texto e imagens), livros-ilustrados (que são aqueles que privilegiam mais ilustrações do que texto, muitas vezes com apenas uma frase em cada página) e o livro-imagem (que são aqueles que prescindem do texto).

Tais livros não enfrentam apenas a dificuldade de encontrar mediadores dispostos a trabalhar com eles, mas também encontram escassez de críticas e análises à altura do que merecem.

> Diante dessa diferença no modo de ler tanto do livro com ilustrações como o livro-ilustrado, a crítica e a teoria têm sido muito limitadas, tendendo a recorrer a chavões figurativos. Como observou a ilustradora Celia Berridge, "o verdadeiro motivo de os livros-ilustrados obterem tratamento tão sintético nas resenhas não é por serem considerados deficientes a partir de uma avaliação séria, mas por serem *todos* considerados a parte menos importante do universo do livro". Como também notou um resenhista norte-americano, a desvalorização do livro-ilustrado resulta da simplicidade da linguagem; pois "grande parte da complexidade, como uso da metáfora, por exemplo, é expressa pelos elementos

> visuais: o tamanho e o formato do livro, a espessura do papel, as fontes [...]".
>
> Os livros-ilustrados podem explorar essa relação complexa; as palavras podem aumentar, contradizer, expandir, ecoar ou interpretar as imagens – e vice-versa. Os livros ilustrados podem cruzar o limite entre os mundos verbal e pré-verbal; podem ser aliados da criança-leitora [...]. (HUNT, 2010, pp. 233-234)

É provável que a dificuldade em mediar livros-ilustrados ou livros-imagens se dê pela gama infinita de leituras que esses trabalhos propiciam. Hoje, a ilustração é um trabalho autoral, que, como já citado no livro de Hunt, ultrapassa fronteiras, cria um livro dotado de duas linguagens, duas propostas que dialogam e enriquecem o conteúdo da obra. Antes representativa e colada ao que o texto transmitia, a ilustração parecia ser composta de amarras que, em vez de complementar o texto, apenas o reproduziam sob a forma de imagens.

Como bem disse Eva Furnari na mesa "A literatura infantil e seus passos de gigante: a quantas anda o gênero no Brasil", antes a ilustração era caricatural ou uma reprodução fiel da realidade. Para corroborar sua afirmação Eva cita, entre outras, as primeiras ilustrações de *Alice no País das Maravilhas*, de autoria de John Tenniel. Apesar de a história ser completamente *nonsense*, as ilustrações de Tenniel traziam imagens tradicionais, acadêmicas e realistas. "A ilustração começou dessa maneira. Ela estava a serviço do texto".[3]

Filosofia, poesia e temas polêmicos

Há trabalhos significativos de autores que esporadicamente produzem LIJ, sendo que grande parte de suas obras é dedicada à literatura adulta. Caso da escritora e roteirista Adriana Falcão, com

---
[3] Disponível em https://www.youtube.com/watch?v=PK7PuKnKgfo, publicado em 13/7/2011. Acesso em 6/8/2018.

dois livros de sucesso dedicados às crianças. Impossível não se impactar com o texto tão filosófico quanto poético de sua premiada obra *Mania de explicação* (2001). Estreia da autora na literatura infantil, o livro apresenta uma espécie de "dicionário poético das coisas inexplicáveis", como diz a contracapa da obra. As ilustrações são de Mariana Massarani, a mesma que assina as ilustrações de *Inês*, de Roger Mello.

Gosto da saída criativa encontrada por Adriana para tratar temas complexos com poesia e concisão, como a seguir:

> Sucesso é quando você faz o que sabe fazer só que todo mundo percebe.
> Indecisão é quando você sabe muito bem o que quer, mas acha que devia querer outra coisa. (FALCÃO, 2001, s/p.)

Ou ainda:

> Alegria é um bloco de carnaval que não liga se não é fevereiro. (*Ibidem*)

Os tons multicoloridos utilizados nas ilustrações deixam tudo ainda mais bonito e vibrante. A obra teve duas indicações para o Prêmio Jabuti e recebeu o Prêmio Ofélia Fontes – O melhor para crianças, da Fundação Nacional do Livro Infantil e Juvenil.

De estilo bem diferente, mas não menos poético, a autora lançou, em 2002, o incrível *Luna Clara e Apolo Onze*, repleto de personagens e cenários originais. Com uma narrativa capaz de prender o leitor durante suas 328 páginas, Adriana demonstra total domínio do texto na condução das peripécias vividas neste enredo que não poderia ser mais mirabolante e delicioso:

> Os pais de Luna Clara, Doravante e Aventura, vivem se achando e se perdendo. O avô da menina, Erudito, perde as histórias que havia colecionado e também o papagaio. As tias perdem os namorados. Em um constante ir-e-vir, na região

de Desatino do Norte, as vidas de Luna Clara e Apolo Onze acabam se cruzando.[4]

O escritor Ziraldo é quem assina a orelha do livro, não poupando elogios à escritora:

> Adriana aqui reinventa não só a narrativa como a linguagem. Ela reinventa a maneira de contar uma história. E faz isso com mão de mestre, com um nível de invenção que não conheço em outros autores brasileiros. Ela chegou arrasando. (Cf. FALCÃO, 2002. Orelha assinada)

Com muitas referências literárias e mitológicas, o texto é repleto de trechos inventivos, como este:

> Sempre que ficava grávida, Madrugada tinha desejos muito estranhos.
> Na primeira vez, ela desejou manhãs. (Sempre sofreu de insônia, a pobre Madrugada, talvez por causa do nome, ou vice-versa.)
> Na segunda vez, ela teve desejos de estrelas cadentes.
> Na terceira, desejou girassóis.
> Na quarta, apitos de trem.
> Na quinta gravidez, desejou conchas do mar [...]
> Na sexta ela sentiu desejos lancinantes de bolas de gude [...]
> Na sétima, ela desejou esquilos.
> Na oitava, Madrugada teve desejos de desejos. (*ibid.*, p. 19)

A filosofia e a poesia na LIJ também são essenciais quando da abordagem de temas polêmicos. E como poderia ser diferente? Como fugir de assuntos que, desde sempre, já pertencem ao imaginário coletivo, aos contos de fada, à vida cotidiana, aos textos bíblicos, ao cinema, às novelas, às séries de televisão. Como (e para quê) fugir de temas como morte, doenças, dor, guerras, *bullying*,

---
[4] Disponível em http://www.agenciariff.com.br/site/AutorCliente/Autor/12. Acesso em 3/4/2018.

preconceito, separação dos pais, relacionamentos homoafetivos e os novos arranjos familiares decorrentes deles?

Tudo pode ser dito às crianças. A grande questão é como dizer, como mostrar, como abordar. Pensar com cuidado em como diferentes temáticas serão conduzidas faz toda a diferença no universo dos livros infantis. Até porque as crianças vêm de origens, realidades e contextos sociais, econômicos e culturais diversos.

As editoras, aos poucos, se mostram mais dispostas em avançar no quesito abrangência de temas, investindo na produção de livros ditos polêmicos. Todavia, nem sempre as escolas e os pais (responsáveis pela maioria das aquisições de livros infantis e juvenis) estão preparados para isso.

Em São Paulo, a editora Pulo do Gato, dirigida pela editora e escritora Márcia Leite, é conhecida no mercado por ter um catálogo que privilegia, justamente, esses temas ditos áridos.

No título *Mari e as coisas da vida*, de Tine Mortier e Kaatje Vermeire (2012), temos uma menina que, com um misto de impaciência, rebeldia e sensibilidade, precisa enfrentar a doença da avó, que, como diz o texto de contracapa "um dia adoece e perde todas as palavras". Só Mari entende o que a avó balbucia quando acorda de seu sono pesado. Perdida em meio às explicações pouco convincentes dos adultos à sua volta, a menina trilha um caminho pontuado por inconformismo, dúvidas e desejos. Mari anseia que a avó, antes tão ativa, volte a correr e a brincar com ela perto da cerejeira. Mas as perdas da história vão além porque, afinal, como enfatiza o título, Mari precisa lidar com "as coisas da vida". Assim, do alto dos seus 6 anos, a menina se vê diante de uma avalanche de mudanças e, a seu modo, aprende a conviver com elas.

As ilustrações de Kaatje Vermeire são de uma poesia ímpar e dão ao livro uma atmosfera de sonho que funciona como contraponto à dura realidade da protagonista. Mesmo nas páginas de tons escuros, que ilustram as passagens mais dramáticas do texto, é possível manter vivo o encanto. A cor do vestido de Mari nos remete à Chapeuzinho Vermelho, que atravessa a floresta justamente para cuidar da avó. A peça de roupa funciona como um ímã irresistível que, a cada página, atrai a atenção do leitor, nos conduzindo ao universo puro e passional de Mari.

Outra publicação da editora é *Um outro país para Azzi*, com texto e ilustrações de Sarah Garland (2012), comovente *graphic novel* – livro cuja história é contada no formato tradicional dos quadrinhos, mas sem que haja nenhuma continuação, sendo as histórias concluídas em um único volume – que relata os perigos e as dificuldades pelos quais passam as famílias de refugiados. A obra traz desde a fuga dos personagens do seu local de origem – envolta em medo, ansiedade, transportes improvisados, longos percursos, fome, frio e uma série de outras circunstâncias perigosas – até a chegada e a difícil adaptação nos novos países onde essas pessoas irão viver. Países com culturas diferentes, incluindo mudanças drásticas de clima, alimentação e a barreira de um novo idioma.

Azzi enfrenta cada percurso dessa nova jornada com determinação e coragem, mas sem jamais esquecer o que ficou para trás, principalmente a avó. O livro é fruto de muita pesquisa, conversa e trabalho da autora com refugiados e especialistas em direito de imigração e direitos humanos.

A editora também tem em seu catálogo *Íris: uma despedida* (2012), da alemã Gudrun Mebs, com ilustrações tão melancólicas quanto belas da espanhola Beatriz Martín Vidal. A narrativa apresenta a história da menina Íris, que adoece gravemente e, por isso, precisa deixar a casa e o aconchego da família para vivenciar a dura realidade de uma internação hospitalar. A narradora do livro é a irmã mais nova de Íris, que relata o drama da separação de sua irmã sob seu ponto de vista infantil, tomado, também, pela incompreensão advinda da imaturidade em relação ao enfretamento de uma situação tão difícil.

> Questões como doença terminal, morte, sentido da existência, luto, relações familiares em meio a crises, vínculos afe-

tivos e o modo diferente como crianças e adultos vivenciam esses processos estão presentes neste texto que transformou esse livro em "um marco da literatura alemã pela sensibilidade e profundidade com que a autora aborda temas difíceis para leitores de qualquer idade [...]". (MEBS, 2013, p. 78)

Delicadeza e sensibilidade talvez sejam as palavras mais exatas para definir muitos livros do catálogo da Editora Pulo do Gato. Outra pérola desse acervo é *Roupa de brincar* (2015), de Eliandro Rocha, com lindas ilustrações de Elma. Na obra, uma menina nos conta que uma das coisas de que mais gosta é visitar a tia Lúcia, cujas roupas são sempre criativas e coloridas. A menina vê na tia um símbolo do mundo lúdico onde vive toda criança. E o melhor é que a tia deixa a menina brincar no seu roupeiro.

> Tia Lúcia tem saia de jogar xadrez,
> Tem calça de pista de cavalos,
> Tem blusa de mar cheia de ilhas. (ROCHA, 2015, s/p.)

Tudo muda no dia em que a menina depara com a tia vestida de preto. Do guarda-roupa, somem as roupas coloridas. Caberá à menina descobrir uma fórmula de devolver as cores e a alegria à vida da tia. Palavras como morte, perda e viuvez não são sequer mencionadas no livro. Texto e ilustrações são de uma beleza e sutilezas irretocáveis.

Mas quando o assunto é uma escrita ao mesmo tempo pungente e nostálgica, podemos elencar o premiado *A menina, o coração e a casa* (Global, 2012), da argentina María Teresa Andruetto. Traduzido pela renomada escritora Marina Colasanti, o livro apresenta os conflitos familiares vividos pela menina Tina, de 5 anos. Seus pais são separados e vivem em cidades diferentes, a cerca de uma hora de distância uma da outra.

Tina mora com o pai, Carlos, e sua avó paterna, Hermínia. Já a mãe de Tina, Sílvia, vive com o irmão da menina, Pedro, que tem síndrome de Down. O melhor dia da semana é domingo, quando o pai leva Tina até a casa de Sílvia e de Pedro e, lá, a família passa o dia em harmonia. As crianças brincando, os pais conversando, sempre com comidas gostosas e um clima amigável. Mas a menina não compreende uma infinidade de coisas nessa relação: o porquê de os pais viverem separados; o que, efetivamente, seu irmão tem de diferente a ponto de precisar de tantos cuidados da mãe; por que todos não podem morar juntos, em uma mesma casa?

O texto, narrado em terceira pessoa, é direto, sem rodeios, sem julgamentos. É como se o narrador descrevesse os acontecimentos sob a ótica da criança, que, com apenas 5 anos, é desprovida de meias palavras. Tudo o que, como adultos, os pais problematizam, Tina e Pedro tratam de simplificar:

> Temos que ir, Tina, diz o pai.
>
> Tina demora a prestar-lhe atenção, meio aborrecida, mas afinal toma Pedro pela mão, se afasta com ele e lhe diz alguma coisa ao ouvido. Depois, batendo palmas compassadas, os dois dizem juntos:
>
> *Temos uma ideia.*
>
> *Temos uma ideia.*
>
> *Temos uma ideia.*
>
> O pai diz: *Pode-se saber o que deu em vocês agora?*
>
> A ideia de Tina, que ela compartilha com Pedro, é que o pai e ela fiquem morando na casa para sempre. A mãe sorri, sorri de verdade pela primeira vez em muitos anos, essa mulher que às vezes fica parada durante horas diante da janela. (ANDRUETTO, 2012, pp. 87-88)

Alguns números

Apesar da visão futurista e inovadora no que se refere ao mercado e ao conteúdo de suas publicações, podemos considerar Monteiro Lobato – em muitos aspectos, visionário – um editor, paradoxalmente, à moda antiga, no sentido de que dominava as informações sobre todas as pontas do processo. Hoje, a segmentação das profissões e as exigências financeiras em torno do mercado editorial promoveram a extinção desse tipo de editor estilo velha guarda, dando origem a um profissional pragmático, preocupado com vendas, marketing e planilhas financeiras. O romantismo em torno da figura do editor está, de acordo com o que o mercado nos mostra, extinto.

Durante décadas, o editor possuía um papel misto que incluía tanto os afazeres típicos da edição de livros quanto uma interação total com o autor. O editor era, em geral, amigo pessoal do escritor, atuando também como conselheiro, psicólogo, relações públicas, confidente, incentivador.

Nos primeiros anos do século XXI, acompanhando o crescimento do mercado editorial com fusões e aquisições de empresas nacionais por grupos estrangeiros, vendas de milhões de livros para o Governo Federal brasileiro, o que se viu foi o término dessa visão mais intimista e romanceada da profissão do editor. Com números impressionantes (só em 2013, o Governo Federal destinou R$ 86 milhões para a compra de mais de 7 milhões de exemplares de livros infantis e juvenis para bibliotecas escolares),[5] prazos rígidos a cumprir, participação em editais, tiragens monumentais para atender às compras governamentais, popularização das bienais e feiras de livro, o que se viu foi a profissionalização das casas editoriais tradicionais, bem como o surgimento de médias e pequenas editoras.

Outras mudanças foram o aumento da participação das editoras em feiras internacionais importantes da área, como a tradicional Feira do Livro Infantil e Juvenil de Bolonha, na Itália. Realizada anualmente, é voltada apenas para os profissionais do setor, reunindo editores, agentes literários, ilustradores e autores de todo o mundo. O Brasil foi o país homenageado na Feira em 2014. Eventos como

---

[5] Maria Fernanda Rodrigues, "O traço e as histórias brasileiras terão destaque na Feira do Livro de Bolonha". Disponível em http://cultura.estadao.com.br/noticias/geral,o-traco-e-as-historias-brasileiras-terao-destaque-na-feira-do-livro-de-bolonha,1140966. Publicada em 14/3/2014. Acesso em 7/3/2018.

esse vêm ocasionando, de forma gradativa, o aumento do diálogo e das parcerias das editoras brasileiras com as estrangeiras, ampliando o número de traduções de autores nacionais mundo afora.

Aos poucos, as universidades de todo o país também vêm dando sua contribuição para o avanço da LIJ no Brasil. Prova disso é o crescimento do número de dissertações e teses sobre o tema, a criação de departamentos específicos de literatura infantojuvenil em instituições públicas e particulares. Observamos, ainda, a criação de cursos livres, de extensão e de pós-graduação oferecidos por instituições como A Casa Tombada, em São Paulo, que disponibiliza uma gama variada de cursos sobre LIJ; e a tríade A Cor da Letra, *Revista Emília* e Sesc São Paulo, que, juntos, têm promovido, desde 2011, o ciclo de seminários "Conversas ao pé da página", cujo objetivo é promover "o intercâmbio de experiências e de conhecimentos em torno dos leitores, da leitura, dos livros para crianças e jovens, da literatura e da formação de leitores [...]".[6]

Quanto aos estudos da LIJ na academia, devemos muito ao trabalho da professora Nelly Novaes Coelho, criadora, em 1980, da primeira cadeira sobre o tema no curso de letras da Universidade de São Paulo (USP). Sua vasta contribuição para essa área ganhou impulso com a publicação do livro que viria a se tornar um clássico para os pesquisadores de LIJ. Trata-se do *Dicionário crítico de literatura infantil/juvenil brasileira – 1882-1982*, originalmente publicado em 1983 e reeditado em 2007. Na obra, a professora cataloga centenas de autores, discorrendo sobre o trabalho de cada um.

Nelly lançou outros livros que se tornaram referência na área, como: *Literatura infantil: teoria, análise, didática* (1981), *Panorama histórico da literatura infantil/juvenil* (1984) e *O conto de fadas: símbolos, mitos, arquétipos* (1987).

Se a professora foi precursora nos estudos acadêmicos em relação ao tema da LIJ, hoje temos nomes como Marisa Lajolo e

---
[6] Disponível em http://www.conversapepagina.com.br/. Acesso em 25/3/2018.

Regina Zilberman cujas pesquisas têm contribuído muito para as reflexões sobre a área. Não podemos esquecer, também, dos estudos fundamentais da professora Ligia Cademartori, que nos deixou em 2015.

> Professora-doutora em Teoria Literária, também tradutora de autores clássicos, ela foi uma das responsáveis pela implantação e coordenação do Programa Nacional Salas de Leitura, gérmen do Programa Nacional Biblioteca da Escola (PNBE).
>
> [...]
>
> Autora de livros essenciais na área, como *O que é literatura infantil* (Brasiliense, 1986), Ligia, juntamente com Regina Zilberman e Marisa Lajolo, formava o trio acadêmico que, a partir dos anos 1980, definiu muitos dos rumos teóricos que sustentam a literatura infantojuvenil brasileira, dando-lhe alicerce para que se tornasse potente e importante.[7]

Em 2015, os números do mercado davam conta da publicação de 6.783 novos títulos destinados ao público infantil e 3.952 voltados ao público juvenil, totalizando 10.735 novos títulos na área de LIJ contra 4.841 lançamentos voltados ao público adulto (LAJOLO & ZILBERMAN, 2017, p. 60).

Com uma contagem de publicações tão expressiva, fica evidente que o número de editoras voltadas aos segmentos infantil e juvenil aumentou. Há também as editoras antes dedicadas apenas à literatura adulta e que passaram a incluir em seu catálogo novas linhas editoriais ou selos que contemplam os gêneros infantil e juvenil. Juliana Bernardes Tozzi observa em sua dissertação de mestrado *Livro infantil no Brasil (2007-2008): marcas em circulação, catálogos de divulgação e infâncias anunciadas*, defendida na Faculdade de Educação, Unicamp, 2011:

---

[7] Graça Lopes, "Réquiem à professora". Disponível em https://blogs.oglobo.globo.com/graca-ramos/post/requiem-professora-569799.html. Publicado em 4/8/2015. Acesso em 24/3/2018.

> [...] na década de 1990, instalaram-se 52 editoras dedicadas àquele segmento, número a que se somaram mais 49 marcas até 2008, em um total que ultrapassa a centena em menos de vinte anos. (*Ibid.*, pp. 76-77)

Com todas essas mudanças, desde os anos 1980, a literatura infantil brasileira atingiu um patamar de qualidade altíssimo, a ponto de três de seus autores receberem o Prêmio Hans Christian Andersen. São eles: Roger Mello (2014), Ana Maria Machado (2000) e Lygia Bojunga (1982). Já Bartolomeu Campos de Queirós foi escolhido finalista na categoria escritor em 2010.

Essa explosão de crescimento se deve tanto ao aprimoramento e profissionalização do mercado no Brasil quanto no mundo. A criação de prêmios internacionais, feiras e parcerias em todos os continentes possibilitou, de maneira gradativa, as mudanças que vemos hoje. Para Marisa Lajolo, especialista em literatura infantojuvenil, o reconhecimento da LIJ no mundo se deu, do ponto de vista institucional, a partir dos anos 1950:

1953 — FUNDAÇÃO DO INTERNATIONAL BOARD ON BOOKS FOR YOUNG PEOPLE (IBBY).

1956 — É OUTORGADO O 1º PRÊMIO HANS CHRISTIAN ANDERSEN.

1963 — 1ª FEIRA DO LIVRO INFANTIL E JUVENIL DE BOLONHA.

1968 — CRIAÇÃO DA FUNDAÇÃO NACIONAL DO LIVRO INFANTIL E JUVENIL (FNLIJ), COM SEDE NO RIO DE JANEIRO. A FNLIJ É A SEÇÃO BRASILEIRA DO INTERNATIONAL BOARD ON BOOKS FOR YOUNG PEOPLE (IBBY).

1974 A FNLIJ INICIA A AVALIAÇÃO DA PRODUÇÃO INFANTIL DE LITERATURA BRASILEIRA.

1981 FUNDAÇÃO DA ASSOCIAÇÃO DE LEITURA DO BRASIL (ABL).

1982 INAUGURAÇÃO DO PROJETO CIRANDA DE LIVROS (VIGENTE ATÉ 1985).

1983 TEM INÍCIO A PRIMEIRA JORNADA LITERÁRIA DE PASSO FUNDO.

1984 INAUGURAÇÃO DO PROGRAMA NACIONAL SALAS DE LEITURA, QUE TEVE CONTINUIDADE ATÉ 1996.

1989 RUTH ROCHA É CONVIDADA PARA ESCREVER A VERSÃO INFANTIL DA DECLARAÇÃO UNIVERSAL DOS DIREITOS HUMANOS.

1993 INSTITUIÇÃO DO WHITE RAVENS CATALOGUE, CATÁLOGO DA INTERNATIONAL YOUTH LIBRARY, DE MUNIQUE, QUE, A CADA ANO, REÚNE 200 LIVROS DE MAIS DE 50 PAÍSES EM QUASE 40 IDIOMAS. OS LIVROS SÃO SELECIONADOS POR SUA INOVAÇÃO ARTÍSTICA E LITERÁRIA, DESIGN OU POR TRATAR DE TEMAS UNIVERSAIS.

1996 PROMULGAÇÃO DA NOVA LEI DE DIRETRIZES E BASES DA EDUCAÇÃO.

1997 INAUGURAÇÃO DO PROGRAMA NACIONAL DE BIBLIOTECA NA ESCOLA (PNBE).

○ **2001** LANÇAMENTO DA 1ª JORNADINHA NACIONAL DE LITERATURA DE PASSO FUNDO.

LANÇAMENTO DA PESQUISA RETRATOS DA LEITURA DO BRASIL.

○ **2002** INSTITUIÇÃO DA ASTRID LINDGREN MEMORIAL AWARD.

○ **2003** APROVAÇÃO DO PROJETO ANO IBEROAMERICANO DE LEITURA, PARA 2005.

PROMULGAÇÃO DA LEI DO LIVRO.

○ **2004** PROGRAMA FOME DE LIVRO, QUE VISA DOTAR TODAS AS CIDADES BRASILEIRAS COM UMA BIBLIOTECA PÚBLICA; CRIAÇÃO DA CÂMARA SETORIAL DO LIVRO, DA LITERATURA E DA LEITURA (CSLL); DECRETADA A DESONERAÇÃO FISCAL DO LIVRO, LITERATURA E LEITURA; DECRETADA A REDUÇÃO A 0 (ZERO) DAS ALÍQUOTAS DA CONTRIBUIÇÃO PARA O PIS/PASEP E DA COFINS INCIDENTES SOBRE A RECEITA BRUTA DECORRENTE DA VENDA DE LIVROS; INSTITUIÇÃO PELO CONSELHO NACIONAL DE EDUCAÇÃO/CONSELHO PLENO (CNE/CP) DAS DIRETRIZES CURRICULARES NACIONAIS PARA A EDUCAÇÃO DAS RELAÇÕES ÉTNICO-RACIAIS E PARA O ENSINO DE HISTÓRIA E CULTURA AFRO-BRASILEIRA E AFRICANA.

○ **2005** ANO IBERO-AMERICANO DE LEITURA E POSTERIOR CRIAÇÃO DO PRÊMIO VIVALEITURA, COM O OBJETIVO DE ESTIMULAR, FOMENTAR E RECONHECER AS MELHORES EXPERIÊNCIAS QUE PROMOVAM A LEITURA. TAMBÉM EM 2005, DADOS DO MINISTÉRIO DA CULTURA (MINC) INFORMAM QUE 90% DOS MUNICÍPIOS BRASILEIROS TÊM BIBLIOTECAS.

○ **2006** LANÇAMENTO DO PLANO NACIONAL DO LIVRO E LEITURA (PNLL).

○ **2008** LANÇAMENTO DO PRIMEIRO RELATÓRIO DA PESQUISA RETRATOS DE LEITURA NO BRASIL.[8]

[8] Dados apresentados por Marisa Lajolo no curso "Um panorama da literatura para crianças e jovens", ministrado por Dolores Prades, na Universidade do Livro/Fundação Editora Unesp, entre setembro e novembro de 2011, em São Paulo. A participação da professora Marisa Lajolo como convidada ocorreu em 26/10/2011.

Algumas dessas iniciativas sem dúvida colaboraram para o fato de que, entre 2011 e 2015, a população de leitores no Brasil aumentou 6%, passando de 50% a 56%.

> Não parece muito, mas na escala do Brasil significa que 16 milhões de pessoas iniciaram-se em prática de leitura. Os instrumentos desse crescimento foram a renovação das bibliotecas públicas, as feiras do livro, as manifestações literárias, os apoios na edição. O desafio do presente é manter ou acrescentar estas intervenções que associam a leitura e a cidadania. (CHARTIER *apud* LAJOLO & ZILBERMAN, 2017. Prefácio assinado, s/p.)

Falta de diálogo entre os países da América Latina

O aumento da produção de LIJ no Brasil não ampliou – de maneira substancial – o diálogo da cadeia editorial com os produtores de LIJ de países vizinhos. O mercado ressente-se da falta de mais ações conjuntas, parcerias, conhecimento sobre as produções dos países latinos. Faltam intercâmbios entre autores, editores, universidades e demais instituições ligadas aos livros. As feiras de mercado editorial não têm sido suficientes para a busca de soluções para problemas comuns, como a necessidade de incentivo da leitura entre crianças e jovens.

O curioso é que boa parte desses países tem contextos históricos muito semelhantes aos nossos: colonização, longos períodos vivendo sob o signo da ditadura, dificuldades políticas e econômicas, que, no frigir dos ovos, deveriam nos tornar muito mais próximos, conectados e interessados uns nos outros. O depoimento a seguir, da escritora argentina Maria Teresa Andruetto, vencedora, em 2012, do Prêmio Hans Christian Andersen, comprova o quanto Brasil e Argentina são mais semelhantes do que aparentam.

Na segunda metade dos anos 1970, considero que também não se lia mais do que hoje, porque entre 1976 e 1983, vivemos nesse país uma tremenda ditatura, e na educação da época (eu já não era aluna e ainda não era docente, pois, embora egressa das letras, naqueles anos não podia exercer a profissão), sugeria-se, ou diretamente se impunha a mestres e professores que não pedissem livros para não fazer os pais gastarem, pois era mais cômodo e menos problemático aprender em caderninhos uniformes e revisados pelo olho atento dos inspetores. (ANDRUETTO, 2017, p. 122)

O cinema e seus mediadores exemplares

Muitas vezes, o cinema é um poderoso aliado da literatura. Por meio de alguns filmes, os espectadores sentem-se impulsionados a sair da sala escura e mergulhar na leitura dos livros. Conhecido como a sétima arte, o cinema tem, claro, uma relação estreita com livros, textos, escritores. Filmes, afinal, nascem graças às ideias criativas de alguém que, a princípio, escreve as histórias sob a forma de roteiro, uma técnica de escrita que exige dos autores não apenas a redação das tramas mas também a indicação do modo como devem ser transpostas para a tela.

Desde sua criação pelos irmãos Auguste e Louis Lumière, que exibiram as primeiras imagens na telona para um público incrédulo em 28 de dezembro de 1895, em Paris, o cinema tem bebido na fonte da literatura utilizando-se dela para a execução de filmes baseados em contos de fada, romances, lendas, poemas épicos. Por vezes, roteiristas e diretores resolvem levar às telas filmes que não necessariamente derivam de livros, mas que, por sua vez, incentivam o amor por eles e pela literatura.

Uma das produções de que gosto muito e considero bem-sucedida nesse aspecto é o clássico *Sociedade dos poetas mortos*, de 1989, com roteiro de Tom Schulman e direção de Peter Weir. No filme, o personagem John Keating – em interpretação magistral de Robin Willians – é um professor de literatura na tradicional escola Welton Academy, onde havia sido aluno décadas antes. Trata-se de uma escola de elite que, tal qual a maioria das escolas voltadas para esse público, é constituída sob o signo da tradição e tem extrema dificuldade de encarar inovações com bons olhos. Ocorre que Keating não segue a cartilha da instituição, uma vez que seu modo de lecionar passa longe do viés tradicional. Já no primeiro dia de aula, chega com uma postura leve, despreocupada, propondo aos alunos uma reflexão sobre a vida e a necessidade de fazermos com que ela realmente valha a pena.

Com métodos pouco ortodoxos, pede que os alunos rasguem livros teóricos e sobe nas carteiras para declamar poesia. Com o avanço da trama, os estudantes descobrem que, quando fora aluno daquela instituição, o professor havia participado de uma espécie de clube secreto: a Sociedade dos Poetas Mortos, que privilegiava a leitura de poesia. Os alunos, então, tomados pela influência do mestre, decidem reviver o grupo, passam a questionar a própria vida, modificam-se, crescem, amadurecem – mudanças que alteram o rumo de suas histórias.

Ao final, o espectador sai envolto por uma atmosfera tomada pela poesia e pela prosa, comovido com o modo pelo qual os livros podem transformar vidas, provocar, questionar e, de certa forma, ampliar a extensão e o alcance de corações e mentes.

E se há filmes que nos inspiram a ponto de nos impulsionar em direção à leitura e valorizar cada vez mais nossas experiências com livros, há também fenômenos editoriais que contaram, e muito, com a ajuda de suas adaptações para o cinema.

Harry Potter e A culpa é das estrelas

Em vez de criticar a paixão de crianças e jovens por quadrinhos, desenhos animados ou séries televisivas, cabe ao mediador fazer a ponte entre essas diferentes linguagens, seus enredos, tramas, personagens e suas gênesis – geralmente encontradas em histórias, contos e lendas mitológicas, bem como em livros que conquistaram seu espaço e entraram para o cânone literário.

Há exemplos de histórias cujas essências podem ser identificadas com outras tantas que as precederam:

* Os finais trágicos em histórias de amor, sejam em novelas, séries, filmes ou *best-sellers*, como o livro *A culpa é das estrelas*, de John Green, costumam beber na fonte das tragédias gregas ou em obras referenciais que vieram depois, como é o caso de *Romeu e Julieta*, de William Shakespeare, maior ícone da literatura ocidental.

* Shakespeare, aliás, também assinou uma obra que serve de inspiração para outros livros, filmes e séries que têm o ciúme como pano de fundo. Trata-se do clássico *Otelo*, cujo protagonista, que dá nome à obra, é tão transtornado e obsessivo em relação à mulher que, de imediato, nos lembra outro ciumento sobre o qual já falamos neste livro. Ninguém menos que Bento Santiago, o Bentinho, protagonista de *Dom Casmurro*, de Machado de Assis.

* Já as novelas e os filmes, cujas protagonistas são mocinhas bondosas e abnegadas, costumam ter por modelo as princesas dos tradicionais contos de fadas, como *Branca de Neve*, *Cinderela* e *A Bela e a Fera*.

* Quanto às histórias que flertam com o sobrenatural e a magia, como os fenômenos editoriais *Pearcy Jackson* e *Harry Potter*, derivam das mitologias grega, celta, egípcia, nórdica, etc.

O objetivo de oferecer esses exemplos, contendo histórias que dialogam com outras já criadas há muito tempo, é mostrar aos mais variados tipos de leitores ou espectadores (de desenhos ou séries) quanto é fascinante o mundo da criação e o quanto podemos ser seduzidos por personagens e tramas que, por mais que sejam atuais, foram inspiradas em livros, peças de teatro ou lendas que já existiram há centenas ou milhares de anos. Com isso, é possível perceber quão fundamental as "histórias", de modo geral, foram/são/serão importantes na trajetória humana. Independentemente de serem relatos orais, escritos, narrados em rádio, transmitidos na televisão, cinema ou outros dispositivos mais modernos, o fato é que não conseguimos viver sem estarmos conectados a boas histórias que nos inspiram, nos influenciam, nos apaixonam.

O bruxinho que revolucionou a LIJ

Um fenômeno editorial historicamente recente envolvendo ambientes e personagens mágicos, castelos, bruxos, poções, elfos, hipogrifos e outros seres ligados ao mundo fantástico é a saga *Harry Potter*, sucesso criado pela escritora britânica Joanne Kathleen Rowling, conhecida como J. K. Rowling. Em junho de 2017, completou-se 20 anos do lançamento do primeiro volume da saga, publicado pela editora Bloomsbury, que lançou o livro *Harry Potter e a pedra filosofal*, em junho de 1997, com uma tiragem de apenas 500 exemplares, em capa dura, dos quais 350 foram destinados a bibliotecas.

Desde essa época, milhares de reportagens, entrevistas e teses vêm tentando explicar esse acontecimento que conquistou milhões de leitores. A saga transformou-se no maior *case* editorial das últimas décadas (ou seria do século?), vendendo nada menos do que 450 milhões de exemplares e traduzido para 80 idiomas. No Brasil, os livros foram publicados pela Editora Rocco, de 2000 a 2007.

A obra deu origem a filmes, peças de teatro, games, parques temáticos e milhares de produtos, como brinquedos, lancheiras, mochilas, cadernos e demais materiais de papelaria, itens de vestuário, etc. Porém, nenhum produto teve tanto sucesso mundial quanto os oito filmes que deram conta da história do bruxinho (são sete livros, mas o último volume foi dividido em duas partes quando levado às telas). Neles, ano após ano, o público teve acesso ao desenrolar da trama do bruxinho Harry e de seus amigos Rony e Hermione por meio das interpretações dos atores Daniel Radcliffe, Rupert Grint e Emma Watson. "Até pouco tempo, os oito filmes formavam a franquia de maior bilheteria da história, tendo acumulado US$ 7,7 bilhões (R$ 25 bilhões) no mundo".[1]

Dados de 2016 dão conta de que "o valor estimado de toda a franquia Harry Potter, que inclui livros, filmes, parques de diversão, peças de teatro e produtos licenciados, é de US$ 24 bilhões (R$ 77,4 bilhões)".[2]

A legião de leitores originou um número incontável de *fanfictions* ou *fanfics* (histórias criadas por fãs e inspirados em seus livros preferidos. Muitas vezes, tais narrativas, usualmente publicadas na internet, dão continuidade às suas histórias favoritas, criam desdobramentos para determinados personagens e situações da trama original, etc.).

Com vasto conhecimento literário e mitológico, a autora mesclou elementos de diversas culturas, dando origem a uma trama rica em referências capazes de conquistar o coração de milhões de leitores. A cada novo volume, livrarias organizavam lançamentos nunca antes vistos no universo editorial. Utilizando uma estratégia de marketing agressiva e coordenada com lojas de diversas redes, muitos desses eventos levaram milhares de crianças, jovens e adultos às lojas vestidos como os alunos da Escola de Magia e Bruxaria de Hogwarts – o principal cenário da trama – portando varinhas, óculos e outros objetos que remetiam aos personagens dos livros.

---

[1] Tim Masters, "Harry Potter, 20 anos – como livro rejeitado por editoras se tornou fenômeno infanto-juvenil". Disponível em http://www.bbc.com/portuguese/geral-40403271. Acesso em 1/3/2018.

[2] Anderson Antunes, "Nos 19 anos do primeiro Harry Potter, os números mágicos da saga". Disponível em https://glamurama.uol.com.br/nos-19-anos-do-primeiro-harry-potter-os-numeros-magicos-da-saga/. Acesso em 1/3/2018.

No Reino Unido, o lançamento de *Harry Potter e o prisioneiro de Azkaban,* publicado em 1999, foi agendado para as 15h45, de modo a evitar que os estudantes na Inglaterra e no País de Gales faltassem à escola para conseguir sua cópia do livro. Já para a chegada de *Harry Potter e o cálice de fogo,* quarto livro da série, lançado em 2000, livrarias do mundo inteiro – em uma ação nunca vista antes – coordenaram o primeiro lançamento global da obra para um horário inusitado: meia-noite. Foi um sucesso com massiva cobertura da mídia, rendendo manchetes em todo o mundo.

Fã confessa de obras como *As crônicas de Nárnia,* de C.S. Lewis; *O senhor dos anéis,* de J. R. R. Tolkien e das peças de Shakespeare, a autora também é fã de contos da mitologia egípcia e grega. O que J. K. Rowling fez de melhor foi unir essas referências e mesclá-las com seu mundo interior, experiências de vida e gostos pessoais. De posse dessa potente mixagem, jogou tudo em um caldeirão e, como boa criadora que é, extraiu dali seu mundo mágico.

Assim como Batman, Harry Potter é um órfão, mas, diferentemente do herói dos quadrinhos, que perdeu os pais aos 8 anos, Harry teve pai e mãe assassinados quando era um bebê, e foi criado pelos piores tios que alguém poderia imaginar. Junto a eles e ao mimado primo Dudley Dursley, sofreu privações, desprezos e carências ao longo da infância. Para se ter uma ideia, seu "quarto" era um cantinho embaixo da escada. Tudo ia de mal a pior até que, aos 11 anos, Harry recebeu uma carta da Escola de Magia e Bruxaria de Hogwarts, comunicando-o de que, uma vez que atingira aquela idade, poderia começar os estudos na instituição.

Foi quando a vida do protagonista mudou por completo: de uma só vez descobriu que era bruxo – fato que até então desconhecia – e que teria um lugar para ficar quase o ano todo, exceto nas férias, longe daqueles tios abjetos. Não bastasse isso, uma vez em Hogwarts, conheceria seus melhores amigos, Rony Weasley e Hermione Granger, descobriria tudo sobre seu passado e seus pais, e ainda teria o apoio incondicional do diretor da escola, o bruxo que viria a ser seu mentor, Alvo Dumbledore.

Em termos gerais, o mote da saga gira em torno da luta ancestral entre o bem e mal. No caso, o protagonista Harry simboliza o bem, personificando valores como amizade, honestidade, coragem, determinação, e o mal fica a cargo do seu opositor, Lord Voldemort, responsável tanto pela morte dos pais do menino quanto pela cicatriz em forma de raio que Harry carrega na testa. Voldemort tem o projeto sórdido de poder que inclui dominar o mundo dos bruxos e extinguir o mundo dos "trouxas" (não bruxos). Lembramos que a autora construiu o universo da saga em um mundo paralelo. Mesmo assim, vale dizer que o mundo real aparece com bastante frequência na história. É o caso da cidade de Londres, onde moram os personagens nas férias, quando não estão em Hogwarts. Temas como poder, corrupção e preconceito pontuam a obra, em uma tentativa evidente – e muito bem-sucedida – de criar analogias com a realidade.

Nos sete livros, Harry passa de um menino a um jovem, com toda a série de dramas, perdas, ganhos e descobertas, provas e lições que configuram a transformação de uma criança em um adulto. Aliás, a autora soube, como poucos, construir sua saga levando em conta a metodologia típica da jornada do herói, espécie de roteiro que traz as principais diretrizes para a execução de filmes de sucesso, descrita de maneira esmiuçada no livro *A jornada do escritor: estruturas míticas para contadores de histórias e roteiristas*, de Christopher Vogler (1997).

A culpa é das estrelas (ou seria de Shakespeare?)

Nas primeiras páginas do meu exemplar de *A culpa é das estrelas*, romance do americano John Green, publicado no Brasil em 2012 pela Editora Intrínseca, constam as seguintes anotações feitas a lápis: "tom coloquial", "temática impactante", "doença terminal", "morte", "humor", "ironia", "ritmo", "dinamismo". Conforme a história avança, encontro outros registros nas laterais do texto: "Citação de Becket", "linguagem esmerada, sem, no entanto, abandonar o tom coloquial", "descrição poético-filosófica da dor de cabeça", "Shakespeare, Soneto 55", "filosofia, lógica, retórica", "René Magritte", "drama", "poesia", "intertextualidade/cartas", "cinema", "sarcasmo", "física/relatividade do tempo", "crítica política", "Segunda Guerra Mundial/Anne Frank".

Percebam a riqueza de referências logo nas primeiras páginas de uma obra voltada ao público adolescente. Pode ser que para leitores mais exigentes seja pouco, mas para os milhões de fãs do livro, que, assim como os da saga *Harry Potter*, virou um filme de sucesso, a obra superou as expectativas. Talvez por isso possamos compreender o resultado da posição alcançada por esse livro no resultado da pesquisa *Retratos da Leitura no Brasil*, publicada em 2016. No *ranking* dos livros mais marcantes e, consequentemente, mais citados pelos entrevistados, consta a seguinte informação: em primeiro lugar, disparado, está a Bíblia, mencionada por 482 entrevistados; na segunda posição temos *A culpa é das estrelas*, citado por 56 entrevistados.[3]

A narrativa traz à tona a história de Hazel Grace, de 16 anos, paciente terminal lutando contra um câncer que começou na tireoide e se alastrou para o pulmão. Com fortes indícios de depressão, a jovem é convencida pela mãe a frequentar as reuniões de um grupo de apoio. Lá, Hazel conhece um garoto bonito, articulado e inteligente chamado Augustus Waters, que provoca uma imensa reviravolta na vida da adolescente.

Embora o romance tenha sido classificado como "jovem adulto", muitos marmanjos acima dos 30 e/ou 40 anos caíram de amores pelo livro. Os motivos são muitos: Green é mestre em contar histórias, pesquisa muito sobre os temas que aborda, tem um invejável domínio do ritmo, dos diálogos e sabe, como poucos, enriquecer suas tramas contemporâneas com referências a textos literários clássicos, teatro, cinema, artes plásticas.

O próprio título desse romance deriva da peça *Júlio César*, de William Shakespeare, no trecho em que o nobre Cassius declara: "A culpa, meu caro Brutu, não é de nossas estrelas/Mas de nós mesmos" (GREEN, 2012, p. 106). Na mesma página – uma

....
[3] Disponível em http://prolivro.org.br/home/images/2016/Pesquisa_Retratos_da_Leitura_no_Brasil_-_2015.pdf, p. 97. Acesso em 9/8/2018.

das melhores passagens do texto, aliás –, Green ainda menciona o *Soneto 55*, também de autoria do bardo inglês. Resumindo: bons livros e boas histórias transcendem as questões de faixa etária que o mercado impõe a determinadas obras.

Só no Brasil, desde 2010, o livro já vendeu perto de 1 milhão de exemplares, perdendo apenas para os dois livros publicados pelo bispo Edir Macedo (*Nada a perder 1* e *Nada a perder 2*), que passaram da casa de 1 milhão.[4]

Para os especialistas, um dos grandes trunfos do livro é a coragem de construir um enredo com uma temática que trata de doenças e da perspectiva da morte em plena adolescência. Durante a aula inaugural do curso de extensão universitária "O livro para a infância – textos, imagens e materialidades", que aconteceu na *Casa Tombada*, em São Paulo, de setembro a novembro de 2015, a premiada autora e ilustradora brasileira Eva Furnari comentou:

> John Green insere a doença e a morte numa sociedade que está o tempo todo no verão. Só querem a beleza, a juventude, a ausência de doenças. Mas os jovens querem saber sobre doença e morte porque hoje em dia ninguém nem sequer toca no assunto.

Gosto muito dessa obra de Green e o único senão do texto, a meu ver, é a quantidade considerável de vezes em que o discurso dos protagonistas me pareceu maduro demais. À época, refleti sobre isso e considerei que, com essas falas, o autor quis ressaltar o fato de que adolescentes que já passaram – ou estão passando – pelo drama do câncer amadurecem de forma precoce. Porém, quando, na sequência, li mais três livros do autor (*Quem é você, Alasca?*, *Cidades de papel* e *O teorema Katherine*) percebi que essa maturidade discursiva dos jovens é uma constante nos romances do autor, conhecido por criar personagens considerados "nerds",

....
4 Eduardo Maschio e Rodolfo Almeida, "O ranking dos livros mais vendidos no Brasil desde 2010". Disponível em https://www.nexojornal.com.br/grafico/2017/07/03/O-ranking-dos-livros-mais--vendidos-no-Brasil-desde-2010. Acesso em 2/3/2018.

a maioria leitores dedicados, bons alunos, com interesse específico em determinados assuntos e temas.

Para além das citações explícitas a Shakespeare, a trama central do livro lembra – muito – o que talvez seja a obra mais conhecida do autor: *Romeu e Julieta*. Na peça, um casal de adolescentes vive um amor impossível, não devido a uma doença, mas em decorrência da rivalidade histórica entre suas famílias. De final trágico, com a morte dos protagonistas, o drama tornou-se um clássico.

Da mesma forma, a obra de Green traz questões como o amor, a perda e a morte para o centro da discussão. A adaptação cinematográfica do romance foi um sucesso, impulsionando sobremaneira a carreira do livro. Até porque muitos espectadores fizeram o processo inverso: primeiro conferiram o filme para, só então, se interessarem pela obra impressa que lhe deu origem.

> Os fãs brasileiros de *A culpa é das estrelas* têm muito para comemorar. O filme, inspirado no livro homônimo de John Green, teve a segunda maior bilheteria em nosso país. Nos Estados Unidos, que detêm a primeira posição, o longa-metragem fez, até agora, mais de US$ 123 milhões. O Brasil aparece em segundo lugar, com US$ 30 milhões.
>
> No ranking do FilmeB, *A culpa é das estrelas* é o mais visto do ano, com 6,1 milhões de espectadores (*Malévola* está atrás, com 5,7 milhões). A renda total no exterior chegou a quase 140 milhões de dólares – vale notar que o filme teve orçamento de 12 milhões de dólares.[5]

Um dos autores de livros voltados para o público jovem adulto mais festejados da atualidade, Green tem público cativo no Brasil, com vendas expressivas e excelente divulgação na mídia. Não chega a ser uma J. K. Rowling, mas, afinal, quem pode se equiparar a ela?

Esses foram apenas alguns exemplos de filmes capazes de incentivar a leitura ou a reflexão sobre ela. Há outros tantos cujas te-

---

[5] Miguel Barbieri Jr., "Brasil tem a segunda maior bilheteria do mundo de *A culpa é das estrelas*". Disponível em https://vejasp.abril.com.br/blog/miguel-barbieri/brasil-tem-a-segunda-maior-bilheteria-no-mundo-de-a-culpa-e-das-estrelas/. Publicado em 5/8/2014. Acesso em 4/3/2018.

máticas contribuem muito para que o público, após vê-los, queira ampliar seu repertório de leitura ou mesmo – para os que dizem não gostar de ler – começar a enveredar pelo mundo dos livros. A seguir, listamos alguns:

1. **MÃOS TALENTOSAS:** *a história de Ben Carson* (roteiro: John Pielmeier; direção: Thomas Carter, 2009).

   Baseado na história real do mundialmente renomado neurocirurgião Ben Carson, o filme traz o exemplo típico de um profissional bem-sucedido cuja trajetória se deu por intermédio dos benefícios da leitura. Filho de uma empregada doméstica de Detroit, Carson teve origem humilde e, quando estudante, apresentava muitas dificuldades na escola. Sua história começa a mudar quando sua mãe conhece a fascinante biblioteca de seu patrão e, em um passe de mágica, percebe quanto os livros podem ser fundamentais a uma vida de sucesso. Assim, a mãe começa a obrigar o filho a ler dois livros por semana. A estratégia supera as expectativas: aos 33 anos, Carson torna-se diretor do Centro de Neurologia Pediátrica do Hospital Universitário Johns Hopkins, em Baltimore, nos Estados Unidos.

2. **ESCRITORES DA LIBERDADE** (roteiro e direção: Richard LaGravenese, 2007).

   Em uma pequena escola de um bairro periférico de Los Angeles, nos Estados Unidos, tomado por conflitos raciais, a jovem professora Erin Gruwell leciona para uma turma de alunos revoltados, rebeldes e descrentes de seus talentos e potencialidades. Com muita paciência e jogo de cintura, a educadora consegue, aos poucos, realizar uma reforma educacional que afeta positivamente toda a comunidade, incutindo em seus alunos valores como respeito, tolerância e disciplina.

3. **MINHAS TARDES COM MARGUERITTE** (baseado no livro *La tête en friche*, de Marie-Sabine Roger. A direção é de Jean Becker, 2010).
Uma história de amizade, amor aos livros e reflexão sobre a linguagem. Nesse delicado filme francês, o comerciante e pequeno agricultor Germain, interpretado por Gérard Depardieu, desenvolve uma amizade inusitada com Margueritte, de 95 anos, amante da literatura e ex-ativista da Organização Mundial de Saúde (OMS). Determinada a tornar Gérard um leitor, ela lhe apresenta a beleza existente tanto em textos literários clássicos quanto em dicionários. A amizade entre os dois, bem como os ensinamentos (verdadeiras lições de vida) que o agricultor recebe repercutem na vida de Gérard, que se entusiasma a ponto de repassar aos amigos tudo o que aprende com Margueritte.

4. **O LEITOR** (roteiro: David Hare; direção: Stephen Daldry, 2008).
Uma história de amor entre o adolescente Michael Berg e Hanna Schmitz (em interpretação magistral de Kate Winslet), uma mulher misteriosa com o dobro da idade do rapaz. A trama transcorre na Alemanha pós-Segunda Guerra Mundial. O casal passa as tardes vivenciando o amor, ao mesmo tempo que Hanna ouve, fascinada, as narrativas lidas pelo jovem Michael. Anos depois, o rapaz faz uma descoberta surpreendente: Hanna está sendo julgada por executar ordens nazistas. O peso da trama e do contexto histórico são expostos com a delicadeza e a mão certeira da direção.

5. **CENTRAL DO BRASIL** (roteiro: Marcos Bernstein e João Emanuel Carneiro; direção: Walter Salles, 1998).
Indicado ao Oscar de melhor filme estrangeiro de 1999, temos a história de Dora, interpretada por Fernanda Montenegro. Instalada em uma pequena mesa na estação Central do Brasil, no centro do Rio de Janeiro, munida de

papel e caneta, a personagem trabalha escrevendo cartas a pedido dos analfabetos. Dora, no entanto, é uma pessoa dura e pragmática que não se comove com os relatos ditados a ela. A reviravolta se dá quando a mulher depara com o menino Josué, de 9 anos, órfão da mãe que enviava cartas ao pai do garoto graças aos serviços prestados por Dora. Quando a mãe de Josué morre, Dora toma para si a missão de levar o menino ao encontro do pai, que ele ainda não conhecia.

6. **AS VANTAGENS DE SER INVISÍVEL** (autoria e direção: Stephen Chbosky, 2012). Temas espinhosos como depressão e tentativas de suicídio compõem o roteiro, que traz Charlie (Logan Lerman, de *Percy Jackson e o ladrão de raios*), adolescente de 15 anos, tentando se reerguer após a perda de seu único amigo. Durante esse período sombrio, Charlie encontra apoio nos livros e em seu professor de literatura. Seu processo de amadurecimento ganha ainda mais força e dinamismo quando, no momento de sua entrada no colegial, os irmãos Sam (papel da encantadora Emma Watson, de *Harry Potter*) e Patrick (Ezra Miller, de *Precisamos falar sobre o Kevin*), veteranos da escola, se aproximam de Charlie e o atraem para um mundo de descobertas. Ótimas atuações dos atores juvenis em papéis carregados de nuances. Vale prestar atenção, também, à incrível trilha sonora com canções dos anos 1980 e 1990. A ênfase especial vai para as cenas que ocorrem ao som de *Heroes*, de David Bowie.

O cinema ainda nos brinda com grande quantidade de filmes adaptados de obras literárias. Entre os que acabamos de citar, dois foram inspirados em livros: *Minhas tardes com Margueritte* e *As vantagens de ser invisível*. Vejamos mais alguns para refrescar a memória:

1. Os sete volumes da saga *Harry Potter*, escrita por J. K. Rowling, e levada às telas por vários diretores.

2. *As crônicas de Nárnia*, de C. S. Lewis, cujos três primeiros volumes da série foram levados às telas, respectivamente, por Andrew Adamson (*As crônicas de Nárnia: o leão, a feiticeira e o guarda-roupa,* 2005*; As crônicas de Nárnia: príncipe Caspian,* 2008*)* e Michael Apted (*As crônicas de Nárnia: a viagem do peregrino da alvorada,* 2010).

3. *A invenção de Hugo Cabret*, do autor Brian Selznick, direção de Martin Scorsese, 2011.

4. *O senhor dos anéis*, autoria de J. R. R. Tolkien, direção dos três volumes da trilogia (*A sociedade do anel*, 2001; *As duas torres*, 2002; e *O retorno do rei*, 2003), de Peter Jackson.

5. *O pequeno príncipe*, de autoria de Antoine de Saint-Exupéry, o livro já teve três versões para o cinema: em 1967, por Arünas Zebriünas; em 1974, com direção de Stanley Donen; e em 2015, por Mark Osborne.

6. *Romeu e Julieta*, de William Shakespeare, várias adaptações para o cinema, sendo as mais conhecidas a do diretor Franco Zeffirelli, 1968, e *Romeu + Julieta*, de Baz Luhrmann, 1996.

7. *Hamlet*, de William Shakespeare, várias adaptações para o cinema, sendo a mais cultuada a do diretor Laurence Olivier, 1948.

8. *Bonequinha de luxo*, adaptação cinematográfica da novela de Truman Capote, direção de Blake Edwards, 1961.

9. *O nome da rosa*, de Umberto Eco, levado às telas pelo diretor Jean-Jacques Annaud, 1986.

10. *A culpa é das estrelas*, de John Green, adaptada para o cinema com direção de Josh Boone, 2014.

11. *Pearcy Jackson*, série de Rick Riordan, dois volumes adaptados para o cinema: *Pearcy Jackson e o ladrão de raios* (direção de Chris Columbus, 2010) e *Pearcy Jackson e o mar de monstros* (direção de Thor Freudenthal, 2013).

12. *Cidade de Deus*, escrito por Paulo Lins, roteiro de Bráulio Mantovani, direção de Fernando Meirelles e Kátia Lund, 2002.

13. *O segredo de seus olhos*, escrito por Eduardo Sacheri, dirigido por Juan José Campanella, 2009.

14. *Como água para chocolate*, escrito por Laura Esquivel, dirigido por Alfonso Arau, 1992.

15. *Jumanji*, escrito por Chris Van Alsburg e dirigido por Joe Johnston, em 1995, e por Jake Kasdan, em 2018.

16. *O carteiro e o poeta*, de autoria de Antonio Skármeta, direção de Massimo Troisi e Michael Radford, 1994.

17. *O código da Vinci*, best-seller de autoria de Dan Brown, dirigido por Ron Howard, 2006.

18. *O iluminado*, baseado na obra de Stephen King, direção de Stanley Kubrick, 1980.

19. *Os três mosqueteiros*, de autoria de Alexandre Dumas, várias adaptações para o cinema, entre elas, a do diretor Paul W. S. Anderson, 2011.

20. *Frankenstein,* de autoria de Mary Shelley, contou com diversas adaptações para as telas, algumas das mais cultuadas são *Frankenstein* (direção de James Whale, 1931) e *Frankenstein de Mary Shelley* (roteiro de Steph Lady e Frank Darabont, dirigido por Kenneth Branagh, 1994).

O milagre da multiplicação da mediação

De todos os filmes citados, nos detivemos mais em *Sociedade dos poetas mortos*, e o fizemos por entender que se trata de uma película icônica, exemplar na caracterização do mediador de leitura. No entanto, o filme se passa nos anos 1950, em uma escola de elite, nos Estados Unidos. Longe dessa realidade, tanto do ponto de vista espacial quanto temporal, temos, atualmente, exemplos de professores que habitam o chamado Brasil profundo, desprovido de recursos, em escolas singelas, com pouquíssimos livros à disposição. Ainda assim, fazem trabalhos surpreendentes, como é o caso das educadoras Carla Patrícia, Célia Cristina Dantas Campelo e Odiléia Pontes, as três lecionando no pequeno município de Japi, no Rio Grande do Norte.

Japi é a cidade da minha família materna e onde meus pais se conheceram. Morei lá até os dois anos de idade e, de tempos em tempos, volto para rever a família. Sempre que lanço um novo livro, envio exemplares para algumas escolas da cidade. Entre elas, a Escola Estadual Coronel Manoel Medeiros, onde as professoras mencionadas provaram, em projetos variados, ser possível realizar uma boa mediação de leitura, com diversas classes, tendo em mãos apenas um exemplar de determinada obra.

Meu livro *Quem tem medo de papangu?* (2011), ilustrado por Claudia Cascarelli, por exemplo, aborda um personagem típico do carnaval nordestino e muito tradicional em Japi, o papangu, figura que, durante anos, teve em meu avô seu grande intérprete naquela localidade. Por conta disso, já foi tema de peças de teatro em mostras culturais do município e, por dois anos, recebeu homenagens nos desfiles cívicos de 7 de Setembro. Já o *Estrelas são pipocas e outras descobertas* (ilustrações de Ana Maria Moura, Cortez, 2013), também tema escolhido em dois desfiles cívicos, é presença constante em rodas de leitura – cujas fotos recebo das professoras – e foi, ainda, apresentado em forma de jogral em homenagem que recebi na Câmara Municipal de Japi.

Para os desfiles, as crianças surgem com roupas que, de alguma forma, dialogam com as temáticas dos livros, além de portarem cartazes com fotos das capas das obras e suas ilustrações. O envolvimento dos alunos, das famílias e das professoras torna tais eventos memoráveis na vida das crianças e funcionam, sem dúvida, como um grande incentivo à leitura e ao conhecimento da história dos autores da região.

Já as rodas de leitura acontecem, por vezes, no pátio da escola. Em uma das fotos postadas pelas professoras em suas redes sociais, a qual reproduzo em minhas palestras, é possível perceber que o pátio carece de infraestrutura. O local não tem cobertura e o chão de cimento batido não oferece conforto aos alunos sentados. Não há cadeiras, almofadas nem pufes. Nada que remeta ao acolhimento de uma biblioteca moderna. Ainda assim, a foto não nos deixa mentir: as crianças estão lá, atentas, perguntando, interessadas, vivenciando a história narrada pela professora Carla Patrícia.

Quanto aos desfiles e à mostra cultural, chama atenção a criatividade dessas professoras em um município cuja população tem tão poucos recursos. Desde o capricho das fantasias, das máscaras, dos penteados até a produção de materiais como painéis, cartazes e *banners*. Tudo feito com muito cuidado.

Tais atividades são uma tentativa eficiente de valorizar as histórias e os escritores locais, possibilitando às crianças conhecer melhor sua gente e suas tradições. Em paralelo, as educadoras contribuem para desenvolver nos alunos um processo de identificação com a figura do criador literário cujos temas e inspirações vêm, muitas vezes, de onde vivem essas crianças. Esse tipo de encontro e de descoberta, viabilizado pela literatura, colabora para a autoestima desses leitores que, de alguma forma, se sentem representados.

Contos de fadas no cinema: as mudanças nos perfis das heroínas

O fascínio exercido pelos contos de fadas na tradição oral e na literatura serviu como chancela de qualidade para, anos mais tarde, essas histórias serem adaptadas, também, para o cinema pelos estúdios Disney, hoje famosos pelos sucessos de bilheteria emplacados desde a sua criação, em 16 de outubro de 1923, por Walt Disney e Roy Oliver Disney. Após estabelecer-se como pioneira na indústria de animação, a empresa realizou uma escalada sem precedentes em sua área de atuação e tornou-se uma superpotência do setor de entretenimento, diversificando seus produtos na medida em que adquiria outros estúdios, emissoras de televisão e inaugurava parques temáticos ao redor do mundo.

Desde sempre, os estúdios Disney mostraram-se sintonizados com o contexto histórico e social da época de cada um de seus filmes, apostando, sobretudo, em obras que iam ao encontro dos desejos do público. Por isso mesmo, os enredos e os estilos de suas animações vão mudando, adaptando-se e surpreendendo plateias ao longo dos anos.

A primeira adaptação de contos de fadas veiculada pela Disney foi *Branca de Neve e os setes anões,* que, até hoje, arrebata corações e segue capitalizando por meio de uma infinidade de produtos derivados dela. O mesmo acontece com as personagens de outros contos de fadas clássicos levados às telas pela empresa, como *Cinderela*, *A Bela Adormecida* e *A Pequena Sereia*.

Nos últimos anos, outras princesas e até mesmo protagonistas fortes que prescindem desse título surgiram nas telas do cinema, como *Mulan*, *A princesa e o sapo*, *Enrolados*, *Valente*, *Frozen* e *Moana*. Mas será que esses filmes guardam semelhanças com os clássicos que elencamos anteriormente?

Nossa atenção para as adaptações cinematográficas dos contos de fadas ganhou ainda mais impulso graças à aula de abertura ministrada por Eva Furnari no curso de extensão universitária "O livro para a infância: textos, imagens e materialidades", já mencionado anteriormente.

Com a inteligência, perspicácia e o bom humor que lhe são característicos, Eva nos permitiu um olhar mais atento para essas adaptações, fazendo uma série de apontamentos sobre o porquê de elas terem sido concebidas de determinadas maneiras. Em sua exposição, a escritora jogou luzes sobre os contextos históricos e o papel que as mulheres vêm desempenhando na sociedade desde os anos 1930 do século XX, quando o filme *Branca de Neve e os sete anões* foi lançado, até 2013, ano do lançamento de *Frozen*.

A seguir, relatamos alguns dos apontamentos de Eva e tomamos a liberdade de acrescentar outros:

Branca de Neve e os sete anões (1937)

* a heroína Branca de Neve perde a mãe;
* foge da madrasta má, que queria matá-la por invejar sua beleza;
* escapa do caçador, enviado pela madrasta para matá-la e, horror dos horrores, arrancar seu coração;
* chega cansada à casa dos sete anões, mas, ainda assim, faz as tarefas da casa, feliz da vida;
* é punida por comer a maçã envenenada, que é símbolo de conhecimento e inteligência. Aliás, como nos lembra a outra Eva, a do texto bíblico, toda vez que a mulher se mete a comer a maçã, as consequências são terríveis;
* Branca é salva pelo príncipe, que a leva para uma vida de riqueza;
* o filme vai ao encontro do que preconizava a sociedade da época: a mulher como figura doméstica, responsável direta pela ordem/limpeza da casa, pelos cuidados com os filhos, dependente do marido.

Cinderela (1950)

* o filme é levado às telas em outro momento histórico, após a Segunda Guerra Mundial;
* o sistema patriarcal estava ameaçado, uma vez que, anos antes, devido à ausência dos homens que haviam ido para a guerra, as mulheres tiveram de sair de casa para trabalhar. Muitas perderam seus maridos e seguiram na batalha pela sobrevivência nas fábricas;
* como forma de valorizar o papel do homem como provedor da casa, os Estados Unidos lançaram o seriado *Papai sabe tudo* (uma tentativa de trazer a mulher de volta ao lar);

- ao contrário do que acontecia no filme *Branca de Neve e os sete anões*, Cinderela não faz as tarefas de casa porque quer, mas sim porque é obrigada pela madrasta. Faz toda a diferença, não acham?

A Bela Adormecida (1959)

- conto e filme mostram a protagonista que, quando bebê, foi amaldiçoada pela feiticeira ressentida, que, por não ter sido convidada para o banquete do palácio em homenagem ao nascimento da menina, afirmou que a princesa, ao completar 15 anos, espetaria o dedo em um fuso e morreria. Mas a intervenção de outra feiticeira boa vem a tempo e suaviza a maldição da feiticeira má. A princesa não morrerá ao espetar o dedo, "apenas" dormirá por 100 anos, juntamente com todo o reino, para que ninguém sofra sua ausência;
- no final, o príncipe chega, beija a princesa e a livra da maldição;
- Bela Adormecida é, portanto, a mais passiva de todas as princesas dos contos de fadas. Essa princesa não limpa casas nem castelos; não foge de caçadores; não vai a bailes, não passa o pão que o diabo amassou. Só fura o dedo e dorme;
- mais um conto/filme mostrando a mulher como uma vítima de outras mulheres (feiticeiras, madrastas más, etc.), mas, ao final, é salva por um homem/príncipe.

A Pequena Sereia (1989)

- décadas se passaram desde que a Disney levara às telas clássicos como *A Branca de Neve e os sete anões, Cinderela* e *A Bela Adormecida*;
- o desenho opta por deixar de lado o rol de tragédias intermináveis relatado no conto original de Hans Christian Andersen. Nessa releitura, a ênfase recai na determinação

da sereia, que, assim como no conto, põe seus desejos acima da família e das tradições;

✳ Ariel desobedece ao pai, sai da água (que simboliza o universo das emoções) e vai para o mundo real;

✳ uma vez na superfície, é Ariel quem salva o príncipe e não o contrário. Nesse ponto, Andersen foi um inovador (mesmo que no conto original tenha feito a pobre sereia padecer horrores devido às suas escolhas);

✳ o interessante é a Disney ter escolhido justamente esse conto para levar às telas. Um conto em que a protagonista toma as rédeas de seu destino e assume as consequências disso – bem diferente das protagonistas dos filmes que citamos anteriormente.

A Bela e a Fera (1991)

✳ logo no começo do filme, Bela aparece lendo enquanto caminha e passa por um cidadão que faz pouco dela, criticando o fato de que a mulher que lê passa a pensar e ter ideias;

✳ já no começo do conto de Jeanne-Marie Leprince de Beaumont, Bela é descrita como a filha caçula exemplar que "ocupava a maior parte de seu tempo lendo bons livros" (BEAUMONT; VILLENEUVE, 2016, p. 31). E uma vez que seu pai a deixa no castelo da Fera, ela decide conhecer as instalações e se depara com uma porta sobre a qual estava escrito "Aposentos de Bela". "O que mais chamou sua atenção, porém, foi um grande armário de livros, um cravo e vários livros de música" (BEAUMONT; VILLENEUVE, 2016, p. 44). Ou seja, tanto o filme quanto o conto descrevem uma moça fascinada por livros, mas que, no entanto, não faz disso uma ferramenta para a sua independência. Aliás, esse é o único entre os contos de fadas mais conhecidos que faz questão de mostrar sua heroína como uma leitora;

✳ mesmo na companhia dos livros, levar a história de Bela às telas nos soou como um pequeno retrocesso em relação ao filme *A Pequena Sereia*. Isso porque Bela ainda é uma heroína que privilegia a obediência e a abnegação;

✳ tanto o conto quanto o filme têm relação com temas como casamentos arranjados, aceitação do cônjuge do jeito que é, comprometimento maior da protagonista com a família e não com o que ela própria deseja/precisa;

✳ lembremos que a personagem abre mão de seus desejos e sonhos em detrimento do bem-estar de seu pai e da família. "Após descobrir que a Fera se dispõe a aceitar a filha no lugar do pai, ela se declara afortunada, pois terá 'o prazer de salvar' o pai e provar seus 'sentimentos ternos por ele'. Sem dúvida, nem toda Bela é uma vítima tão disposta" (TATAR, 2013, p. 75);

Mulan (1998)

✳ um filme que não se baseia em um conto de fadas e cuja protagonista não nasce princesa, como *Branca de Neve*, *A Bela Adormecida* ou *A Pequena Sereia*. Aqui temos uma plebeia – como a Bela, de *A Bela e a Fera* – que, só por meio da união com o príncipe, poderá se tornar princesa. Mas essa não é, nem de longe, a maior diferença entre esse filme e os primeiros citados neste parágrafo;

✳ nesse filme, temos a ruptura completa com a tradição de mulheres passivas, dependentes, obedientes e sonolentas;

✳ no filme, que se passa na China, temos uma moça oriental que não se enquadra nas expectativas da família e da sociedade;

✳ uma jovem que não entende nada das etiquetas e cerimônias que a preparariam para ser uma boa esposa;

- ela se interessa por outras questões: é inteligente, perspicaz, altiva, destemida. Quando sabe que seu pai, que já foi ferido em uma guerra anterior e, por isso, se locomove com dificuldades, é convocado para lutar contra os hunos, Mulan se revolta. Então, em uma noite, enquanto todos dormem, a moça rouba o uniforme do pai, corta o cabelo à moda masculina (em uma das cenas mais bonitas do cinema – na minha opinião), monta no cavalo e vai para a guerra;
- uma vez lá, passando-se por homem, apaixona-se pelo príncipe;
- em meio a uma terrível batalha, é de Mulan a ideia que salva seu regimento do violento ataque dos hunos;
- mil peripécias acontecem e, ao fim do filme, o saldo é o seguinte: Mulan salva o pai, o príncipe, o imperador e a pátria;
- *Mulan* abriu portas para outras produções, nas quais o papel da mulher finalmente encontrou a valorização que merecia, condizente com os novos tempos, entre eles: *A princesa e o sapo* (2009); *Enrolados* (2010); *Valente* (2012), *Frozen* (2013) e *Moana* (2016).

Por fim, como nos mostrou Bruno Bettelheim em *A psicanálise dos contos de fadas*, essas narrativas valem pelo terror e pelo conflito que apresentam à criança, permitindo, terapeuticamente, a solução de suas próprias turbulências emocionais. Os contos de fadas merecem nossa atenção pelo fato de comporem um dos repertórios literários mais ricos de todos os tempos, oferecendo aos leitores a possibilidade de refletir sobre temas muito complexos que reúnem um misto potente de primitivismo e sofisticação, na medida em que abordam questões como fome, sono, violência, abandono, instinto de proteção, desejo, raiva, medo, coragem, ciúmes, rivalidade, ambição, sexualidade, amor e morte. Munidos desse repertório ainda na infância, parece-nos evidente que os leitores estarão muito mais preparados para enfrentar a vida como ela é.

A contribuição dos booktubers

Além dos prêmios, feiras, bienais, compras governamentais e outras medidas de caráter institucional que contribuem para o aumento do número de leitores no Brasil e para a expansão do mercado editorial, os últimos anos têm sido marcados por um fenômeno interessante no quesito divulgação de livros, escritores e editoras. São os booktubers: pessoas apaixonadas por leitura que, munidas de um celular ou de uma câmera, gravam vídeos e os postam no YouTube compartilhando suas opiniões sobre livros.

Articulados e inteligentes, esmiúçam desde obras de autores contemporâneos a clássicos, na maioria das vezes de maneira leve e divertida. Muitos têm entre 20 e 30 anos e, tendo nascido na era digital, não encontram dificuldades em lidar com questões tecnológicas. Grande parte desses canais tem nomes que fazem menção ao universo dos livros, como Ler Antes de Morrer, Literature-se, Vamos Falar Sobre Livros?, Relivrando, Book Addict, Livrada, Primeira Prateleira, etc. Mas há outros mais inusitados, entre eles Tiny Little Things, também conhecido como TLT, JotaPluftz ou Pausa para um Café.

Esses influenciadores digitais são ativos, também, nas redes sociais, tanto as que estão ligadas à temática da literatura, como Skoob e Goodreads, quanto as mais conhecidas pelo público em geral, como Facebook, Instagram e Twitter. Nelas, os booktubers dão continuidade ao diálogo sobre livros com seus milhares de seguidores.

Em seus canais, a liberdade dá o tom e as agendas de publicações dos vídeos depende unicamente do tempo e da disposição do booktuber. Alguns têm levado esse trabalho tão a sério e o fazem com tamanha competência e paixão que têm conseguido a façanha de transformar o que antes era apenas prazer em uma atividade que se tornou sua principal fonte de renda. É o caso de Tatiana Feltrin, que mantém o canal Tiny Little Things (TLT) desde 2007. Durante anos, Tatiana manteve o canal de maneira concomitante à sua atividade como professora de inglês, até que passou a se dedicar apenas ao TLT. E põe dedicação nisso!

Tatiana é uma leitora voraz e, com o passar dos anos, a qualidade de suas análises e a segurança com que as transmite têm crescido de maneira surpreendente. Sua voz, seu olhar, sua postura, a profundidade e o detalhamento com que compartilha suas impressões de leitura: tudo contribui para que o número de inscritos no seu canal siga crescendo. Já são mais de 500 mil inscritos.[1] Parece pouco perto dos milhões de inscritos em canais de celebridades televisivas ou cinematográficas, mas precisamos nos ater ao fato de que Tatiana tem um canal sobre livros, o patinho feio (do ponto de vista financeiro, claro) da indústria cultural no Brasil.

Assim como vários de seus colegas, a booktuber tornou-se garota propaganda da Amazon, gigante de vendas de livros on-line. Assim, todas as semanas publica vídeos comunicando as promoções da rede varejista. A booktuber também fatura em cima dos chamados "publi" editoriais, vídeos feitos sob encomenda por autores independentes ou editoras que estabelecem parcerias com

---
[1] Dados de setembro de 2021.

ela. Volta e meia, Tatiana é convidada para participar de eventos literários, como feiras de livros e bienais, bem como discussões sobre leitura em bibliotecas, universidades e outras instituições.

A booktuber impressiona, também, pelo modo com que se dedica à leitura de textos de apoio capazes de colaborar para uma melhor compreensão da obra que está analisando, especialmente quando se trata de textos clássicos, como é o caso de *Moby Dick*, de Herman Melville, que ganhou um "projeto de leitura" no TLT. Isso quer dizer que, aos poucos, a booktuber lia a obra e convidava os seguidores do canal a fazer o mesmo, com prazos previamente definidos para a leitura dos capítulos, analisados por Tatiana nas datas estipuladas.

Foi assim, também, com o impressionante projeto que abarcou os sete volumes da obra *Em busca do tempo perdido*, do escritor francês Marcel Proust, e para a qual Tatiana publicou nada menos do que 37 vídeos. Outro projeto de fôlego se deu com a leitura das obras de Tolstoi, para as quais Tatiana dedicou 11 vídeos. Já para a obra da inglesa Jane Austen, o projeto de leitura contou com 7 vídeos.

Com frequência, Tatiana também traz vídeos sobre suas leituras de histórias em quadrinhos e mangás, além de dedicar todo o mês de outubro às leituras dos clássicos de terror, incluindo Edgar Allan Poe, H. P. Lovecraft e Stephen King – para citar apenas alguns. Desde 2021, o canal conta com uma rede de apoiadores que podem realizar doações a partir de cinquenta reais.[2]

Assim como Tatiana, muitos booktubers vêm-se aprimorando, criando uma identidade como comunicadores, expressando-se com incrível desenvoltura, tornando-se editores competentes. A jornalista Isabella Lubrano, do canal Ler Antes de Morrer, se aproveita de sua formação como jornalista e capricha na edição dos vídeos e na contextualização histórica das obras. Inteligente e articulada, conquista um número cada vez maior de inscritos, além

---
2 Dados de setembro de 2021.

de manter uma rede de padrinhos que, mensalmente, contribuem para a manutenção do canal por meio de doações.

Precisamos considerar, ainda, que os booktubers gravam os vídeos nas salas e nos quartos de suas casas, com equipamentos e recursos próprios. Não há grandes produções nessa seara, tampouco diretores, iluminadores, maquiadores, produtores. Estamos falando de canais que dispõem de, no máximo, duas pessoas na equipe: o booktuber e, muito raramente, alguém que ajuda na gravação. É o caso do irreverente canal Livrada, comandado pelo jornalista Yuri Al'Hanati, de Curitiba. Durante as gravações, Yuri conta com a contribuição de Murilo Ribas, responsável por operar a câmera. O Livrada, diga-se, é um canal indispensável para os fãs de literatura russa. Embora Yuri discorra sobre livros de gêneros e autores variados, não esconde sua preferência pelos russos, analisando uma quantidade enorme de obras desses autores.

Muitos booktubers contam com parcerias com livrarias. Para isso, ao final de cada vídeo, solicitam que, caso os internautas tenham se interessado pelos livros sobre os quais acabaram de falar, comprem seus exemplares clicando nos links que aparecem abaixo do vídeo. Isso automaticamente direciona o público para lojas virtuais que, por sua vez, oferecem aos booktubers porcentagens sobre as vendas.

Impressiona ver a quantidade de booktubers jovens que se interessam, divulgam e propagam obras clássicas e consideradas difíceis como *A Divina Comédia*, de Dante Alighieri. Sobre a obra do autor italiano, vale mencionar o projeto de leitura levado a cabo por aquela que, sem dúvida, é uma das booktubers mais apaixonadas por Dante em toda a internet. É a jovem Anna Schermak, do canal Pausa para um Café.

Anna estuda italiano, ama o idioma e além de analisar a obra de Dante, costuma ler tudo o que é publicado sobre ele. Criativa, dá títulos ótimos para as chamadas dos vídeos, incluindo as gírias do momento, que, obviamente, chamam a atenção do público jovem. Exemplo disso é o vídeo intitulado: *Virgílio, parça nos rolê*, que faz menção ao poeta preferido de Dante e que o acompanha pelos círculos do inferno.

Outra jovem booktuber que desenvolveu projeto de leitura sobre um autor considerado hermético é Mell Ferraz, do Literature-se. Em dezesseis vídeos, Mell disponibilizou o projeto de leitura do tão afamado quanto temido *Ulysses*, de James Joyce. Recém-formada em estudos literários, na Unicamp, ela dedica-se, com o mesmo empenho, à análise de livros de autores iniciantes. Não raro, ainda postava vídeos sobre sua maratona de estudos na universidade, idas à biblioteca da faculdade e sebos de Jundiaí, cidade onde vive. Amante dos estudos, Mell acaba de ingressar no curso de letras, na mesma universidade.

Por conta do trabalho desenvolvido em seu canal, no final de 2017, Mell conseguiu despertar a atenção de sua mãe, dona Roseli – que nunca havia lido um livro na vida. Hoje, dona Roseli vez ou outra participa dos vídeos da filha e é muito querida pelos seguidores dela – além de ter chamado a atenção de outros booktubers. É o caso do canal Primeira Prateleira, de Humberto Conzo, que em 27 de março de 2018 fez um vídeo especial indicando livros para dona Roseli.[3] Criado, a princípio, com o propósito de falar de livros infantis, o Primeira Prateleira foi, com o tempo, agregando livros de todos os gêneros em suas resenhas e, hoje, tornou-se um grande incentivador da leitura de obras nacionais contemporâneas.

Outro canal que vale muitas visitas é o JotaPluftz, criado pela historiadora e ex-livreira Juliana Poggi, que discorre sobre livros de gêneros variados, assim como os demais booktubers aqui citados, mas que se diferencia pela paixão que mantém por livros que falam sobre livros. É isso mesmo. Juliana tem apreço especial por livros sobre a história dos livros, livros sobre as livrarias mais famosas do mundo, livros sobre bibliotecas.

---

[3] Humberto Conzo, canal Primeira Prateleira, *Indicando livros para a mãe da Mell*, do Literature-se: https://www.youtube.com/watch?v=MkE-BjnPL4U. Publicado em 27/3/2018. Acesso em 14/4/2018.

Aconselho, para gregos e troianos, assistir à *A relevância das obras irrelevantes*,⁴ que ela publicou quando da celebração dos 400 anos do nascimento de Shakespeare. No vídeo, Juliana comenta sobre várias obras do autor e, de quebra, nos conta como e quando começou a se interessar por ele, ainda na pré-adolescência. Também indico o ótimo vídeo *Rei Arthur e suas mil versões literárias*,⁵ no qual ela analisa livros dedicados à saga arturiana.

Já o canal Vamos Falar sobre Livros, de Gisele Eberspächer, é imperdível para quem aprecia análises ecléticas que vão dos clássicos gregos aos mais novos autores de literatura contemporânea nacional e internacional. Jornalista de formação, Gisele é antenadíssima e lê muitos lançamentos no original, em inglês, apresentando um panorama tão diversificado do que vem sendo produzido em literatura que a gente chega a ficar angustiado com o fato de ter apenas uma encarnação para ler tanta coisa: "Não vai dar tempo", é o que sempre penso quando termino de ver um vídeo desse canal.

O mesmo acontece com os vídeos da bibliotecária Claire Scorzi, cujo canal A Estante de uma Bibliófila⁶ é mais conhecido pelo nome de sua criadora. O repertório de leitura de Claire é extremamente abrangente. Suas análises são muito detalhadas. Só não espere uma iluminação, som ou edição esmerados. Claire não se atém muito ao aspecto técnico das gravações. Sua preocupação principal é compartilhar com os leitores tudo o que lê. E não é pouco. Clássicos, suspense, terror, contemporâneos. Nada lhe escapa.

Já o canal Relivrando, criado por Cristina Melchior, brasileira morando em San José, na Califórnia, é relativamente recente, com pouco mais de um ano. Economista com mestrado em ciências da religião, Cristina não esconde seu amor pelos livros, oferecendo aos seus seguidores o máximo de informações possíveis sobre as obras.

....
4 Juliana Poggi, canal JotaPluftz, *A relevância das obras irrelevantes*: https://www.youtube.com/watch?v=rjsNBbKLtIU. Publicado em 30/4/2016. Acesso em 14/4/2018.

5 Juliana Poggi, canal JotaPluftz, *Rei Arthur e suas mil versões literárias*: https://www.youtube.com/watch?v=mNC8GmLnTzY&t=8s. Publicado em 6/4/2017. Acesso em 30/4/2018.

6 Em 9/1/2019, Claire Scorzi encerrou as atividades do canal. Porém, os vídeos estarão disponíveis para consulta em: https://www.youtube.com/user/ClaireScorzi.

Faz vídeos ótimos nas lindas bibliotecas e livrarias da cidade onde vive. Um projeto muito interessante do seu canal é o *Viajando entre livros,* que prevê a leitura de um livro de cada país, perfazendo 199 obras. No vídeo em que explica o projeto, Cristina relata que, embora a ONU reconheça um total de 193 países, ela acrescentou alguns territórios e regiões por sua conta, totalizando os 199 que constam do projeto.

Já o Book Addict, de Duda Menezes, do Recife, é uma ótima opção não só para fãs de policiais clássicos, estilo Arthur Conan Doyle e Agatha Christie, mas também os *thrillers* de suspense de autores contemporâneos. Duda ainda é fã de romances históricos e quadrinhos, sempre trazendo ótimas sugestões sobre esses gêneros.

Quanto mais inscritos tem o canal – e quanto maior o número de visualizações dos vídeos –, mais as editoras se interessam em ter um lançamento comentado por esses booktubers, nem que seja uma rápida referência. Isso acontece, geralmente, uma vez por mês, quando publicam um vídeo específico para mostrar ao público tudo o que receberam pelos Correios, tanto de editoras quanto de autores independentes e até fãs que lhes enviam livros e outros objetos relativos a esse universo, como marcadores de página, canetas marca-texto, cadernos e uma infinidade de outros itens de papelaria.

O booktuber, entretanto, não tem obrigação de ler e resenhar tudo o que recebe, a não ser que exista um acordo prévio de divulgação com as editoras. Em fevereiro de 2018, alguns dos canais aqui citados resenharam – sob encomenda – o livro *Me chame pelo seu nome* (2018), de André Aciman, que deu origem ao filme homônimo que concorreu ao Oscar de 2018. Foi uma ação de marketing bem-sucedida, com os principais booktubers resenhando o livro na mesma semana. Ação semelhante acontece com os livros do clube de assinaturas TAG – Experiências literárias que, a cada mês, envia suas publicações para serem resenhadas pelos principais booktubers.

Entre os poucos canais dedicados aos livros infantis, gosto muito de A Cigarra e a Formiga, criado pela jornalista Daisy Carias, de Curitiba. O canal nasceu do blogue homônimo e traz resenhas fundamentadas, bastante abrangentes. Daisy começou dando dicas sobre os livros que lia para o seu filho, Francisco. Com o passar do tempo, o blogue foi crescendo, as leituras se ampliando e, hoje, já com o segundo filho, Vinícius, a jornalista nos brinda com um repertório riquíssimo de livros, tanto nacionais quanto estrangeiros.

Preocupada em analisar o livro como um todo – conteúdo, ilustrações, projeto gráfico –, Daisy oferece aos pais, professores, mediadores de leitura e interessados em geral dicas incríveis sobre livros dos mais variados temas. Além do canal no YouTube, Daisy tem se dedicado à página @euacigarra, que mantém no Instagram. Em geral, todos os dias a jornalista publica *stories* com dicas de livros e informações sobre temas ligados à literatura infantil e juvenil (LIJ).

A mesma qualidade nos conteúdo sobre LIJ pode ser encontrada em duas outras páginas do Instagram: @mergulho.literario, mantida pela educadora Malu Carvalho, e @julianapadua81, comandada por Juliana Pádua, pesquisadora em literatura para a infância. Ambas trazem pesquisadores, escritores e ilustradores para suas *lives* repletas de ótimas reflexões. Isso também acontece no canal Teoria das Fadas, no YouTube, criado e apresentado pelo pesquisador Paulo César Ribeiro Filho, que está prestes a finalizar seu doutorado[7] em Literatura pela Universidade de São Paulo (USP). O canal se dedica à divulgação de pesquisas e produções literárias e culturais voltadas para as linguagens do imaginário. São aulas, apresentações, entrevistas e *lives* imperdíveis com foco nos contos de fadas e na literatura de fantasia.

Por fim, seguem dicas de mais três canais de booktubers com conteúdos maravilhosos que merecem ser explorados com calma. Um deles é o Litera Tamy, comandado por Tamy Ghannam, paulistana graduada em Letras pela USP. Em seu canal, Tamy apresenta resenhas, entrevistas e passeios pelo universo dos livros (incluindo ótimos vídeos mostrando os bastidores do trabalho das editoras). Suas análises são pautadas por admirável capacidade crítica, uma

---

[7] Informação de 2021.

qualidade que, por sinal, também dá a tônica da nossa próxima indicação, o canal Chave de Leitura, capitaneado pela carioca Aline Aimée. Finalizamos com o excelente Pipoca & Nanquim, com vídeos semanais sobre cinema e histórias em quadrinhos, apresentados por Alexandre Callari, Bruno Zago e Daniel Lopes desde 2009. Em 2017, o canal também se tornou uma editora de quadrinhos.

Sites sobre literatura infantojuvenil

Outra maneira de se informar com qualidade sobre livros de literatura infantojuvenil é acessando o site do clube de assinaturas de livros A Taba,[8] no qual é possível encontrar textos, vídeos e um mundo de informações sobre literatura para crianças. Conversas com especialistas, editores, contadores de histórias e dicas de livros para crianças de idades diversas estão disponíveis nesse site mantido por um grupo de educadores e especialistas em livros para a infância. Não é preciso ser assinante do clube para ter acesso aos seus conteúdos.

Outro site voltado ao tema da literatura infantojuvenil é o Revista Emília, criado para contribuir com a formação e atualização permanente de todos aqueles que trabalham com o livro e a leitura. Contém entrevistas com profissionais de LIJ, críticas de livros, textos sobre formação de leitores, cultura da infância, cultura jovem, políticas de leitura, mercado editorial, arte educação e muito mais.[9]

....

[8] Disponível em http://ataba.com.br. Acesso em 16/4/2018.

[9] Disponível em https://revistaemilia.com.br. Acesso em 16/4/2018.

Como promover a mediação

Ao longo deste livro, mais especificamente no capítulo "Era uma vez", compartilhei diversas recordações sobre meu processo de descoberta como leitora e como isso se deu em meio às ações criativas de alguns dos educadores com os quais tive a oportunidade de estudar. Acredito que compartilhar essas lembranças nos permite refletir sobre as práticas e dinâmicas que podem ser usadas em sala de aula, escola, biblioteca, em casa, abrigos, organizações não governamentais (ONGs), hospitais, clubes, associações e onde mais puder ocorrer a mediação de leitura. Vejamos, então, algumas sugestões de como desenvolver essa mediação, seja na escola, na biblioteca ou mesmo em casa. Mas antes, seguem duas dicas importantes para você que deseja se aprofundar nessa prática:

✷ MERGULHO NA PRÓPRIA HISTÓRIA

Para promover a mediação de leitura, minha sugestão é que você que é pai, mãe, avô, avó, educador, bibliotecário, contador de histórias realize uma viagem por suas memórias, investigando, assim, seu próprio percurso como leitor. Algumas perguntas podem ajudar nesse mergulho:

Qual o primeiro livro que leu na vida?

Lembra título e autor?

Foi um presente de alguém ou um pedido da escola?

Havia livros em sua casa?

Houve algum professor que incentivou seu gosto pela leitura?

Teve a chance de conviver com algum contador de histórias? Lembra o nome dessa pessoa?

Gostava de histórias em quadrinhos?

De que programa televisivo gostava mais?

Costumava ganhar livros de presente?

Frequentava livrarias e bibliotecas?

Comprou algum livro na sua infância?

Colecionava gibis?

✷ MERGULHO NA HISTÓRIA DO OUTRO

Uma vez feito o mergulho na própria história – que permitirá identificar suas memórias de leitura e dos temas que geralmente se desenvolvem em torno dos livros e suas histórias – é possível dar o próximo passo, capaz de conduzi-lo a um caminho mais consciente como mediador de leitura (ou futuro mediador). Esse passo é justamente o mergulho na história do outro. Entendemos como "outro" todos os que estão próximos a você, seja no seu círculo de familiares e amigos, seja na sala de aula, biblioteca ou rodas de leitura. Pessoas que você poderá auxiliar, apontando caminhos rumo aos livros e à leitura. E que tipo de informação poderia ajudar no processo de mediação de leitura:

- Você sabe qual o primeiro livro da vida desses leitores e a história por trás disso?
- Essas pessoas tiveram acesso a livros em casa?
- Frequentaram escolas que incentivavam a leitura?
- Frequentam ou frequentaram bibliotecas?
- Tiveram contadores de histórias em suas trajetórias?
- E se coubesse a você dar um primeiro livro de presente a alguém cuja jornada no mundo da leitura ainda irá começar? Que livro seria esse? Por quê?

Um tempo para a poesia

A poesia é uma forma – ou uma ferramenta – muito interessante para se iniciar aquele que não tem o hábito da leitura. O mediador tem nos poemas um material rico não só de informações como também de afetividade, e muitos deles têm um facilitador: o ritmo. Seguem algumas sugestões que, creio, podem colaborar para a mediação de leitura desse gênero literário.

- Procure trazer a poesia para o seu cotidiano.
- Já experimentou ler um poema por dia, pelo menos?
- Já buscou títulos específicos desse gênero literário? Você pode começar por grandes autores nacionais, como: Carlos Drummond de Andrade, Cecília Meireles, Cora Coralina, Manuel Bandeira, Mário Quintana.

- Já incentivou os que estão à sua volta a ler e ouvir mais poemas?
- Já leu algum poema para seus filhos? Que tal começar a fazer isso?
- Já experimentou ler um poema para seus alunos, antes de iniciar sua aula?
- Já perguntou para as crianças de casa ou para os alunos quem topa decorar um poema?
- Aliás, será que eles já sabem algum poema de cor? Qual?

Poesia na biblioteca

Para os que atuam nas bibliotecas, que tal aproveitar melhor o acervo dos livros de poesia? Vejamos algumas sugestões para que isso ocorra:

* Que tal realizar uma ação selecionando alguns livros de poesia e deixando-os à mostra em um local de destaque em sua biblioteca? Ao lado ou acima desses livros, viria um cartaz com uma frase do tipo: "Leve mais poesia para a sua vida" ou "Que tal encher seus dias de poesia?".

* Convide poetas de sua região para ler poesias, declamar, falar sobre o ofício da escrita ou sobre os poetas/escritores que os influenciaram.

* A cada semana ou quinzena, imprima alguns poemas e coloque-os no mural/painel da biblioteca, com o nome do autor e do livro de onde o poema foi retirado.

* Providencie uma caixa ou pote transparente (de vidro ou acrílico), imprima diversos poemas (pequenos), dobre as folhas onde estão cada um deles e coloque-os dentro da caixa. Do lado de fora desse recipiente, mantenha um pequeno cartaz com uma frase do tipo: "Pegue um poema e deixe seu dia mais bonito".

Mediação na escola

Como já vimos em muitas passagens deste livro, o papel da escola na formação de leitores é gigantesco. Mas o que é possível fazer, de forma prática, para levar a leitura ao dia a dia dos alunos? Será que é preciso um alto investimento financeiro para isso? Como a direção da escola e os professores podem atuar para propiciar discussões e reflexões frequentes sobre o universo dos livros e da leitura? Vejamos algumas possibilidades:

* Trazer o escritor para a escola, desmistificar seu papel, tornando-o uma figura palpável, um ser de carne e osso que, dia após dia, trabalha, cria, produz, aprende. Que tal tentar uma parceria com instituições de sua cidade/região para conseguir acesso a esses profissionais? Exemplo: academias de letras, secretarias de educação (órgão que, por sua vez, costuma ter contato com personalidades da área de letras), clubes de leitura, livrarias e bibliotecas (locais que, devido aos eventos que realizam, costumam ter os contatos de alguns escritores), etc.

* Organizar feiras de livros/eventos literários.

* Criar o "Dia da troca" ou "Feira de troca de livros", nas quais os alunos poderão trocar livros entre si (quem sabe propondo um evento com comes e bebes para associar "alimentos para o corpo" com "alimentos para o espírito").

* Propor rodas de conversas nas quais os estudantes possam partilhar informações sobre livros.

* Dia da dica: escolha alguns dias do mês em que determinado aluno deve trazer um livro de sua preferência e indicá-lo aos amigos.

* Dia do escritor/aluno: cada estudante deve trazer uma sinopse do livro que um dia poderá escrever. Que história seria essa? Seria em primeira ou terceira pessoa? Qual estilo? Romance, ficção científica, conto, policial?

Mediação na biblioteca

O espaço da biblioteca é privilegiado não apenas pela qualidade de livros que possuiu mas também pelo fato de poder oferecê-los de maneira gratuita. É, para muitos, o único caminho possível rumo à leitura diversificada, à construção, portanto, de uma relação acessível entre possíveis leitores e livros. Muitos profissionais desses espaços não conseguem ter a dimensão do quanto podem contribuir com a formação de seus frequentadores.

Há poucos meses, ouvi o relato revoltado de uma mãe que, ao levar seu filho pela primeira vez a uma biblioteca pública – localizada em um rico município do interior de São Paulo – para que o pré-adolescente realizasse uma pesquisa sobre pássaros, ouviu a atendente se dirigir ao menino com a seguinte frase: "– Pássaros? Ué, muito mais fácil você procurar no Google". A mãe, estupefata, interveio dando uma "bronca" na atendente e explicando que a ideia de levar o menino até a biblioteca era justamente fazer com que ele tivesse contato com uma forma diferente de pesquisa, livros variados, autores especialistas no tema, etc.

Esse exemplo nos mostra que, a despeito de termos, aqui e ali, ótimos profissionais, ainda precisamos caminhar muito para que as bibliotecas existentes em todo o país não sejam subutilizadas e passem a ocupar a posição imprescindível que sempre deveriam ter no quesito incentivo à leitura.

De acordo com os resultados da quinta edição da pesquisa *Retratos da leitura no Brasil*, realizada em 2019 e divulgada em 2020:

- Dentre os entrevistados, 68% afirmam não frequentar bibliotecas. Dentre os que se dizem frequentadores, 53% são usuários de bibliotecas escolares ou universitárias.

- Dentre os motivos elencados para frequentar bibliotecas, 51% dos entrevistados responderam "Ler livros para pesquisar ou estudar"; já 33% responderam "Ler livros por prazer"; e 21% afirmaram que frequentam esses estabelecimentos para "Estudar ou fazer trabalhos da escola ou faculdade".

* A pesquisa indica ainda que a instituição biblioteca é, em geral, bem avaliada pelo público frequentador, e que o item com menor índice de aprovação foi "encontrar todos os livros que procura". Ao mesmo tempo, uma maior proporção do público que frequenta, às vezes ou raramente, apontou "ter mais livros ou títulos novos" e "ter títulos interessantes ou que me agradem" como motivos que os levariam a frequentar mais vezes a biblioteca. Esses dados, em conjunto, indicam uma percepção de que os acervos dessas instituições são vistos como pouco diversificados ou atualizados.[1]

Assim, como tornar a biblioteca um espaço realmente importante para as pessoas?

* Que tal, vez ou outra, arriscar alto como seu Elsio, da Biblioteca Municipal de Cubatão, que "ousou" me indicar o romance *Dom Casmurro*? Para isso, os profissionais das bibliotecas precisam tentar conhecer o perfil dos frequentadores desses espaços, conversando com eles, questionando, sugerindo títulos e novos autores.

* É preciso, também, que esses profissionais estejam disponíveis para as pessoas. Como bem explica a bibliotecária francesa Geneviève Patte:

    > Ficamos em pé para acolher com a discrição necessária. Não se recebe ninguém sentado, atrás do balcão de empréstimo. A biblioteca correria o risco de se parecer, assim, com uma repartição administrativa. (PATTE, 2012, p. 224)

* O ideal é fazer da biblioteca um lugar acolhedor, seja grande, seja pequena. Um sorriso de boas-vindas, um espaço organizado, um painel/mural logo na entrada, contendo reproduções de algumas capas dos livros mais retirados do mês. Que tal fazer

---
[1] Instituto Pró-Livro. *Retratos da leitura no Brasil*, 5ª ed., setembro de 2020. Disponível em https://www.prolivro.org.br/5a-edicao-de-retratos-da-leitura-no-brasil-2/a-pesquisa-5a-edicao/. Acesso em 6/9/2021.

sinopses dos novos livros adquiridos e colocar nesse mural? Assim o público ficará atento às novidades.

✸ Se houver espaço, pufes e tapetes confortáveis são bem-vindos. Que tal espalhá-los pelo ambiente?

✸ O objetivo é fazer da biblioteca um local vivo: convide autores da cidade para bate-papos. Podem ser escritores de ficção ou de não ficção (como jornalistas, professores, médicos, psicanalistas ou advogados que tenham livros publicados).

✸ Para as crianças, é possível organizar apresentações de contadores de histórias, oficinas de dobraduras, recortes, desenho.

✸ Outra opção é convidar as crianças para serem assistentes/bibliotecários por um dia; mostrar como funciona a biblioteca, pedir que elas ajudem a recolher e guardar os livros, por exemplo. No entanto, há que se preservar o direito das crianças que não desejam participar das atividades. Mais uma vez, recorreremos à Geneviève Patte, que nos alerta:

> Biblioteca é um lugar de liberdade. Liberdade de ir e vir, para os pequenos como para os grandes, como cada um quiser, em família, com os amigos ou sozinho. Com ou sem projeto. Os desejos são muitos e não necessariamente ligados à leitura. Cada um dispõe de todo o tempo para ver se gosta desse lugar e de suas propostas: se sente bem recebido e se sente confiança ali. (PATTE, 2012, p. 222)

✸ Os funcionários podem escolher um dia para abrir a biblioteca à comunidade, às famílias e às suas crianças. Uma ótima oportunidade de conversar com essas pessoas, aprender sobre elas, tirar dúvidas. Fazer com que se sintam em casa. Nessas horas, seria ótimo que os profissionais do local sentassem para ler para as crianças e seus pais, comparassem ilustrações antigas com as mais modernas. Mostrassem um livro bonito, outro que foi importante em sua trajetória de leitura. Podem, ainda, apresentar aos pais o livro de maior sucesso entre as crianças da comunidade e refletir sobre o porquê de ele ser tão apreciado. Os bibliotecários podem falar da importância de os pais lerem para os filhos, mas também de os filhos lerem para os pais quando algo lhes interessa muito. Outra ideia é que esses profissionais separem uma área mais neutra da biblioteca para oferecer café, chá, biscoitos e bolinhos aos visitantes que comparecem ao local nesse dia especial dedicado à comunidade.

* Estabelecer parcerias com as escolas da região: promover o "Dia da escola na biblioteca". Conversar com professoras e diretores dessas instituições e perguntar sobre as necessidades dessas escolas (existem bibliotecas ou salas de leituras nesses locais?). Questionar sobre o perfil das crianças que nelas estudam: o que já leram? Têm pouca experiência de leitura?

* A biblioteca deve ser um ambiente propício, que inspira afetividade para que os frequentadores estabeleçam com o local um vínculo contínuo, que se estenderá pela vida afora. Inicialmente, a partir de sua presença física – durante os períodos/anos em que comparecerem ao local; depois, em sua memória, quando, por motivos variados, não puderem mais visitar o lugar.

A biblioteca nos oferece tanto aprendizado, tantas aventuras e tantos sentimentos que acessamos graças aos livros e às experiências decorrentes do tempo em que a frequentamos que, muitas vezes, esses lugares ganham destaque na memória afetiva de seus usuários. Exemplo da força dessa lembrança tão cara aos seus frequentadores foi relatado em 2010, em entrevista que realizei com Rita Pisniski, então diretora da Biblioteca Municipal Monteiro Lobato, em São Paulo, unidade especializada em literatura infantojuvenil:

> [...] o acervo de didáticos acaba atraindo um público diversificado, seduzido pela imagem de capa da tradicional cartilha

Caminho Suave, fixada na porta da sala onde fica o acervo. Responsável pela alfabetização de milhões de estudantes brasileiros que frequentaram os bancos escolares na década de 70, a cartilha ainda é uma lembrança viva na memória de muitos. "Ao folheá-la muita gente vai às lágrimas, graças a esse inesperado resgate da infância", afirmou Rita. (DANTAS, 2016, p. 96)

E o fato de promover essa volta ao passado já causou sustos consideráveis aos profissionais da instituição. Certo dia, a equipe recebeu a visita de um senhor, com idade em torno de 80 anos, que fazia parte de um grupo de leitura e estava interessado em obter um espaço para realizar um evento. Conversa vai, conversa vem, o idoso comentou que, quando criança, frequentara muito a biblioteca. Rita, então, teve a ideia de procurar a matrícula do visitante. Uma vez localizado o documento, o homem ficou emocionadíssimo e desandou a chorar. "Ele olhava a matrícula e dizia coisas como: '*Olha só: a assinatura do meu pai! O endereço do meu avô!*'". A diretora confessa que passou maus bocados, pois chegou a pensar que o idoso poderia passar mal (*Ibidem*).

Hora do conto

Utilize-se do método mais antigo do mundo para manter as crianças próximas, conectadas e confortavelmente instaladas durante a tradicional *Hora do conto*: a formação em círculo. Por milênios, nossos antepassados reuniam-se dessa forma em volta da fogueira, contando histórias, combinando estratégias de caça, falando sobre o dia a dia, plantações, colheitas, dificuldades e alegrias dos ciclos da natureza, das estações do ano. Da mesma maneira, rituais agradecendo boas caças e colheitas eram comemorados com danças circulares.

O círculo remete ao sagrado e é um símbolo de totalidade. Traz consigo memórias e sentimentos ancestrais que nos conectam com uma energia poderosa e vibrante, propiciando proximidade com os que estão conosco, união, estabelecimento de posições que contribuem para que nos sintamos na mesma frequência. No círculo, ao contrário da configuração ultrapassada das salas de aulas, ninguém está à frente ou atrás e, sim, ao lado.

É, portanto, um formato perfeito para a contação de histórias que ocorre na *Hora do conto*, imprescindível para a programação também de toda biblioteca que deseje atrair leitores mirins para seu espaço. O ideal é organizar esse evento em dias previamente estabelecidos, de modo que a comunidade memorize as datas e os horários, o que colabora para que a biblioteca crie um público cativo. Vejamos, por exemplo, como essa atividade é divulgada no site da Biblioteca Pública do Paraná:

> **Hora do conto**
>
> **As sessões da "Hora do conto" acontecem de segunda a sexta-feira, em dois horários: às 11h e às 15h; aos sábados, às 11h. Gratuito.[2]**

Tudo começa em casa

É no conforto do lar que, de modo geral, as crianças têm o primeiro contato com os livros e a leitura. Quanto mais incentivo receberem, quanto mais acesso à capacidade imaginativa que advém do livro e das histórias, melhor. Em tese, todo mundo sabe ou já

---
[2] Biblioteca Pública do Paraná. *Hora do conto*. Disponível em http://www.bpp.pr.gov.br/modules/conteudo/conteudo.php?conteudo=24. Acesso em 9/2/2018.

ouviu falar que, quando as crianças veem seus pais lendo, é meio caminho andado para que também se interessem por livros. Mas não basta só observar os pais. Faz-se necessário que o livro se materialize e se espiritualize na vida dessas crianças. A seguir, algumas dicas para que isso aconteça:

✴ **O PRIMEIRO PASSO É:** leia para os seus filhos em casa, um pouquinho a cada noite, antes de as crianças dormirem. As lembranças desses momentos, estejam certos, irão se constituir em algumas das memórias afetivas mais valiosas da vida de seus filhos. Um momento em que as histórias mais variadas serão apresentadas pelos pais, associadas às vozes, sorrisos, olhares, cenários, cheiros e todo o carinho e amor que costumam estar presentes durante a leitura. A interação entre pais e filhos durante esses eventos, o modo como compartilharão essas experiências e toda a energia boa dessas horas estarão, para sempre, gravadas no imaginário de quem participa desse momento. Trata-se de um tesouro que se constituirá em uma das heranças mais importantes para a vida das crianças, sem dúvida, essencial à formação dos futuros leitores.

✴ **MONTE UMA BIBLIOTECA PARA O SEU FILHO** com prateleiras de livros (no quarto da criança ou na sala de casa). Deixe em uma altura que seu filho possa alcançar. Não precisa ser nada luxuoso. É certo que as crianças ficarão felizes por terem seu próprio espaço para os livros. Já vi bibliotecas muito charmosas feitas de *pallets* – aquele estrado de madeira, metal ou plástico muito usado para transporte de frutas, verduras e legumes.

✴ **SE SUA CIDADE TIVER LIVRARIAS**, separe uma parte do orçamento para ir a esses lugares com seus filhos. Deixe que se movimentem por lá e se familiarizem com o ambiente, o espaço, os vendedores, o proprietário. É importante que o universo dos livros e das pessoas que se dedicam a eles faça parte da vida dos pequenos desde cedo.

Uma vez na livraria, deixe que as crianças escolham um livro. Sente-se em algum lugar e leia-o para eles, pergunte por que escolheram aquele título. No caso de bebês, deixe que toquem nos livros, mostre uma capa bonita, ilustrações, prateleiras, espaços dedicados às crianças dentro das livrarias. Permita que cresçam frequentando esses ambientes a ponto de se sentirem familiarizados com tudo o que diz respeito aos livros.

✳ **MAS, SE A GRANA ESTÁ CURTA** para ir a livrarias, pesquise e descubra se existem sebos na sua cidade. Também aproveite para fazer uma carteirinha na biblioteca local – uma para você e outra para seu filho. Essa relação com bibliotecas, sebos e livrarias é fundamental para a formação do leitor.

✳ **VOCÊ TAMBÉM PODE PRESENTEAR** a criança com um livro que você leu quando pequeno e do qual tenha gostado. Explique por que achou que ela gostaria daquele livro; crie vínculos entre a criança e a história, os personagens, cenários, etc.

✳ **SE LEU ALGUMA RESENHA** e ficou curioso, não só de livros infantis, mas também de livros adultos, fale com seus filhos sobre esse livro, desperte a atenção deles para as histórias. Conte por que você se interessou por aquela obra. Fale de sua paixão pelo autor. Se a edição for bonita, mostre para eles, faça com que toquem na capa, no papel, desperte-os para a delícia que é sentir a textura de um livro feito com capricho.

✳ **SE VOCÊ É FÃ DE CARTEIRINHA** de determinado(a) autor(a) e está assistindo a uma entrevista dele(a) na TV ou na internet, mostre para seu filho ou sua filha e diga o quanto gosta desse(a) escritor(a). Comente sobre a inteligência e a criatividade dessa pessoa ou diga que ama os seus livros; enfim, compartilhe a admiração que você tem pelos criadores de histórias.

✳ **SE VOCÊ ESTÁ APENAS COMEÇANDO** a se interessar por livros e gostaria que seu filho não demorasse tanto a descobrir esse mundo da forma como você demorou, não tem problema: descubra esse universo junto com ele! Vai ser maravilhoso! Mas como fazer isso? Frequente bienais, livrarias, vá conhecer a biblioteca do seu bairro ou da sua cidade. Peça aos amigos que lhe indiquem livros. Leia os livros que a escola pede para seu filho ler. Ou melhor: leiam juntos, comentem o que gostaram e até o que não gostaram na história.

Mediações diversificadas

Como já dissemos, a mediação pode ser feita para pessoas de qualquer idade ou classe social, independentemente de suas condições físicas ou psicológicas. Como escritora, por exemplo, já participei de eventos em escolas públicas e privadas nas quais fiz contações de histórias para classes do ensino fundamental que tinham alguns alunos com deficiência – havia tanto crianças com paralisia cerebral quanto autistas. Em uma das ocasiões, observei que essas crianças gesticulavam, sorriam, mantinham o olhar em minha direção. Em outra oportunidade, no entanto, deparei com crianças que se mantinham alheias, como se estivessem em um universo paralelo. No entanto, de alguma forma, estavam ali, integradas, acolhidas, em meio aos demais colegas de turma, participando, portanto, da contação. Não sei exatamente até que ponto compreendiam a narrativa que estava sendo compartilhada, mas acredito que ouvir uma boa história sempre traz algum benefício, alegria, aprendizado. As crianças acessam os sentimentos, o olhar e a voz do contador. Esses já são motivos suficientes para seguir levando histórias a um número cada vez maior de pessoas.

Mesmo para um público que tenha problemas de audição, é possível realizar a contação de histórias por meio da língua brasileira de sinais (Libras). Em São Paulo, mais precisamente em 21 de fevereiro de 2015, na Livraria Cortez, em Perdizes, tive a alegria de presenciar uma contação do meu livro *Quem tem medo de papangu?* (2011), feita pela dupla de contadoras Mirela Estelles e Amarilis Reto Ferreira. Enquanto Mirela narrava a história de maneira tradicional, em português, Amarilis o fazia por meio dos gestos que caracterizam a linguagem de sinais. Também já realizei dois saraus de poesia nas unidades do Senac Votuporanga e Senac São José do Rio Preto[3] que contaram com tradução simultânea em Libras.

Já contações para deficientes visuais utilizam, muitas vezes, descrições pormenorizadas de seus enredos, além de materiais específicos que possibilitem maior compreensão da história por meio do toque, de cheiros, sons e texturas. Nas contações realizadas para crianças com deficiência ou mesmo para bebês ou idosos, o objetivo é presentear esses públicos com momentos recheados de afetividade, além de contribuir para ativar sua memória e imaginação. Vejamos o que disse a escritora e coordenadora do projeto Uni Duni Ler Todas as Letras, de Brasília, Alessandra Roscoe, após uma contação de histórias para crianças cegas:

> Uma leitura, um momento afetivo, pode fazer toda a diferença. Me surpreendeu imensamente a capacidade de interação das crianças, a capacidade de construção do imaginário. Também são crianças carentes de leitura, mas as crianças, elas têm uma capacidade maior de colocar os sentidos todos em alerta [...].[4]

Já a educadora Danielle Salomão[5] afirma que atuar como professora em escolas que privilegiam a diversidade em sala de aula se traduz como oportunidade de aprender ainda mais sobre seu ofício e sobre a vida.

> Acho que a diversidade em sala de aula é o material mais rico que um professor pode ter. Assim como qualquer criança, as

---

3 Respectivamente em 16/5/2017 e 18/8/2018.

4 *Projeto educativo leva contação de histórias para crianças cegas.* Disponível em https://www.youtube.com/watch?v=phsTAl3vILI. Acesso em 9/8/2018.

5 Todos os depoimentos de Danielle Salomão para este capítulo foram concedidos à autora em 9/8/2018.

que possuem alguma necessidade especial têm curiosidade e vontade de aprender. Então o professor tem de ser modelo o tempo todo, um modelo de leitor. Tem de ter um olhar para essas crianças e ser responsável, sim, pela construção e pela formação do leitor. Depois que a criança se transforma em leitora ela descobre o mundo, tem o mundo nas mãos.

Nas rodas de leitura, por exemplo, é preciso garantir que as crianças tenham respeito, sempre, pelos colegas que apresentam alguma necessidade especial. Isso sempre foi garantido na sala: o respeito à diversidade. Eu sempre digo às crianças que cada um tem a sua particularidade. Assim, nas rodas de leitura, as crianças com necessidades especiais com as quais já atuei participavam sempre. E muito. Quando fazíamos leitura de uma história capítulo a capítulo, eles se interessavam, assim como os demais, pelo o que iria acontecer na sequência, pelo suspense. Lembro que quando lemos A fantástica fábrica de chocolate, eles se envolviam e queriam saber se o personagem Charles iria ou não ser o próximo ganhador do bilhete dourado.

Danielle relata, ainda, um caso interessante ocorrido com um aluno autista durante o projeto da leitura de *João e Maria*, um dos contos de fadas mais conhecidos. Ela relembra que o aluno em questão ficava nervoso, agitado, irritadiço na hora da leitura do conto. Danielle, então, juntamente com todo o grupo, se aproximava do aluno, tentava conversar, descobrir por que ele ficava tão perturbado com aquela história. A professora conta que fez várias intervenções para ajudá-lo: antecipava o enredo, revelando o que ia acontecer, mostrava imagens para o aluno. Até que um dia ele conseguiu se expressar e revelou que o seu grande incômodo era a personagem bruxa.

> Então, fiz uma roda de conversa com todo o grupo e as crianças tentaram acalmá-lo explicando a ele que aquilo era apenas uma história. Que não era real, que a bruxa não existia. Todos muito empenhados para ajudá-lo a participar. Até que uma das crianças disse para esse aluno: "Você sabia que no final da história a Maria empurra a bruxa no forno e ela desaparece pra sempre?". Na sequência, as outras crianças começaram a falar possíveis finais para essa bruxa e todos davam muita risada. Então, o aluno que esta-

va com medo começou a se divertir e também quis inventar um final bem maluco para a bruxa. Ele inventou que ela tropeçou no pé da Maria, caiu num buraco e foi parar no espaço sideral.

Danielle explica que nessa mesma classe havia um aluno que tinha uma séria paralisia cerebral.

> Ao nascer, os médicos achavam que ele não andaria e sequer falaria, uma vez que tinha paralisia facial também o que, por sua vez, lhe impossibilitava de abrir e fechar a boca normalmente. Com o tempo, a criança desenvolveu um mecanismo de mastigação utilizando a parte de trás da língua. Também conseguia se expressar por meio de sons que vinham da garganta. Apesar de ele não conseguir abrir e fechar a boca como os demais, ele dava um jeito de se comunicar. Um dia descobrimos que ele tinha talento musical ao aproximarmos um microfone de sua garganta. Nessas ocasiões, a voz dele saía com mais projeção e ele cantava. Assim, utilizamos o mesmo recurso para que ele lesse o livro de poemas que estávamos trabalhando na época. Ele se sentia seguro para ler na frente da classe quando colocávamos o microfone próximo à sua garganta. Por isso eu digo que aprendo muito mais com eles. Não tem como dizer simplesmente "faça isso ou faça aquilo" porque cada um é um. O afeto e o olhar atento devem ser o centro de toda a aprendizagem.

Como vimos, para públicos (e circunstâncias) variados, é possível fazer mediação de leitura e, assim, levar mais amor, alegria, boas histórias e vibrações à vida dos leitores na escola, na biblioteca ou em casa. É fundamental compreender a importância de uma mediação contínua, entusiasmada, diversificada, a ponto de incutir na vida dos leitores (alunos, filhos, frequentadores das bibliotecas) a ideia de que o amor pelos livros é uma conquista possível a todos. Se é verdade que uns nascem com o dom de se tornarem leitores por alguma predisposição natural cuja razão ainda não compreendemos, também é fato que o amor aos livros pode ser algo que se adquire e se apreende, conforme as crianças, jovens e adultos vão sendo apresentados às histórias, autores e gêneros literários diversos.

Desejo

Esperamos que, por meio das reflexões e dicas deste livro, todos os interessados em mediação de leitura se sintam capazes de exercer o direito de compartilhar boas histórias, estejam elas na memória de quem conta, estejam em livros, quadrinhos ou até mesmo nos filmes, séries televisivas, novelas, desenhos animados e todos os suportes que, no fundo e na superfície, podem conduzir à leitura propriamente dita.

O que vale é usar os recursos existentes para propiciar o acesso ao universo apaixonante dos textos. Narrativas cujas histórias vêm sendo tecidas há milhares de anos por gerações sucessivas de escritores e compiladores que não se contentam em deixar suas criações e descobertas ao sabor da oralidade, com risco de se perderem no tempo e no espaço. Por isso mesmo, guardam-nas entre a capa e a contracapa desse objeto encantado que chamamos livro e cuja vida só ganha sentido quando encontra as mãos, os olhos e o coração dos leitores.

É meu desejo que pais, tios, avós, padrinhos, amigos, educadores, bibliotecários, contadores de histórias, mediadores e demais interessados na propagação da leitura possam, a cada dia, falar de livros para as crianças, os jovens e os adultos com uma certeza renovada: a de que com dedicação e paixão qualquer pessoa pode pertencer à linhagem de Sherazade e, assim, com a beleza e a força das histórias, mudar o rumo das coisas para melhor.

Essa é a nossa crença. E é por ela que seguimos compartilhando o amor pelos livros e nossas experiências de incentivo à leitura.

E para terminar de maneira lúdica, conectando tudo o que aprendemos com as memórias mais doces da infância, recorremos a uma parlenda que é um convite às novas histórias:

Entrou por uma porta e saiu por outra

Quem quiser que conte outra

ACIMAN, André. *Me chame pelo seu nome*. Tradução de Alessandra Esteche. Rio de Janeiro: Intrínseca, 2018.

ALMEIDA, Lúcia Machado. *O caso da borboleta Atíria*, Série Vaga-Lume. Ilustrações de Milton Rodrigues Alves. São Paulo: Ática, 1980.

ALVES, Castro. *Poesias completas*. Organização de Jamil Almansur Haddad. 4ª ed. São Paulo: Companhia Editora Nacional, 1966.

ANDERSEN, Hans Christian. *Histórias maravilhosas de Andersen*. Compilação de Russell Ash e Bernard Higton. Tradução de Heloisa Jahn. São Paulo: Companhia das Letrinhas, 1995.

ANDRUETTO, María Teresa. *A leitura, outra revolução*. Tradução de Newton Cunha. São Paulo: Edições Sesc São Paulo, 2017.

_____. *A menina, o coração e a casa*. Tradução de Marina Colasanti. Ilustrações de Mauricio Negro. São Paulo: Global, 2012.

AZEVEDO, Carmen Lucia et al. *Monteiro Lobato: furacão na Botocúndia*. 3ª ed. São Paulo: Editora Senac São Paulo, 2001.

BANDEIRA, Manuel. *As meninas e o poeta*. Organização de Elias José. Ilustrações de Graça Lima. Rio de Janeiro: Nova Fronteira, 2008.

BANDEIRA, Pedro. *O fantástico mistério de Feiurinha*. Ilustrações de Avelino Guedes. 23ª ed. São Paulo: FTD, 1999.

BARRIE, James. *Peter Pan*. Tradução de Ana Maria Machado. São Paulo: Quinteto Editorial/Gráfica Editora Hamburg, 1992.

BEAUMONT, Madame de; VILLENEUVE, Madame de. *A bela e a fera*. Tradução de André Telles. 1ª ed. Rio de Janeiro: Zahar, 2016.

BELINKY, Tatiana. *Di-versos russos*. Ilustrações de Cláudia Scatamacchia. 5ª ed. São Paulo: Scipione, 2003.

BENJAMIN, Walter. *Reflexões sobre a criança, o brinquedo e a educação*. Coleção Espírito Crítico. Tradução, apresentação e notas de Marcos Vinicius Mazzari. Posfácio de Flávio Di Giorgi. São Paulo: Duas Cidades/Editora 34, 2002.

BETTELHEIM, Bruno. *A psicanálise dos contos de fadas*. Tradução de Arlene Caetano. Rio de Janeiro: Paz e Terra, 1980.

BÍBLIA SAGRADA. Tradução da CNBB. Introdução, notas e vocabulário de Johan Konings. 2ª ed. São Paulo: Editora Ave Maria *et al.*, 2002.

BUSATTO, Cléo. *Contar e encantar: pequenos segredos da narrativa*. Ilustrações de Paulo Maia. 5ª ed. Petrópolis: Vozes, 2008.

BUSCH, Wilhelm. *Juca e Chico: história de dois meninos em sete travessuras*. Tradução de Olavo Bilac. São Paulo: Pulo do Gato, 2012.

CADEMARTORI, Ligia. *O que é literatura infantil*. Coleção Primeiros Passos. 2ª ed. São Paulo: Brasiliense, 2010.

CANTON, Katia. *1001 noites à luz do dia: Sherazade conta histórias árabes*. Coleção Arte conta histórias. Ilustrações de Beatriz Milhazes. São Paulo: DCL, 2010.

_____. *A bota e a enxada: certos contos italianos*. Coleção Arte conta histórias. Ilustrações de L. P. Baravelli. 2ª ed. São Paulo: DCL, 2010.

_____. *Balé dos Skazkás: viajando pelos contos da Rússia*. Coleção Arte conta histórias. Ilustrações de Guto Lacaz. 2ª ed. São Paulo: DCL, 2010.

_____. *Chocolate quente na neve: histórias dinamarquesas de Andersen*. Coleção Arte conta histórias. Ilustrações de Leda Catunda. 2ª ed. São Paulo: DCL, 2010.

_____. *Contos que valem uma fábula: história de animais animados*. Coleção Arte conta histórias. Ilustrações de Siron Franco. 2ª ed. São Paulo: DCL, 2010.

_____. *Conversa de madame: Perrault nos salões franceses*. Coleção Arte conta histórias. Ilustrações de Renata Barros. 2ª ed. São Paulo: DCL, 2010.

_____. *Debaixo de uma cerejeira: histórias contadas no Japão*. Coleção Arte conta histórias. Ilustrações de Luiz Hermano. 2ª ed. São Paulo: DCL, 2010.

_____. *Entre o rio e as nuvens: algumas histórias africanas*. Coleção Arte conta histórias. Ilustrações de Dudi Maia Rosa. 2ª ed. São Paulo: DCL, 2010.

_____. *Fadas que não estão nos contos: uma confusão de contos clássicos*. Coleção Arte conta histórias. Ilustrações de Pink Wainer. 2ª ed. São Paulo: DCL, 2010.

CARRANCA, Adriana. *Malala, a menina que queria ir para a escola*. Ilustrações de Bruna Assis Brasil. São Paulo: Companhia das Letrinhas, 2015.

CARROLL, Lewis. *Alice no País das Maravilhas*. Tradução de Nicolau Sevcenko. Ilustrações de Luiz Zerbini. São Paulo: Cosac Naify, 2009.

CARTER, Angela. *O quarto do Barba-Azul*. Tradução de Carlos Nougué. Rio de Janeiro: Rocco, 1999.

CASTRILLÓN, Silvia. *O direito de ler e de escrever*. São Paulo: Pulo do Gato, 2011.

CECCANTINI, João Luís. Leitores iniciantes e comportamento perene de leitura. *In*: SANTOS, Fabiano dos; MARQUES NETO, José Castilho; RÖSING, Tania (org.). *Mediação de leitura: discussões e alternativas para a formação de leitores*. São Paulo: Global, 2009. pp. 207-231

CHEVALIER, Jean; GHEERBRANT, Alain. *Dicionário de símbolos: mitos, sonhos, costumes, gestos, formas, figuras, cores, números*. 17ª ed. Rio de Janeiro: José Olympio, 2002.

COELHO, Nelly Novaes. *Dicionário crítico da literatura infantil e juvenil brasileira (1882/1982)*. 2ª ed. São Paulo: Quíron/Brasília: INL, 1984.

DANTAS, Goimar. *Estrelas são pipocas e outras descobertas*. Ilustrações de Ana Maria Moura. São Paulo: Cortez, 2013.

_____. *Quem tem medo de papangu?* Ilustrações de Claudia Cascarelli. São Paulo: Cortez, 2011.

_____. *Rotas literárias de São Paulo*. São Paulo: Editora Senac São Paulo, 2014.

DAHL, Roald. *Matilda*. Ilustrações de Quentin Blake. São Paulo: Martins Fontes, 2003.

DARNTON, Robert. *O grande massacre dos gatos: e outros episódios da história cultural francesa*. Tradução de Sonia Coutinho. 2ª ed. Rio de Janeiro: Graal, 1988.

ESOPO. *Fábulas*. Coleção Obra-prima de cada autor. Tradução de Pietro Nassetti. São Paulo: Martin Claret, 2004.

_____. *Fábulas completas*. Tradução de Maria Celeste C. Dezotti. Ilustrações de Eduardo Berliner. Apresentação de Adriane Duarte. São Paulo: Cosac Naify, 2013.

FALCÃO, Adriana. *Luna Clara e Apolo Onze*. Ilustrações de José Carlos Lollo. São Paulo: Moderna, 2002.

_____. *Mania de explicação.* Ilustrações de Mariana Massarani. São Paulo: Moderna, 2001.

FURNARI, Eva. *A bruxa Zelda e os 80 docinhos.* Ilustrações da autora. Série do Avesso. 2ª ed. São Paulo: Moderna, 2014.

_____. *Felpo Filva.* Ilustrações da autora. Coleção Girassol. São Paulo: Moderna, 2006.

_____. *Os problemas da família Gorgonzola.* Ilustrações da autora. Série Problemas. 2ª ed. São Paulo: Moderna, 2015.

_____. *Pandolfo Bereba.* Ilustrações da autora. Série do Avesso. 2ª ed. São Paulo: Moderna, 2010.

GAIMAN, Neil. *A bela e a adormecida.* Ilustrações de Chris Riddell. Tradução de Renata Pettengill. Rio de Janeiro: Rocco Jovens Leitores, 2015.

GARLAND, Sarah. *Um outro país para Azzi.* Tradução de Érico Assis. São Paulo: Pulo do Gato, 2012.

GÄRTNER, Hans & ZWERGER, Lisbeth. *12 fábulas de Esopo.* Texto em português de Fernanda Lopes de Almeida. 4ª ed. São Paulo: Ática, 1996.

GEBARA, Ana Elvira Luciano. *A poesia na escola: leitura e análise de poesia para crianças.* Coleção Aprender e Ensinar com Textos, vol. 10. Coordenação geral de Adilson Citelli e Lígia Chiappini. 3ª ed. São Paulo: Cortez, 2012.

GOUVEIA, Cristiano. *Vermelho de dar dó.* Ilustrações de Sónia Borges. São Paulo: Edição do autor, 2017.

GREEN, John. *A culpa é das estrelas.* Tradução de Renata Pettengill. Rio de Janeiro: Intrínseca, 2012.

HAURÉLIO, Marco. *Contos folclóricos brasileiros.* Coleção Lendas e Contos. Ilustrações de Mauricio Negro. São Paulo: Paulus, 2010.

_____. *Literatura de cordel: do sertão à sala de aula.* Coleção Ler + Mais. São Paulo: Paulus, 2013.

HELD, Jacqueline. *O imaginário no poder: as crianças e a literatura fantástica.* Coleção Novas Buscas em Educação, v. 7. Direção da coleção de Fanny Abramovich. Tradução de Carlos Rizzi. São Paulo: Summus, 1980.

HOFFMANN, Heinrich. *João Felpudo ou histórias divertidas com desenhos cômicos do Dr. Heinrich Hoffmann*. Tradução e apresentação de Claudia Cavalcanti. São Paulo: Iluminuras, 2011.

HORCADES, Carlos M. *A evolução da escrita: história ilustrada*. Rio de Janeiro, Editora Senac Rio, 2004.

HUNT, Peter. *Crítica, teoria e literatura infantil*. Tradução de Cid Knipel. Ed. rev. São Paulo: Cosac Naify, 2010.

KORCZAK, Janusz. *Quando eu voltar a ser criança*. Tradução de Yan Michalski. São Paulo: Círculo Círculo do Livro, s/d.

LAGO-Angela. *Cântico dos Cânticos*. Ilustrações da autora. São Paulo: Cosac Naify, 2013.

_____. *Cena de rua*. Ilustrações da autora. Belo Horizonte: RHJ, 2000.

_____. *Psiquê*. Ilustrações da autora. São Paulo: Cosac Naify, 2010.

_____. *Sangue de barata*. Ilustrações da autora. Belo Horizonte: RHJ, 2002.

LAJOLO, Marisa & ZILBERMAN, Regina. *Literatura infantil brasileira: uma nova outra história*. Prefácio de Roger Chartier. Curitiba: PUCPRess, 2017.

LEE, Suzy. *A trilogia da margem: o livro-imagem segundo Suzy Lee*. Tradução de Cid Knipel. São Paulo: Cosac Naify, 2012.

LIMA, Edy. *A vaca voadora*. Ilustrações de Jayme Cortez. São Paulo: Círculo do Livro, 1976.

LINDGREN, Astrid. *Pipi Meialonga*. Ilustrações de Michael Chesworth. Traduzido do sueco por Maria de Macedo. São Paulo: Companhia das Letrinhas, 2001.

LISBOA, Henriqueta. *Reencontro com o menino poeta*. Ilustrações de Marilda Castanha. Direção de Edla van Steen. São Paulo: Global, 2009.

LOBATO, Monteiro. *A barca de Gleyre*. São Paulo: Globo, 2010.

_____. *A chave do tamanho*. Obra infantil completa. Vol. 10. São Paulo: Brasiliense, s/d.

_____. *Memórias da Emília e Peter Pan*. Ilustrações de J. U. Campos e André Le Blanc. 10ª ed. de *Memórias da Emília e Peter Pan*, publicada na 2ª Série das Obras Completas de Monteiro Lobato. São Paulo: Brasiliense, 1960.

_____. *Reinações de Narizinho*. Ilustrações de André Le Blanc. 2ª ed. de *Reinações de Narizinho*, publicada na 2ª Série das Obras Completas de Monteiro Lobato. São Paulo: Brasiliense, 1950.

MACHADO, Ana Maria. *Bisa Bia, bisa Bel*. Ilustrações de Mariana Newlands. 3ª ed. São Paulo: Moderna, 2007.

_____. *Raul da ferrugem azul*. Ilustrações de Rosana Faría. 2ª ed. São Paulo: Moderna, 2003.

MACHADO, Juarez. *Ida e volta*. 7ª ed. Rio de Janeiro: Agir, 1995.

MACHADO, Regina. *Acordais: fundamentos teórico-práticos da arte de contar histórias*. Ilustrações de Luiz Monforte. São Paulo: Difusão Cultural do livro, 2004.

MARINHO, João Carlos. *O gênio do crime: uma aventura da turma do gordo*. 58ª ed. Ilustrações de Maurício Negro. São Paulo: Global, 2005.

_____. *Sangue fresco*. Ilustrações de Alê Abreu. 11ª ed. São Paulo: Global, 1982.

MEBS, Gudrun. *Íris: uma despedida*. Ilustrações de Beatriz Martín Vidal. São Paulo: Pulo do Gato, 2012.

MEIRELES, Cecília. *Ou isto ou aquilo*. Ilustrações de Thais Linhares. 6ª ed. Rio de Janeiro: Nova Fronteira, 2002.

_____. *Problemas da literatura infantil*. 3ª ed. Rio de Janeiro: Nova Fronteira, 1984.

MELLO, Roger. *Carvoeirinhos*. São Paulo: Companhia das Letrinhas, 2009.

_____. *Inês*. Ilustrações de Mariana Massarani. São Paulo: Companhia das Letrinhas, 2015.

_____. *Meninos do mangue*. Ilustrações do autor. São Paulo: Companhia das Letrinhas, 2001.

MEREGE, Ana Lúcia. *Os contos de fadas: origens, histórias e permanência no mundo moderno*. Coleção Saber de Tudo. São Paulo: Claridade, 2010.

MIL E UMA NOITES, As. Versão de Antoine Galland. Tradução de Alberto Diniz. Apresentação de Malba Tahan. Rio de Janeiro: Ediouro, 2004.

MORAES, Odilon. *Pedro e Lua*. São Paulo: Jujuba, 2017.

_____; HANNING, Rosa & PARAGUASSU, Maurício. *Traço e prosa: entrevistas com ilustradores de livros infantojuvenis*. São Paulo: Cosac Naify, 2012.

MORICONI, Renato. *Bárbaro*. Ilustrações do autor. São Paulo: Companhia das Letrinhas, 2013.

MORTIER, Tine. *Mari e as coisas da vida*. Ilustrações de Kaatje Vermeire. Tradução de Cristiano Zwiesele do Amaral. São Paulo: Pulo do Gato, 2012.

MUKASONGA, Scholastique. *A mulher de pés descalços*. Tradução de Marília Garcia. São Paulo: Nós, 2017.

OLIVEIRA, Ieda (org.). *O que é qualidade em literatura infantil e juvenil? Com a palavra, o escritor*. São Paulo: DCL, 2005.

PAES, José Paulo. *Um passarinho me contou*. Ilustrações de Kiko Farkas. 4ª ed. São Paulo: Ática, 1997.

PATTE, Geneviève. *Deixe que leiam*. Tradução de Leny Werneck. Rio de Janeiro: Rocco, 2012.

PENNAC, Daniel. *Como um romance*. Tradução de Leny Werneck. Rio de Janeiro: Rocco, 1993.

PETIT, Michèle. *A arte de ler ou como resistir à adversidade*. Tradução de Arthur Bueno e Camila Boldrini. 2ª ed. São Paulo: Editora 34, 2010.

_____. *Os jovens e a leitura: uma nova perspectiva*. Tradução de Celina Olga de Souza. 2ª ed. São Paulo: Editora 34, 2009.

PROPP, Vladimir. *Morfologia do conto*. Prefácio de Adriano Duarte Rodrigues. Coleção Vega Universidade. 5ª ed. Lisboa: Vega, 2003.

QUEIRÓS, Bartolomeu Campos. *Onde tem bruxa tem fada...* Ilustrações de Mario Cafiero. 49ª ed. São Paulo: Moderna, 1983.

RAMOS, Anna Claudia. *Nos bastidores do imaginário: criação e literatura infantil e juvenil*. São Paulo: DCL, 2006.

ROCHA, Eliandro. *Roupa de brincar*. Ilustrações de Elma. São Paulo: Pulo do Gato, 2015.

ROCHA, Ruth. *Marcelo, marmelo, martelo*. Ilustrações de Mariana Massarani. São Paulo: Moderna, 2011.

RODARI, Gianni. *Gramática da fantasia*. Coleção Novas Buscas em Educação. Direção da coleção de Fanny Abramovich. Tradução de Antonio Negrini. São Paulo: Summus, 1982.

ROWLING, J.K. *Harry Potter e a câmara secreta*. Tradução de Lia Wyler. Rio de Janeiro: Rocco, 2000.

_____. *Harry Potter e a pedra filosofal*. Tradução de Lia Wyler. Rio de Janeiro: Rocco, 2000.

_____. *Harry Potter e o prisioneiro de Azkaban*. Tradução de Lia Wyler. Rio de Janeiro: Rocco, 2000.

SANT'ANNA, Affonso Romano de. A poesia e os mediadores de leitura. *In*: SANTOS, Fabiano dos; MARQUES NETO, José Castilho; RÖSING, Tania (org.). *Mediação de leitura: discussões e alternativas para a formação de leitores*. São Paulo: Global, 2009. pp: 157-170.

SANTOS, Fabiano dos. Agentes de leitura: inclusão social e cidadania cultural. *In*: SANTOS, Fabiano dos; MARQUES NETO, José Castilho; RÖSING, Tania (org.). *Mediação de leitura: discussões e alternativas para a formação de leitores*. São Paulo: Global, 2009. pp. 37-45.

SANTOS, Fabiano dos; MARQUES NETO, José Castilho Marques; RÖSING, Tania (org.). *Mediação de leitura: discussões e alternativas para a formação de leitores*. São Paulo: Global, 2009.

SILVA, Ezequiel Theodoro da. O professor leitor. *In*: SANTOS, Fabiano dos; MARQUES NETO, José Castilho; RÖSING, Tania (org.). *Mediação de leitura: discussões e alternativas para a formação de leitores*. São Paulo: Global, 2009. pp. 23-36.

SUPPA. *...E o lobo mau se deu bem*. Ilustrações do autor. São Paulo: Folia de Letras, 2012.

_____. *...E o príncipe foi pro brejo*. Ilustrações do autor. São Paulo: Folia de Letras, 2014.

TATAR, Maria. *Contos de fadas*. Edição, introdução e notas de Maria Tatar. Tradução de Maria Luzia X. de A. Borges. 2ª ed. coment. e ilustr. Rio de Janeiro: Zahar, 2013.

TWAIN, Mark. *As aventuras de Tom Sawyer*. Tradução de Duda Machado. Ilustrações de Rogério Soud. 5ª ed. São Paulo: Ática, 1999.

VILELA, Fernando. *Lampião & Lancelote*. São Paulo: Cosac Naif, 2006.

VOGLER, Christopher. *A jornada do escritor: estruturas míticas para contadores de histórias e roteiristas*. Tradução de Ana Maria Machado. Rio de Janeiro: Ampersand, 1997.

ZIRALDO. *Flicts*. Ilustrações do autor. São Paulo: Melhoramentos, 2000.